CATALOGUE

DE

MES LIVRES

TOME TROISIÈME

LYON

IMPRIMERIE LOUIS PERRIN

M . D C C C . L X V I

La némesis

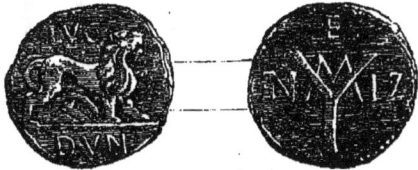

CATALOGUE

DE

MES LIVRES

TOME TROISIÈME

LYON

IMPRIMERIE LOUIS PERRIN

M DCCC LXVI

1866

HISTOIRE

HISTOIRE UNIVERSELLE, ANCIENNE ET MODERNE. CHRONIQUES

2638. Difcours fur l'Hiftoire Univerfelle, par Boffuet, Depuis le commencement du Monde jufqu'à l'Empire de Charlemagne, imprimé par ordre du Roi pour l'éducation du Dauphin. *Paris, Didot l'Aîné*, 1784. In-4. papier vélin. Mar. rouge, fil. d. de moere, tr. dor.

2639. Difcours fur l'hiftoire univerfelle, par M. Boffuet..... imprimé par ordre du Roi pour l'éducation de Monfeigneur le Dauphin. *Paris, Didot l'aîné*, 1786. 2 vol. in-8. papier vélin. Portraits de Boffuet, et de Louis le Grand, par Savart. Mar. bleu, riches compartiments, d. de moere, mors de maroquin, tr. dor. (*Simier l'A".*).

2640. Difcours fur l'hiftoire univerfelle, par M. Boffuet..... imprimé par ordre du Roi pour l'éducation de Monfeigneur le Dauphin. *Paris, Didot l'aîné*, 1784. 3 vol. in-18. papier vélin. Mar. bleu, riches compartiments, d. de moere, dentelle, mors de maroquin, tr. dor. (*Simier l'A".*).

2641. L'Art de vérifier les Dates des faits hiftoriques, des Chartes, des Chroniques, et autres Anciens Monuments, par un Religieux Bénédictin de la Congrégation de S. Maur. *A Paris, Chez Jombert jeune*, 1783-86. 3 vol. in-fol. dem. rel. de mar. rouge, non rognés.

2642. Tablettes Chronologiques de l'Hiftoire Univerfelle,

HISTOIRE

HISTOIRE UNIVERSELLE, ANCIENNE ET MODERNE. CHRONIQUES

2638. Difcours fur l'Hiftoire Univerfelle, par Boffuet, Depuis le commencement du Monde jufqu'à l'Empire de Charlemagne, imprimé par ordre du Roi pour l'éducation du Dauphin. *Paris, Didot l'Aîné,* 1784. In-4. papier vélin. Mar. rouge, fil. d. de moere, tr. dor.

2639. Difcours fur l'hiftoire univerfelle, par M. Boffuet..... imprimé par ordre du Roi pour l'éducation de Monfeigneur le Dauphin. *Paris, Didot l'aîné,* 1786. 2 vol. in-8. papier vélin. Portraits de Boffuet, et de Louis le Grand, par Savart. Mar. bleu, riches compartiments, d. de moere, mors de maroquin, tr. dor. (*Simier l'A".*).

2640. Difcours fur l'hiftoire univerfelle, par M. Boffuet..... imprimé par ordre du Roi pour l'éducation de Monfeigneur le Dauphin. *Paris, Didot l'aîné,* 1784. 3 vol. in-18. papier vélin. Mar. bleu, riches compartiments, d. de moere, dentelle, mors de maroquin, tr. dor. (*Simier l'A".*).

2641. L'Art de vérifier les Dates des faits hiftoriques, des Chartes, des Chroniques, et autres Anciens Monuments, par un Religieux Bénédictin de la Congrégation de S. Maur. *A Paris, Chez Jombert jeune,* 1783-86. 3 vol. in-fol. dem. rel. de mar. rouge, non rognés.

2642. Tablettes Chronologiques de l'Hiftoire Univerfelle,

Sacrée et Profane, Eccléſiaſtique et Civile, depuis la création du Monde juſqu'à l'an 1775, par l'Abbé Lenglet Du
Freſnoy, nouvelle édition, par Barreau De La Bruyère.
Paris, De Bure, 1778. 2 vol. in-8. dem. rel. de maroquin
rouge, non rognés.

2643. Tablettes Chronologiques de l'Hiſtoire Univerſelle,
Sacrée et Profane, Eccléſiaſtique et Civile, depuis la création du Monde juſqu'à l'année 1808. Ouvrage rédigé d'a-
près celui de l'Abbé Lenglet Du Freſnoy, par Jean Picot.
Genève, 1808, 3 vol. in-8. br.

2644. Annuaire hiſtorique publié par la Société de l'hiſtoire
de France, années 1838-1848. *Paris, Jules Renouard,* 1837-
1847. 11 vol. in-18. br.

2645. Grande chronique de Matthieu Paris traduite en Français par A. Huillard-Bréholles, accompagnée de notes, et
précédée d'une Introduction par M. le Duc de Luynes.
Paris, 1840. 9 vol. in-8.

2646. Chronicarum liber (per Hartman Schedel). *Hunc librum
Ath. Koberger Nurembergae impreſſit,* anno 1493. In-fol.
goth. Figures ſur bois, attribuées à Volguemuth, maître
d'Albert Durer. Mar. bleu, mors de maroquin, tr. dor.
(*Koehler*). Très-complet.

Les feuillets non chiffrés de **Samaria regione,** ſe trouvent entre les feuillets
C C L X V I & C C L X V I I.

2647. Incipit Crōica sūmo℞ pontificū Impato℞́que. ac de
ſeptē etatibᵖ mūdi ex hieronymo euſobio aliiſq3 eruditis
excerpta. Et primo de vii etatibus mundi. Cronica martini
finit : diuo philiberto : ac ſabaudorum ſub duce magna-
nimo, Taurini : Fortis hāc preſſit : & aere : Johāes. Fabri :
quem lingonis alta tulit : Anno Mcccclxvii. In-4. de 88 ff.
Sans chiffres, réclames, ni ſignatures. Maroquin vert, tr.
dor.

2648. Faſciculus temporum omnes antiquorum cronicas cō-
plectens incipit feliciter. Explicit Impreſſuſq3 impenſa z
arte mira Erhardi redolt de Auguſta (*Venetiis*). 1481. 12
caleñ. Jañ. In-fol. goth. fig. ſur bois. Sans ſignatures ni

réclames. 64 ff. chiffrés, précédés de 7 ff. de tables. Mar. vert, fil. tr. dor. (*Traut₂ Bau₂onnet*).

Exemplaire d'une belle conſervation & à très-grandes marges.

2649. Faſciculus tempor⟩ en Francois. C'eſt le fardelet hyſto-rial ⅋tenant en brief quaſi toutes les hyſtoires tant de l'an-cien teſtament que du nouueau Et generallement tous les merueilleux faitz dignes de memoire q'ont eſte depuys la creation iuſques à ceſtuy an Mccclxxxv. Cy finit la table de ce preſent liure appelle le faſcicule ou aultrement le far-delet hyſtorial. *Imprime a genefue* Làn mille ccccxcv. au quel an fit ſi treſgrāt vent le ıx iour de ıanuier quil fiſt remonter le roſne dedés le lac bien vngt quart de lieue au deſſus de genefue ₂ ſébloit eſtre vne mōtaigne de aue. ₂ dura bié leſpace dune heure queleaue ne pouoit deſcendre. In-fol. goth. fig. ſ. bois. Sans chiffres, ni réclames. Sign. A-L par 8 ff. M de 6. Maroquin brun, filets à compartim:, tr. dor. (*Koehler*).

Grandes marges, nombreux témoins.

2650. Juſtin vray hyſtoriographe, ſur les hyſtoires de Troge Pompee. Contenāt xliiii liures, traduictz de Latin en Fran-coys, & nouuellement imprimez a Paris. Mil cinq cens xl. On les vend a Paris en la grand Salle du Palais au premier & ſecond pillier deuant la Chappelle, par Arnould & Charles les Angeliers. Fin du qua-rante quatrieſme liure de Juſtin abbreuiateur du grand Troge Pompee ſur les hyſtoires de tout le monde. Nou-uellement tranſlaté de Latin en Francoys, par maiſtre Guillaume Michel dict, de Tours. *Nouuellement imprimé à Paris par Denys Janot à l'enſeigne ſainct Jehan Baptiſte contre Saincte Geneuieſue des Ardens.* Petit in-8. Veau fauve, fil. tr. dor.

2651. Le premier volume de la mer des hyſtoires | augmen-tee en la fin du dernier volume de pluſieurs belles hyſ-toires. Et premierement des faitz geſtes ₂ victoires du roy Charles VIII Et daulcunes vaillāces triūphantes conqueſtes et oeuures cheualeureuſes faictes ou tēps du roy Louys XII. Cy finiſt le premier volume de la mer des hyſtoires. *Imprime a Lyon par Claude dauoſtats de troye pour maiſtre Jehan dya-mantier marchant libraire ₂ cytoien dudit Lyon | demourant en*

la grant rue du pays pelu. — Le fecond volume de la mer
des hyftoires augmente de plufieurs hyftoires. ᴢ principall-
emēt des faitz ᴢ geftes du roy Charles huitiefme : ᴢ dau-
cunes chofes faictes defpuis fa mort iufques a lan Mil cinq
cens et fix. Cy finit le dernier volume de la mer des hyftoires auec le martyrologe des fainctz *Imprime à lyon par
Claude daouft als de Troye pour maiftre Jehan dyamantier.....*
Cy finis la table du dernier volume de la mer des hyftoires
contenant le nouveau teftament. Sans date. 2 vol. in-fol.
Veau brun armorié.

2652. Croniqves de Jean Carion Philofophe. Auec les faits
& geftes du feu Roy François, iufques au regne du Roi
Henri deuxième de ce nom, à prefent regnant. traduictes
en François par maiftre Jean le Blond. *A Lyon, Par Jean
de Tournes, & Guillame Gaᴣeau.* 1553. In-16. Mar.

2653. Catalogvs Annorvm et Principvm Geminvs ab Homine
Condito, vfque in praefentem, à nato Chrifto, millefimum
quingentefimum & quadragefimum annum deductus & con-
tinuatus, per D. Valerium Anfelmum Ryd. Ex Magnifica
Hervetiorvm vrbe Berna. Anno domini MDxl. *Excvfvm
Bernae Helvetiae Per Matthiam Apiarium.* In-fol. fig. f. bois.
Dem. rel. de veau fauve. Sur le titre, un fleuron aux Armes
de Berne.

Exemplaire dans toutes fes marges, prefque non rogné.

2654. Le Promptvaire de tovt ce qvi eft aduenv plvs digne de
memoire, depuis la creation du monde jufques à prefent :
Auquel ont efté adiouftez (à cette feconde édition) les Catha-
logues : des Papes, Empereurs & Roys de France, auec trois
Genealogies & defcentes des Roys d'Angleterre, Efpagne &
Portugal, contenans le temps que precifément ils ont regné,
& leurs geftes plus memorables iufques au iour d'huy;
Enfemble le nombre des Archeuefchez de ce Royaume, &
les Euefchez deppendans d'iceux. Par Jean D'ongoys Mori-
nien. *A Paris, Chez Jean de Bordeaux, au mont S. Hilaire, à
l'enfeigne de l'Occafion, & en fa boutique en la court du Palais,
pres la chambre du Trefor.* MDLxxix. In-16. fig. fur bois.
Mar. noir, filets à froid, tr. dor.

2655. Le regiftre des ans paffez puis la creation du monde [

iufques a lannee prefente Mil cinq cens xxxii. *On les vend a Paris en la grant falle du Palais en la boutique de Galliot du pre marchant libraire iure de luniuerfite de Paris.* Mil cinq cens xxxii. Fin du regiftre... *acheue dimprimer* le vi^e *iour dapuril par Athoine couteau Imprimeur pour Galliot du pre.* In-4. goth. fig. f. bois. Veau fauve, fil. tr. dor. (*Cloff*).

2656. Calendrier Romain, Auquel a efté adioufté maintes Hiftoires, tant anciênes que modernes, aduenues felon les iours & annees depuis la creation du Monde, iufques à préfent.

> Qui ueult fcauoir par cœur de mainte hiftoire,
> Le iour, le moys, & l'an fans uarier,
> Il portera toufiours, s'il me ueult croire,
> Auecques luy ce petit Kalendrier.

A Lyon, 1550. *Imprimé par Corneille de Sept granges.* In-16, de 25 ff. imprimé en rouge et noir, et en caractères ronds et gauthiques.   Mar. rouge, fil. tr. dor. (*Bauzonnet*).

GÉOGRAPHIE ANCIENNE

ET GÉOGRAPHIE COMPARÉE

ET MELANGES

2657. Dictionnaire géographique univerfel, contenant la defcription de tous les lieux du Globe intéreffants fous le rapport de la géographie phyfique et politique, de l'hiftoire, de la ftatiftique, du commerce, de l'induftrie, &c. par une fociété de Géographes. *Paris*, 1856. 20 tomes en 10 vol. in-8.

2658. Dictionnaire univerfel abrégé de géographie ancienne comparée, par Dufau et Gaudet. *Paris*, 1820. 2 vol. in-8.

2659. Strabo de fitu orbis (graece). *Venetiis, in aedibus Aldi, et Andreae foceri* menfe Novembri MDxvi. In-fol. 1re édition. Mar. rouge, fil. tr. dor. Bel exemplaire d'ancienne reliure. 14 feuillets fignés 1 à 14 précédent l'Alphabet des fignatures.

2660. Strabonis Geographicorum Libri xvii. (graece). Edente Coray. *Parifiis, Typis Eberhart*, 1815-19. 4 vol. in-8. grand papier. Dem. rel. de mar. rouge. Non rognés.

2661. Géographie de Strabon, traduite du Grec en Français (par MM. de La Porte du Theil, Coray et Letronne) avec des notes et une introduction par M. Goffelin. *A Paris, de l'Imprimerie Impériale.* 1805 à 1819. 5 vol. in-4. maroquin rouge à compartiments, tr. dor. (*Simier*).

Exemplaire en grand papier vélin.

2662. Geographiae Veteris Scriptores Graeci Minores, cum Interpretatione Latina, Differtationibus, ac Annotationibus. *Oxoniae, E Theatro Scheldoniano*, 1698 à 1703. 4 vol. in-8. Mar. rouge, dentelle à compartiments en or et fers à froid, tr. dor.

Très-bel exemplaire, relié par Simier.

2663. Dionyfii Alexandrini de fitu orbis libellus, Euftathii Theffalonicenfis archiepifcopi commentariis illuftratus (Graece). *Lutetiae, Ex officina Rob. Stephani, typis regiis*, MDxlvii. In-4. Mar. vert, fil. tr. dor. Bel exemplaire pur, avec des notes manufcrites.

2664. Geographica Marciani Heracleotae, Scylacis Caryandenfis, Arthemidori Ephefii, Nicaearchi, Meffenii, Ifidori Characeni, Omnia (graece) nunc primum, praeter Dicaearchi illa, A Davide Hoefchelio Avg. Ex manufcript. codd. edita. *Avguftae Vindelicorvm.* MDC. In-8. Mar. rouge, fil. tr. dor. Aux Armes de De Thou.

2665. Périple de Marcien d'Héraclée épitome d'Artémidore, Ifidore de Charax, &c., ou Supplément aux dernières éditions des Petits Géographes, d'après le Manufcrit Grec de la Bibliothèque Royale, par E. Miller. *Paris, Imprimerie Royale*, 1839. In-8.

2666. Geographica Antiqua, hoc eſt Scylacis Periplus Maris Mediterranei. Anonymi Periplus Maeotidis paludis et Ponti Euxini. Agathemeri Hypothypoſis Geographicae. Omnia Graeco-Latina. Anonymi Expoſitio Mundis Latina. cum notis variorum..... *Lugduni Batavorum, Apud Jord. Luchtmans.* 1700. In-4. Dem. rel. de mar. rouge. Non rogné.

2667. Géographie Ancienne et Moderne de Meletius, en grec vulgaire. deuxième édition par Anthimus Gaza. *Venife*, 1807. avec cinq planches géographiques. 4 vol. in-8. vélin blanc, filets.

2668. Géographie Ancienne abrégée, par D'Anville. *Paris,* 1768. 3 vol. in-12. dem. rel. de mar. rouge, non rognés.

2669. Stephanus de Uribus (Gr. et Lat.) quem primus Thomas de Pinedo Luſitanus Latii jure donabat, & obſervationibus Scrutinio variorum linguarum ac praecipuè Hebraicae, Phaenicae, Graecae & Latinae detectis illuſtrabat : his additae praeter ejuſdem Stephani fragmentum collationes Jac. Gronovii cum codice peruſino, una cum gemino rerum et verborum indice. *Amſtelodami,* 1678. In-fol. Vélin cordé.

2670. Stephani Byzantini Gentilia per epitomem, Antehac Περὶ Πόλεων De Urbibus inſcripta, Graece, cum Latina verſione Abrahami Berkelii. *Lugduni Batavorum,* 1694. In-fol. Veau brun.

2671. Lucae Holſtenii Notae et Caſtigationes poſtumae in Stephani Byzantini Εθνικά, quae vulgo Περὶ Πόλεων inſcribuntur : edita. a Theodoro Ryckio. Qui Schymni Chii fragmenta hactenus non edita : Item Diſſertationem De primis Italiae colonis & Aeneae adventa. *Lugduni Batavorum,* 1689. In-fol. Peau de truie, fil. tr. dor.

2672. Ubij Sequeſtris | de fluminibus | fontibus | lacubus | nemoribus | palutibus | z montibus libellus incipit, *Impreſ-ſum Taurini par magiſtrum Franceſcum de Silua.* Anno Mccccc. In-4. goth. de 4 feuillets. Mar. orange, fil. tr. dor.

2673. C. Jvlii Polini Polyhiſtor, Rerum toto Orbe Memora-bilium theſaurus locupletiſſimus, hvic ob argvmenti ſimili-tvdinem Pomponii Melae de Situ Orbis Libros tres, fide diligentiaque ſumma recognitos, adiunximus. Acceſſerunt his praeter noua ſcholia, quae loca autoris utriuſq3 obſcu-riora copioſe paſſim illuſtrant, etiam tabulae geographicae permultae, regionum, locorum, marium, ſinumq3 diuer-ſorum ſitus pulchrè delineantes. *Baſileae.* 1538. *Apud Mi-chaelem Iſingrinium et Henricvm Petri.* In-fol. Veau fauve, filets d'or et à froid, fleurons, tr. dor.

Plans & cartes coloriées. Encre rouge ſuperpoſée ſur l'impreſſion des têtes de Chapitres & de toutes les lettres majuſcules.

2674. Coſmographiae uniuerſalis lib. VI. in quibus, iuxta certioris fidei ſcriptorum traditionem deſcribuntur, Omniũ habitabilis orbis partiũ ſitus, ppriae q3 dotes. Regionum Topographiae effigies. Terrae ingenia, quibus fit ut tam differétes & uarias ſpecie res, & animatas & inanimatas, ferat. Animalium peregrinorum naturae & picturae. Nobi-liorum ciuitatum icones & deſcriptiones. Regnorum initia, incrementa & tranſlationes. Omniũ gentiũ mores, leges, religio, res geſtae, mutationes : Item regum & principum genealogia. Autore Seb. Munſtero. *Baſileae, apud Hericum Petri,* Menſe Martio. Anno Salvtis MDL. In-fol. fig. ſ. bois. Dem. rel.

2675. La Coſmographie Vniverſelle de tout le Monde..... par Mvnſter, augmentée, ornée et enrichie, par François de Belle-Foreſt..... *A Paris, chez Michel Sonnius,* MDLxxv. 3 vol. in-fol. planches et figures ſur bois. Mar. rouge, filets et coins, tr. dor. Armorié.

2676. Coſmographiae introdvctio | cvm qvibvſdam geome-triae ac aſtronomiae principiis ad eam rem neceſſariis. Inſu-per quatuor Americi Veſpucij nauigationes. Vniuerſalis Coſ-mographie deſcriptio tam in ſolido q3 plano | eis etiam inſertis que Ptholomeo ignota a nuperis reperta ſunt. Vrbs

Deodate..... Finitū vij Kl' Maij Anno ſupra ſeſquimille-
ſimum vij. In-4. Mar. vert, fil. tr. dor. 52 ff. non chiffrés
de 27 lignes à la page. La ſouſcription et la marque de
l'imprimeur (GAUTIER LUD), au bas du recto du dernier
feuillet. Exemplaire le ſeul connu de cette édition originale,
d'après le témoignage de M. D'Avezac, de l'Inſtitut.

A de 6 ff. B de 4, ſuivis de la planche de mappemonde pliée. a-d par 8. e de 4.
f de 6.

2677. Coſmographiae introdvctio cvm qvibvſdam geome-
triae ac aſtronomiae principiis ad eam rem neceſſariis. Inſu-
per quattuor Americi Veſpucij nauigationes. Vniuerſalis
Coſmographiae deſcriptio tam in ſolido q̃3 plano | eis etiam
inſertis que Ptholomeo ignota a nuperis reperta ſunt. Vrbs
Deodate..... Finitū. iiij Kl' ſeptēbris Anno ſupra ſeſquimil-
leſimū vij. In-4. Lettres rondes. Figures d'Aſtronomie.
52 feuillets non chiffrés, de 27 lignes à la page. Mar. bleu,
fil. tr. dor. (*Duru*).

La marque de l'imprimeur (GAUTIER LUD), & la ſouſcription, ſont au bas du recto
du dernier feuillet.

  Première partie :

Spherhae Mate Rudimenta.

A & B par 6 ff. C & D par 4. Entre le 2ᵉ & le 3ᵉ feuillet C une planche de mappemonde, pliée.

  Seconde partie :

Qvattvor Americi Veſpvtii navigationes.

A de 8 ff. b & c par 4. d de 8. e & f par 4.

2678. Chriſtianus ad ſolitariū quendam de ymagine mundi
honorio .˙. (per Honorium Auguſtodinenſem. imprimé vers
1472, avec les caractères d'A. Koburger, imprimeur à Nuremberg). In-fol. Sans lieu ni date, ſans chiffres, réclames
ni ſignatures, à longues lignes de 30 à la page. Mar. bleu,
filets à compartiments, beau de marges et de conſervation,
preſque non rogné; toutes les grandes lettres ſont remplies
à la main en encre rouge. Les deux grandes lettres de la
première page ſont peintes en or et couleurs, et accompagnées d'une vignette peinte.

2679. Epitome de la Corographie d'Europe, illuſtré des pour-
traitz des Villes plus renommees d'icelle. Mis en Françoys,
par Guillaume Gueroult. *A Lyon, Chez Balthazar Arnoullet.*

MDLⅢ. In-fol. Planches gravées ſur bois. Veau fauve, fil.
tr. dor. (*Niedrée*).

2680. La ſalade (par Ant. De La Sale) nouuellemēt imprimee
Laquelle fait menſion de tous les pays du monde Et du pays
de la Sybile auec la figure pour aller au mont de la belle
Sibille Et auſſi la figure de la Mer ꝣ de la terre et pluſieurs
belles remonſtrances. Cy finiſt ce preſent liure *nouuellemēt*
Imprime en la rue ſainčt iacꝗs a lēſeigne de la Roſe blanche Et
fut acheue le dixhuytieſme iour de ianuier. Sans année. Le
Privilége pour Michel le noir Libraire eſt daté du xxᵉ jour
de Janvier, de l'an de grace mille cinq cens vingt ꝣ vng.
In-fol. goth. fig. ſur bois. Maroquin rouge, large dentelle,
tr. dor.

2681. La totale et vraie deſcription de to' les paſſaiges | lieux
| ꝣ deſtroičtz : par leſquelz on peut paſſer ꝣ étrer des Gaules
en ytalies Et ſignāment par ou paſſerēt Hānibal | Julius ceſar
| ꝣ les treſchreſtiēs | magnanimes | et treſpuiſſans roys de
France Charlemaigne Charles VIII Louys XII Et le tresil-
luſtre roy Frācois a preſent regnāt premier de ce nom. Item
plus eſt cōtenu le nombre et tiltres des cardinaulx et pa-
triarches. Lordre et les noms des archeueſchez | ꝣ eueſchez
eſtans en luniuerſel monde. Item les archeueſchez : eueſ-
chez : abbayes : ꝣ aultres benefices reſeruez au ſainčt ſiege
apoſtolique. Auec la taxe ordinaire : eſtās au royaume ꝣ
ſeigneuries de la courōne de frāce. *On vend leſdičtꝗ liures a*
Paris à la rue ſainčt Jacques | pres ſainčt yues. a lenſeigne de
la croix de boys : en la maiſon de touſſains denys libraire. Im-
preſsū eſt hoc opus Pariſiis anno dn̄i Mⱽᶜxⱽ. *Sumptibus Touſ-*
ſani denys..... In-4. à belles marges. Mar. rouge, filets à
compartiments, tr. dor. (*Cloſſ*).

VOYAGES

DESCRIPTIONS DE DIVERS PAYS

MOEURS ET USAGES

COLLECTIONS ET RELATIONS DE VOYAGES

2682. Primo volume, et terza editione delle navigationi et viaggi raccolto gia da M. Gio. Battiſta Ramvſio, nel quale ſi contengono la deſcritione dell' Africa, et del paeſe del Prete Janni, con varij viaggi, dalla città di Lisbona, et dal Mar Roſſo inſino a Calicut, et all'iſole Moluche, doue naſcono le ſpetierie, et la navigatione altorno il Mondo. *in Venetia nella ſtamperia de Givnti.* MDLxiii. — Secondo volume..... nel quale ſi contengono l'Hiſtoria delle coſe de Tartari, et diuerſi fatti de' loro Imperatori, deſcritta da M. Marco Polo Gentil'huomo Venetiano, et da Hayton Armeno..... et il viaggio della Tana. aggiuntoui in queſta vltima editione la deſcrittione dell' vna e dell' altra Sarmatia, con i ſucceſſi in eſſe ſino a tempi noſtri occorſi. *In Venetia, Appreſſo i Giunti.* MDLxxxiii. — Volume terzo, nel quale ſi contiene le nauigationi al Mondo Nuouo, fatte da Don Chriſtoforo Colombo Genoueſe..... *In Venetia,* MDcvi. 3 vol. in-fol. vélin.

2683. Le Voyage Cvrievx, faict avtour du Monde, par François Drach, Admiral d'Angleterre. Augmenté de la Seconde Partie. *A Paris, Chez Antoine Robinet,* 1741. In-8. Veau olive, dentelle à froid.

2684. Les voyages famevx du ſieur Vincent Leblanc Marſeillois, qu'il a faits depuis l'aage de douze ans iuſques a ſoixante, aux quatre parties du Monde..... redigez fidellement fur fes Memoires et Regiftres... par Pierre Bergeron, Parifien. *A Paris, chez Gervais Clovfier*, 1648. In-4. vélin.

2685. Recueil de voyages de M. Thevenot. *A Paris, chez Eftienne Michallet*. MDcLxxxI. In-8. Maroquin bleu, tr. dor.

Exemplaire parfaitement complet, compofé de 8 pièces.

2686. Voyages de Mr de Thevenot tant en Europe qu'en Afie et en Afrique. *Paris, Charles Angot*, MDcLxxxix. 5 vol. in-12. Figures. Vélin.

TERRE SAINTE

2687. Bernardi de Breydenbach peregrinationum... opus. Sanctarū peregrinationū in montem Syon ad venerandū xp̄i fepulcrū in Jerufalem. atq3 in monté Cynai ad diuā virginē et matirē (fic) Katherinā opufculum hoc cōtentinū p̄ Erhardū reüwich de Traiecto inferiori *impreffum In ciuitate Moguntina* Anno falutis Mcccclxxxvi. die xi Februari finit feliter (fic). In-fol. goth. Sans chiffres, réclames ni fignatures. Figures et cartes gravées fur bois, coloriées. Dans fa première reliure en bois. recouvert de veau eftampé, gros cloux et fermoirs en cuivre. Les grandes lettres remplies en rouge et bleu.

Exemplaire dans toutes fes marges, complet & conforme à la defcription de M. Brunet, tom 1er, p. 458. (4me édition.)

2688. Monteville cōpofe par meffire Jehā de mōteuille cheualier natif dangleterre de la ville de faint alain. le q̄l parle de la terre de promiffion | de hierufalem | z de plufieurs Pays | Villes | z ifles de mer | z de diuerfes z eftranges chofes | z du voyage de hierufalem. Cy finit le trefplaifant liure nōme Monteuille...... *Imprime a Lyon par Barnabe chauffart*. Sans date. In-4. goth. fig. fur bois. Mar. rouge, filets à compart., tr. dor. (*Koehler*).

2689. Des ſainctes peregrinations de iheruſalem et des aui-
rons ʒ des lieux prochains. Du mont de ſynay ʒ là glo-
rieuſe Katherine : Ceſt ouurage et petit liure contenãt du
tout la deſcription ainſi que dieu a voulu le dõner a cognoiſ-
tre. *Imprime a Lyon par hõneſtes hõmes Michelet topie de
pymont : ʒ Jaques heremberch dalemaigne demourant audit lyon.*
Lã de noſtreſeigne᛫ Mille cccc quattre vĩgtz ʒ huictz et le
xxviii de nouébre. In-fol. goth. à longues lignes, figures et
plans. Mar. amarante, filets, tr. dor. (*Koehler*), à grandes
marges. Sans chiffres ni réclames. Sign. a de 8 ff. dont le
premier blanc. b et c par 6. d-m par 8. n de 6. o de 8.
p de 6. q-ſ par 8. 2 planches entre les feuillets b 4 et 5.
1 entre les feuillets 5 et 6 de la même ſignature. 1 planche
à la ſuite de ce même 6ᵐᵉ feuillet. 1 planche à la ſuite du
premier feuillet c. 1 à la ſuite du feuillet c ii. 1 à la ſuite du
feuillet Q iii. 3 de ces planches ont été calquées à la main.

Le titre eſt pris de la ſouſcription qui eſt au verſo de l'avant-dernier feuillet. Le
livre commence, au feuillet a ii, par une Epiſtre A treshaulte... princeſſe
la roine de frãce Marguerite, de Frere Nicole le Huẽ....

2690. Le ſaint Uoiage et pelerinage de la cite ſaincte de hieruſalem. En ce preſent liure eſt cõtenu le Voyage et pelerinage doultremer au ſainct ſepulchre de la cite ſaincte de
hieruſalem et de madame Saincte Catherine au mõt de Sy-
nay.... fait et cõpoſe en latin par tres venerable et excellent
ſeigneur maiſtre Bernard de breydenbach doyen et camarier
de la noble egliſe metropolitaine de Mayence.... Et a eſte
trãſlate de latin en francois.... par deuot religieux frere iehã
de herrin docteur en theologie en la famee et excelléte
Vniuerſite de paris hũble prieur des freres hermites de ſaĩt
auguſtin de la noble cite de Lyon... Cy finit les ſaĩs voyages
et pelerinages de la ſaĩcte cite de hieruſalez et dumont de
ſynay a madame ſaincte Catherine vierge et martyre en ce
liure ſon compris et contenus Imprimez le xviii iour de
Freuier Lan milcccclxxxix. Sans lieu ni nom d'imprimeur.
Sans chiffres ni réclames. In-fol. goth. Figures et cartes ſur
bois. Mar. rouge, dentelle et coins, tr. dor. (*Niedrée*).
Dans toutes ſes marges, rempli de témoins.

Deſcription du volume :

a et b par 8 ff. C un feuillet, une longue carte repliée, com-

mençant au verſo de ce feuillet, et finiſſant au recto du ſuivant, non ſignés. Suit un autre feuillet, puis un feuillet avec
une carte pliée, commençant au verſo, et finiſſant au recto
du ſuivant, non ſignés. Suit un autre feuillet ſans ſignature,
avec une carte pliée, occupant le verſo de ce feuillet et le
recto du ſuivant. Vient un autre feuillet ſans ſignature, avec
une longue carte repliée, commençant au verſo, et finiſſant
au recto du ſuivant. Un autre feuillet ſans ſignature, avec
une longue carte repliée, commençant au verſo, et finiſſant
au recto du ſuivant. Encore un feuillet avec une longue
carte repliée, commençant au verſo et finiſſant au recto du
feuillet ſuivant, non ſignés.

f & g par 6 ff. A-H par 8. J de 6. K-M par 8. N. de 6. O & P par 8. Q de 6.
R & S par 8.

2691. Le grant voyage de hieruſalem diuiſé en deux parties.
En la premiere eſt traicte des peregrinations de la ſaincte
cite de hieruſalem | Du mont ſaincte Catherine de Sinay
et autres lieux ſainctz | auec les a | b | c des lettres grec-
ques | caldees | hebraicques et arabicques | auec aucuns
langaiges des turcz trãſlatez en frãcois. En la ſeconde partie
eſt traicte des croiſees et entreprinſes faictes par les roys
et princes chreſtiens pour la recouurance de la terre ſaincte
z augmentation de la foy Cõme Charles Martel | Pepin |
Charlemaigne Le roy ſainct Loys Godeffroy de buillon z
autres qui ont conqueſte la cite de Hieruſalem. Des guerres
des turcz et Tartarins La prinſe de Conſtantinople | du ſiege
de Rhodes | la prinſe de Grenade | auec lhiſtoire de Sophie
Les guerres et batailles contre le grant turc et le grant Soul-
dan faictes depuis nagueres Le chemin et Voyaige de Romme
auec les ſtations des egliſes ou ſont les grans pardons Et pluſieurs autres choſes ſingulieres. *Imprime a Paris pour Francois
regnault libraire demourant en la grant rue ſainct Jaques a
lymaige ſainct Claude.* Cy finiſt le grant voyage de Hieruſalem... *Imprime a Paris pour Frãcois regnault...* le xxe iour
de mars Lan mil cinq cens xxii. In-4. goth. fig. ſur bois.
Maroquin rouge du Levant, compartim., tr. dor. Reliure
anglaiſe.

1re Partie. † de 4 ff. a-c par 6. d de 8. e de 4. *f* de 8. g de 4. h de 8. ɪ de 4
ſuivis d'une longue planche pliée. k-p par 8 & 4. & une longue carte pliée.

2e Partie. q-z. A-M par 8 & 4. le dernier blanc.

2692. Difcovrs du Voyage d'ovltre mer av fainct fepvlcre de Iervfalem, et autres lieux de la terre Saincte. par Anthoine Regnault bourgeois de Paris. Imprimé à Lyon aux defpens de l'Autheur. 1573. *On les vend à Paris aux faulxbourgs Sainct Iaques a lenfeigne de la Croix de Hierufalem.* In-4. fig. fur bois. Maroquin rouge, fil. tr. dor. (*Trautz Bauzonnet*).

a–z. A–L par 4 ff. une planche pliée entre les ff. t 2 & 3.

Après le feuillet chiffré 263 au recto, on trouve ce qui fuit :

Ordonnances des Empereurs, Roys, et Princes de France, qui ont efté fouuerains, & chefz de l'ordre des cheualiers, & voyagers du fainct fepulchre de noftre Redempteur Iefu-Chrift, en Ierufalem outremer. M–R par 4 ff. S de 2, dont le fecond porte au recto le chiffre de 289. Fin des prefentes ordonnances, Imprimées à Paris, par Nicolas du Chemin, pour Anthoine Regnault, demourant aux faulx-bours fainct Iacques, a l'enfeigne de la croix de Ierufalem. 1573. Dans cette partie, entre les feuillets 265 et 266, on trouve un feuillet chiffré 166 dont le texte fe continue au feuillet 266. Le volume fe termine par un Catalogue des traités et la Table, fignés M et N par 4 ff. dont le dernier blanc. Le premier de ces 8 ff. porte un chiffre, 265. et le 7me 259. Les autres n'ont pas de chiffres.

2693. Trefample z abondante defcription du voyaige de la terre faincte | dernierement commencee Lan de grace Mil cinq cens trentedeux. En laquelle defcription font nommees z declarees toutes les Villes Citez z chofes dignes de memoire q̃ fe treuuent entre cy z la | tant en France | comme aux Italies | pays de Grece z Turquie. Cõmencant le dict voyaige depuis la ville de Nogeãt fur Sene | iufques a la faicte cite de hierufalem. Et comprenant diuerfes couftumes z manieres de faire | felon lufance de plufieurs nations lefquelles fe treuuent entre cy | z la dicte terre faincte. Le tout premierement efcript z diligemment redige en forme par Meffire Denis Poffot presbtre natif de Coulemiers | q̃ au retour demourant a Candie laiffa la charge dacheuer la dicte defcriptiõ a meffire Charles Philippe feigneur de Champarmoy | et Grandchamp Procureur de trefpuiffant Seigneur Meffire Robert de la Marche | et cheualier du fainct Sepulchre. Ce quil fift au fingulier proufit et delectation de toutes perfonnes bien affectionnees audict voyaige.

On les vend a Paris | rue fainct Iacques a lenseigne de Lhomme Sauluaige. Sans date. Au recto du dernier feuillet est le privilege en faueur de Regnaut Chaudiere, daté de 1536. In-4. goth. 2 fig. s. bois.   A-P par 4 ff.

2694. Le Voyage de la saîcte Cyte de hierusalē | Auec la description des Lieux | Portz | Villes | Citez | Et aultres passaiges | fait Lan Mil quatre cens quatre vingtz estãt le siege du grant Turc a Rhodes | Et regnant en Frãce Loys vnziesme de ce nom. *Imprime nouuellement a Paris. On les vēd a Paris en la rue neufue nostre dame a lenseigne Sainct Nicolas.* Cy finist le voyage de la saincte terre ɀ cite de hierusalem tant par mer que par terre. *Nouuellement imprime a Paris pour Jehan saict denys Librayre demourant a la rue neufue nostre Dame a Lenseigne sainct Nycolas.* Sans date. Sans chiffres ni réclames. A-H par 8 ff. J de 4. Petit in-8. goth. fig. s. bois. Dem. rel. de mar. violet Dans toutes ses marges.

2695. Le voyage et Itinaire de oultre mer Faict par Frere Jehã thenaud Maistre es ars | docteur en Theologie | ɀ gardien des Freres mineurs Dangoulesme | Et premierement dudict lieu Dangoulesme iusques au Cayre. *On les vend a Paris en la Rue neufue nostre dame a lenseigne Sainct Nicolas.* Sans date. Sans chiffres ni réclames. A-H par 8 ff. Petit in-8. goth. Dem. rel. de mar. bleu. Dans toutes ses marges, presque non rogné.

2696. La Terre Saincte ; ov Description topographique tresparticuliere des Saincts Lieux, & de la Terre de Promission. Auec un Traitté de quatorze nations de differente Religion qui l'habitent, leurs moeurs, croyance, ceremonies, & police. Vn discours des principaux poincts de l'Alcoran. L'Histoire de la vie et mort de l'Emir Fechrredin Prince des Dreus. Et vne Relation de Zaga Christ Prince d'Ethyopie, qui mourut à Ruel prez Paris l'an 1638. par F. Eugene Roger. *A Paris, Chez Antoine Bertier*, MDCLXVI. In-4. Grand papier. Veau.

2697. Le Voyage de la Terre-Sainte, Contenant Vne veritable description des lieux plus considerables que Nostre Seigneur a sanctifie de sa présence, Predications, Miracles &

Souffrances. L'eſtat de la Ville de Jeruſalem, tant ancienne que moderne. Les guerres, combats & victoires que nos Princes François ont remporté ſur les infideles, auec quelques ceremonies de la Paſque des Chreſtiens Orientaux, où il eſt traitté du Fleuue Jourdain, de la Mer-morte, de la quarantaine, de Nazaret, du Mont-Thabor, & autres places celebres. Plus une legere Deſcription des principales Villes d'Italie. Pár M. Doubdan, P. Chanoine de l'Egliſe Royale & Collegiale de S. Paul, à S. Denis en France. *A Paris, Chez Pierre Bienfait.* MDCLXI. In-4. Figures. Veau fauve, filets, coins fleurdelyſés, la Croix de Jéruſalem ſur les plats, tr. dor. (*Simier*).

2698. Relation nouvelle et tres-fidelle du voyage de la Terre Sainte, Dans la quelle ſe voit tout ce qu'il y a de remarquable, tant par Mer que par Terre, depuis le départ de Marſeille juſqu'au retour de ce ſaint voyage. Dedié à Madame la Ducheſſe de Saint-Aignan, par M. Félix Beaugrand, R. de S. F. *A Paris, chez Antoine Warin,* 1700. In-12. Veau fauve, fil. tr. dor. (*Simier*).

2699. Relation Hiſtorique d'un Voyage nouvellement fait au Mont de Sinaï et à Jeruſalem. on trouvera dans cette Relation un détail exact de ce que l'auteur a vû de plus remarquable en Italie, en Egipte et en Arabie. Dans les principales provinces de la Terre-Saincte. Sur les côtes de Syrie & en Phoenicie. Dans les iſles de la Méditerranée et de l'Archipel. Dans l'Aſie mineure & dans la Thrace, ſur les côtes de Negrepont, du territoire d'Athènes, de la Morée & de la Barbarie. On y verra auſſi en abrégé l'Origine, avec une idée juſte de la religion, des moeurs, & des coûtumes des Turcs. Par le Sieur de Moriſon Chanoine de Bar Le Duc. *A Toul, Par A. Laurent Imprimeur du Roy.* 1704. In-4. Veau fauve, filets à compart., tr. dor.

2700. Voyage Nouveau de la Terre Sainte, enrichi de quelques remarques particulieres qui ſervent à l'intelligence de la Sainte Ecriture. *A Paris, Chez André Prallard,* 1679. In-12. Veau brun armorié.

2701. Itinerarivm Hieroſolymitarvm et Syriacvm ; in qvo variarvm Gentivm Mores et Jnſtitvta ; Jnſularum, Regionum,

Vrbium fitus, vnà ex prifci recentiorifq' feculi ufu; unà cum eventis, qua Auctori terrâ mariq', acciderunt, dilucidè recenfitus. Acceffit Synopfis Reipublicae venet?. Avctore Ioanne Cotorico Vltraiectino I. V. D. & Milit. Hierofolymitano. *Antverpiae, Apud Hieronymum Verduffium.* MDcxix. In-4. Figures. Vélin.

2702. Viaggio da Venetia al Santo Sepulchro, & al monte Synai più copiofamente defcritto degli altri con difegni de paefi, cittadi, porti, & chiefe, & li fanti luoghi con molte altre Sanfimonie che qui fi trouano defignate & defcritte, cóme fono nelli luoghi lor proprij. *Stampato in Venetia per Venturino Roffinello,* ne l'anno del MDxlvi. Petit in-8. fig. f. bois.

2703. Viaggio da Venetia al Santo Sepolcro. et al Monte Sinai. Col difegno delle Città, Caftelli, Ville Chiefe, Monafterij, Ifole, Porti, & fiumi, che fin la fi ritrouano. Et una breue regola di quanto fi deue offeruar nel detto viaggio, e quello che fi paga da luoco a luoco fi di datij come d'altre cofe. Compofto dal R. P. F. Noè dell' ordine di S. Francefco. *In Venetia* MDcxlviii. *Appreffo Domenico Jmberti.* In-8. fig. f. bois. Dem. rel. dos et coins de veau fauve. Non rogné.

2704. Il Devotiffimo Viaggio di Giervfalemme. Fatto, e defcritto in fei Libri, Dal fignor Giovanni Zvallardo, Caualiero del Santiff. Sepolcro di N. S. l'anno MDLxxxvi. Aggiontiui i difegni in Rame di varij Luoghi di Terra S. & altri Paefi. *in Roma, Appreffo Domenico Rafa.* MDxcv. In-8. Figures. Notes et deffins manufcrits. Maroquins de couleurs et ornements en or, tr. dor. Ancienne reliure italienne fort curieufe, en creux et en relief.

2705. Trattato delle Piante & Immagini de facri Edifizi di Terra Santa difegnate in Ierufalemme fecondo le regole della Profpettiua, & uera mifura della lor grandezza dal R. P. F. Bernardino Amico da Gallipoli dell' Ord. di S. Francefco de Minori Offervanti ftampate in Roma e di nuouo riftampate dallifteffo Autore in piccola forma, aggiuntoui la ftrada dolorofa & altre figure. *in Firenza Appreffo Pietro Cecconcelli.* 1620. Petit in-4. Figures.

2706. Voyage d'Alep à Jérufalem à Pâques en l'année 1697. par Henri Maundrel, traduit de l'Anglois. *Utrecht*, 1705. In-8. Figures. Veau fauve, fil. tr. dor. (*Simier*).

2707. Voyage de Jacques le Saige de Douai à Rome, Venife, Jérufalem et autres faints lieux, publié, d'après l'édition originale, par Duthilleul. *Douai*, 1825. In-4. Avec deux plans de la ville de Jérufalem au xvıᵉ et au xvııᵉ fiècle.

Ouvrage tiré à 120 exemplaires.

2708. Voyaige d'oultremer en Jhérufalem par le Seigneur de Caumont l'an Mccccxviii. publié pour la première fois d'après le Manufcrit du Mufée britannique par le Marquis de La Grange. *A Paris, chez Aug. Aubry*, 1858. In-8. Grand papier jonquille.

2709. Itinéraire de Paris à Jérufalem, et de Jérufalem à Paris, en allant par la Grèce, et revenant par l'Egypte, la Barbarie et l'Efpagne. par F. A. de Chateaubriand. *Paris, Le normant*, 1812. 3 vol. in-8. Papier vélin. Veau antiqué, fers à froid.

2710. Hiftoire de Jérufalem par M. Poujoulat. *Paris*, 1842. 2 vol. in-8. veau fauve, filets.

PALESTINE, SYRIE, EGYPTE ET ARABIE

2711. Voyage fait par ordre du roy Louis XIV dans la Paleftine vers le grand Emir, par le chevalier d'Arvieux, avec la defcription générale de l'Arabie faite par le fultan Jfmael-Abul-Feda, et traduit en français avec des notes par de la Roque. *Paris*, 1712. In-12. Figures. Mar. bleu, tr. dor. (*Petit-Simier*).

2712. Voyage du Mont Liban, traduit de l'Jtalien du R. P. Jerome Dandini Nonce en ce pays là. Où il eft traité tant

de la créance et des Coûtumes des Maronites que de plufieurs particularitez touchant les Turcs, et de quelques lieux
confiderables de l'Orient, avec des remarques fur la Theologie des Chrétiens en Levant, et fur celle des Mahomme-
tans. par R. S. P. *Paris, Louis Billaine*, MDCLXXV. In-12.
Veau fauve. (*Duſſeuil*).

2713. Voyage de Syrie et du Mont Liban ; par De La Roque.
Paris, 1722. 2 vol. in-12. Veau brun.

2714. Hiſtoire des Druſes, Peuple du Liban, formé par une
Colonie de François. Contenant leur origine leur agrandif-
fement. l'Hiſtoire de l'Emir Facardin, leur état actuel & la
maniere de leur commerce. Dédié à Mgr le Duc de Berry,
par Puget de S. Pierre.
In-12. Dem. rel. de veau antiqué. Non rogné.

2715. Voyages de Richard Pockocke en Orient, dans l'Egypte,
l'Arabie, la Paleſtine, la Syrie, la Grece, la Thrace, &C.....
traduits de l'Anglois. *A Paris, chez J. P. Coſtard*, 1772-73.
7 vol. in-12. veau antiqué, dentelle à froid.

2716. Voyage en Syrie et en Egypte, pendant les années
1783, 84 et 85. troiſième édition, revue et corrigée par
l'Auteur, augmentée 1º De la notice de deux manuſcrits
Arabes inédits qui fourniſſent des détails nouveaux et curieux fur l'hiſtoire, la population, les revenus, les impôts,
les arts de l'Egypte, ainſi que fur l'état militaire, l'adminiſ-
tration, l'étiquette des Mamelouks Tcherkaſſes, et fur l'or-
ganiſation régulière de la poſte aux pigeons ; 2º D'un
tableau exact de tout le commerce du Levant, extrait des
regiſtres de la chambre de commerce de Marſeille ; 3º Des
conſidérations fur la guerre des Ruſſes et des Turks, publiées en 1784 ; 4º De deux gravures nouvelles repréſentant
les Pyramides et le Sphinx, aux quelles ſont jointes les planches de Palmyre, de Balbek, et trois cartes géographiques
toutes refaites à neuf. par C. F. Volney. *Paris, Dugour et
Durand*, an VII. 2 vol. in-8. Papier vélin. Mar. rouge, fil.
tr. dor. (*Bozerian*). Reliés fur brochure.

2717. Voyage de l'Arabie Heureuſe, par l'Océan Oriental, &
le Détroit de la Mer Rouge. fait par les François pour la
première fois, dans les années 1708 à 1710. Avec la Rela-

tion particulière d'un Voyage fait du port de Moka à la
Cour du Roi d'Yemen ; un Mémoire concernant l'Arbre et
le fruit du Café, &c. *Paris, 1716. In-12. Veau brun.*

2718. Jtinerario De Ludouico De Varthema Bolognefe ne lo
Egypto ne la Suria ne la Arabia deferta z felice ne la Perfia :
ne la India : ne la Ethiopia. La fede el viuere z coftumi de
tutte le p̄fate p̄uïcie. Nouamēte imp̄ffo. qui finiffe l'opera...
Stampata in Venetia per Zorʒi di Bufconi Milanefe : Reg-
nando linclito Principe Mifer Leonardo Loredano : nella
incarnatiōe del nr̄o fignore Jefu Xp̄o MDxvii. adi vi del
mefe di Marzo. In-8. Lettres rondes, à 2 colonnes. Mar.
bleu, d. de mar. orange, coins, et monogramme au centre.
(*Trautʒ Bauʒonnet*).

2719. Jtinerario De Ludouico De Varthema.
Même ouvrage que le précédent. Exemplaire à grandes
marges, témoins. Relié en mar. vert, tr. dor. (*Bauʒonnet
Trautʒ*).

2720. Die Ritterliche unnd Lobwirdige Reyfz..... Ritter und
Landtfahrer hern Ludovico Vartomans von Bolonia.......
(Le chevalerefque et admirable voyage du..... chevalier et
voyageur Ludovico Vartoman de Bologne, le quel parle
des pays d'Egypte et de Syrie, des deux Arabies, de la Perfe,
de l'Inde, de l'Ethiopie, de leur état, moeurs, vie, police,
croyances et ceremonies, et auffi de plufieurs animaux,
oifeaux et autres chofes rares qu'il a lui-même fues et vues).
Bedruckt In Franckfurt am Mayn, Duch Weigandt Han.
MDLvi. In-4. fig. fur bois. Vélin blanc.

BYZANCE ET CONSTANTINOPLE, BAS EMPIRE,

PAYS DANUBIENS

2721. Conftantini Porphyrogennetae Imperatoris Opera in quibus Tactica nunc primum prodeunt. Ioannes Mevrfivs collegit, coniunxit, edidit (gr. et lat.). *Lvgdvni Batavorvm. Ex officinâ Elzeviriana,* 1617. In-8. Veau acajou, dent. tr. dor.

2722. Gorginus Codinus Cvropalata, De Officiis Magnae Ecclefiae, et Avlae Conftantinopolitanae....... gr. et lat. *Parifiis, E typographia Regia.* 1648. In-fol. Veau, aux Armes du Louvre.

2723. Hiftoire de Procopie de Caefaree, de la guerre des Gothz faicte en Jtalie, contre l'Empereur Juftinien le Grand où fut envoyé pour Lieutenant general, le vaillant Belifaire (tres-victorieux Prince) en la quelle fe peut veoir comme il veinquit trois grands roys, dont il en emmena deux des Gothz, prifonniers en Conftantinople, et l'autre des Vendales, il tua en bataille..... *A Lyon, par Benoift Rigaud.* 1578. In-8. Veau fauve, fil. tr. dor. (*Petit-Simier*).

2724. Hiftoire du Bas Empire, en commençant à Conftantin le Grand, par le Beau, continuée par Ameilhon. *Paris,* 1757 à 1811. 27 vol. — Table Alphabétique par Ravier. *Paris,* 1817. 2 vol., enfemble 29 vol. in-12. veau écaillé, filets. Reliure uniforme.

2725. L'Hiftoire, ov Chroniqve dv Seignevr Geoffroy De Ville-Hardvin, Marefchal de Champagne & de Romanie. Reprefentee de mot à mot en ancienne langue Françoife, d'vn vieil exemplaire efcrit à la main, qui fe trouue dans les anciens archiues de la Sereniffime Republique de Venife : Contenant la conqvefte de l'Empire de Conftantinople faicte par des Barons François, confederez & vnis auec les Seigneur Venitiens, l'an 1204. Enfemble la defcription de la prinfe de Conftantinople, extraicte de la fin des Annales de Nicete Coniates, hiftorien Grec, & Chancelier des Empereurs Conftantinopolitains. *A Lyon, Par les Heritiers de Guillaume Rouille,* 1603. — Extraict des Annales de Nicete Coniates....... Ov bien, le troifieme Livre de l'Empire d'Alexivs Angelvs Comnenvs de la Prinfe de Conftantinople, et Reftitvtion d'Jfaac Angelvs fon frere, & de fon fils Alexivs le ieune. Enfemble de l'Empire de Baudoin, Comte de Flandre, & Henaut, & de Henry fon frere Empereurs de Conftantinople, depuis la prinfe de la Cité, iufques à la tranflation de l'Empire des Grecs aux Latins, l'an de noftre Seigneur Jefus Chrift, Mcciiii. *A Lyon, Par les Heritiers de Guillavme Roville.* MDci. In-fol. Veau fauve, fil. tr. dor. (*Niedrée*).

A la fin de la 1re partie, les portraits en pied de l'Empereur Conftantin, de l'Impératrice Theodora, & de l'Empereur Michel, gravés fur bois.

2726. Hiftoire de l'Empire de Conftantinople, fovs les Empereurs François, Divifée en deux Parties, dont la Premiere contient l'hiftoire de la Conquête de la Ville de Conftantinople par les François et les Vénitiens, écrite par Geoffroy de Ville-Hardovin : Reueüe & corrigée fur le Manufcrit de la Bibliotheque du Roy, illuftrée d'obfervations hiftoriques, & d'vn Gloffaire. Avec la fuite de cette Hiftoire, iufques en l'an Mccxl tirée de l'Hiftoire de France M. S. Philippes Movskes Chanoine & depuis Euefque de Tournay. la feconde contient une Hiftoire Generale de ce que les François et les Latins ont fait de plus memorable dans l'Empire de Conftantinople, depuis qu'ils s'en rendirent maiftres, iufques à ce que les Turcs s'en font emparez. *A Paris, de l'Imprimerie Royale,* MDclvii. In-fol. Veau brun.

2727. Hiftoire de Conftantinople depuis le règne de l'ancien Juftin, jufqu'à la fin de l'Empire. Traduite fur les Originaux Grecs par Coufin. *Suivant la copie imprimée à Paris, chez Daniel Foucault.* MDclxxxv. 8 tomes en 10 vol. in-12. veau jafpé, filets.

2728. Relation Nouvelle d'un Voyage de Conftantinople (par Grelot). *Suivant la Copie. A Paris, en la boutique de Pierre Rogolet.* 1681. In-12. Figures et plans. Vélin.

2729. Nouvelle Defcription de la Ville de Conftantinople,

Avec la Relation du Voyage de l'Ambaſſadeur de la Porte Ottomane, & de ſon ſéjour à la Cour de France. *Paris,* 1721. In-12. Plan et figure. Vélin.

2730. Conſtantinople ancienne et moderne. Deſcription de cette ville, depuis ſon origine juſqu'à ce jour, de ſes environs, du détroit de Boſphore, et des iſles ſituées à ſa proximité. (en grec moderne). *Veniſe*, 1824. In-8. Figures. cart.

2731. Tableau Hiſtorique, Géographique et Politique de la Moldavie et de la Valachie, par M. Wilkinſon, traduit de l'Anglais par M. De La Roquette. *Paris*, 1824. In-8. Dem. rel. de veau antiqué.

2732. Obſervations Hiſtoriques et Géographiques ſur les Peuples Barbares qui ont habité les Bords du Danube & du Pont Euxin, par De Peyſſonel. *Paris, Tilliard*, 1765. In-4. Figures et Cartes. Veau marbré.

LE LEVANT ET EMPIRE OTTOMAN

2733. Coſmographie de Levant, par F. André Theuet d'Angovleſme. (à la fin) Religieux de l'Ordre de S. François, au Couuent d'Angouleſme. *A Lion, Par Ian De Tovrnes et Gvil. Gaʒeav.* MDLvi. In-4. fig. ſur bois.

2734. Voyage d'Orient du R. P. Philippe de la tres-ſaincte Trinite Carme Deſchavſſé, où il deſcrit les diuers ſuccez de ſon Voyage, pluſieurs Regions d'Orient. leurs Montagnes, leurs Mers & leurs Fleuues, la Chronologie des Princes qui y ont dominé, leurs Habitans tant Chreſtiens qu'Jnfideles. les Animaux, les Arbres, les Plantes, & les fruits qui s'y trouuent, & enfin les Miſſions des Religieux qui y ont eſté fondées, & les diuers Euenemens qui y arriuerent. Compoſé, reueu & augmenté par luy meſme, Et traduit du Latin par vn Religieux du mefme Ordre. *A Lyon, Chez Antoine Jvllieron, Imprimeur et Libraire, en la place de Confort.* MDCLXIX. In-8. Dem. rel. de mar. rouge. Non rogné.

2735. Les Mémoires du voyage de M^r le Marquis de Ville au Levant, ou l'Hiftoire curieufe du Siege de Candie..... le tout tiré des Mémoires de J. B. Roftagne, par François Savinien D'Alquié. *Amfterdam,* 1671. 3 parties en 2 vol. in-12. Veau fauve, fil. tr. dor. (*Koehler*).

2736. Relation d'un Voyage du Levant, contenant l'Hiftoire Ancienne et Moderne de plufieurs Jfles de l'Archipel, de Conftantinople, des Côtes de la Mer noire, de l'Armenie, de la Georgie, des Frontieres de Perfe et de l'Afie Mineure, &c. par Pitton de Tournefort. *A Paris, de l'Imprimerie Royale,* 1717. 2 vol. in-4. papier fin. Figures. Mar. rouge, fil. tr. dor.
Exemplaire de préfent, aux Armes du Louvre.

2737. Nouveau voyage fait au Levant, ès années 1731 et 1732, Contenant les Defcriptions d'Alger, Tunis, Tripoly de Barbarie, Alexandrie en Egypte, Terre fainte, Conftantinople, &c. par le fieur Tollot. 1742. In-12. Veau.

2738. Voyages de Paul Lucas. Dans la Turquie, l'Afie, Sourie, Paleftine, Haute et Baffe Egypte. *Rouen,* 1719. 3 vol. — Dans la Grèce, l'Afie mineure, la Macédoine et l'Afrique. *Paris,* 1712. 2 vol. — Au Levant. *Paris,* 1714, 2 parties en un volume. Enfemble 6 vol. in-12. Veau fauve. Reliure uniforme.

2739. Voyages de Pietro della Valle, dans la Turquie, l'Egypte, la Paleftine, la Perfe, les Indes Orientales. *Paris,* 1745. 8 vol. in-12. Figures. Veau antiqué, dent. à froid. (*Vogel*).

2740. Voyages dans le Levant, dans les années 1749 à 52. Contenant des obfervations fur l'Hiftoire Naturelle, la Médecine, l'Agriculture & le Commerce, & particulierement fur l'Hiftoire Naturelle de la Terre Sainte, par Frédéric Haffelquift, traduits de l'Allemand par M****, *Paris, Saugrain.* 1649. 2 vol. in-12. Veau marbré.

2741. Le Navigationi et Viaggi nella Tvrchia, di Nicolo de

Nicolai del Delfinato Signor d'Arfevilla..... tradotte di Francefe in uolgare, da Francefco Flori da Lilla. *in Anverfa*, MDLxxvii. *Appreffo Guglielmo Siluio.* In-4. Figures et encadrements f. bois. Dem. rel. de veau antiqué.

2742. Ambaffades et Voyages en Tvrquie et Amafie, de Mr Bvsbeqvivs, Nouuellement traduites en François par S. G. *A Paris, Chez Pierre David.* 1646. In-8. Veau fauve, dent. tr. dor.

2743. Libri tre delle cofe de Tvrchi. Nel primo fi defcrive il uiaggio da Venetia à Coftantinopoli, con gli nomi di luoghi antichi et moderni : nel fecondo la Porta, cioe la Corte de Soltan Soleymano, Signor de Turchi : Nel terzo il modo del reggere il ftato et imperio fuo. *In Vinegia*, nell'anno MDxxxix. *in cafa di figlivoli di Aldo.* In-8. Mar. olive, fil. tr. dor. Très-bel exemplaire d'un livre très-rare.

2744. Tableau Hiftorique, Politique et Moderne de l'Empire Othoman, traduit de l'Anglais de Williams Eton, par Lefebvre. *Paris*, an vii (1798). 2 vol. in-8. dem. rel. de veau olive.

2745. Hiftoire de l'Etat prefent de l'Empire Ottoman : contenant les maximes politiques des Turcs; les principaux points de la Religion Mahometane, des Sectes, des Herefies, et fes diverfes fortes de Religieux..... par M. Briot. *à Amfterdam, chez Pierre Mortier*, 1696. In-12. Figures. Mar. rouge, fil. tr. dor.

2746. Annali Mufulmani, di Gio B. Rampoldi. *Milano*, 1822-2ƒ. 12 tomes en 11 vol. in-8. dem. rel.

GRÈCE, ARCHIPEL ET MÉDITERRANÉE

JLLYRIE

2747. Voyage Pittorefque de la Grece, par le Comte de Choifeuil-Gouffier. *Paris*, 1782, 1809 et 1822. 3 vol. in-fol. dem. rel. dos et coins de mar. rouge. Non rognés.

Le tome 1ᵉʳ eft du premier tirage.

2748. Voyage dans la Grece, comprenant la defcription ancienne et moderne de l'Epire, de l'Jllyrie Grecque, de la Macédoine Cifaxienne, d'une partie de la Triballie, de la Theffalie, de l'Acarnanie, de l'Etolie ancienne et Epictete, de la Locride Hefpérienne, de la Doride, et du Péloponèfe ; avec des confidérations fur l'archéologie, la numifmatique, les moeurs, les arts, l'induftrie et le commerce des habitans de ces provinces ; par F. C. H. L. Pouqueville. *Paris, Firmin Didot*, 1820. 5 vol. in-8. Cartes et Figures. Veau acajou, fers à froid.

2749. Voyage en Grece et dans le Levant par A. M. Chenavard, Rey, et Dalgarin. Relation par A. M. Chenavard. *Lyon*, 1849. In-12. Figures. br.

2750. Voyage dans le Royaume de Grèce, par Eugène Yemeniz, précédé de confidérations fur le génie de la Grèce, par Victor de Laprade, 1854. *Imprᵉ de Louis Perrin à Lyon.* In-8. Mar. bleu, fil. tr. dor. (*Trautƶ Bauƶonnet*).

2751. La Grèce moderne, Héros et Poètes, par Eugène Yemeniz. *Paris*, 1862. Pet. in-8. mar. bleu, tr. dor. (*Trautƶ Bauƶonnet*).

2752. Voyage d'Jtalie, de Dalmatie, de Grece, et du Levant, fait aux années 1675 et 1676, par Jacob Spon et George Wehler. *La Haye*, 1724. 2 vol. in-12. Veau olive, dent. à froid.

2753. Voyage de Dalmatie, de Grece, et du Levant, par

George Wehler, traduit de l'Anglois. *La Haye,* 1723. 2 vol. in-12. Figures.   Veau fauve, dent. tr. dor. (*Bozerian*).

2754. Defcription Géographique, et Hiftorique de la Morée, reconquife par les Venitiens. Du Royaume de Negrepont, Des Lieux circonvoifins, et de ceux qu'ils ont foumis dans la Dalmatie, & dans l'Epire. par le Père Coronelli. *A Paris, Chez Nicolas Langlois.* 1687. In-fol. Plans et cartes.

2755. Mémoires Hiftoriques et Géographiques du Royaume de la Morée, Negrepont, & des Places Maritimes, jufques à Theffalonique, par le P. Coronelli. *Amfterdam,* 1686. In-12. Figures. Veau brun.

2756. Defcription exacte de Jfles de l'Archipel, et de quelques autres adjacentes; traduite de Flamand d'O. Dapper. *Amfterdam,* 1703. In-fol. Figures. Dem. rel. de veau antiqué. Non rogné.

2757. Relation de l'Etat Prefent de la Ville d'Athènes, avec un abrégé de fon hiftoire et de fes Antiquités (par J. Spon). *A Lyon, chez Loüis Pafcal,* 1684. In-12. Vélin.

2758. Relation Abrégée de l'Etat d'Athènes, depuis fa chute fous les Romains jufqu'à la fin de la domination des Turcs, par Dionyfius Sourmeli (en grec moderne), troifième édition améliorée par le même auteur. *Athènes,* 1846. In-12.

2759. Hiftoire Nouvelle des Anciens Ducs et autres Souverains de l'Archipel : Avec la defcription des principales Ifles, & des chofes les plus remarquables qui s'y voyent encore aujourd'huy. *A Paris, Chez Eftienne Michallet,* 1698. In-12. Veau antiqué. (*Koehler*).

2760. L'Hiftoire naturelle des eftranges Poiffons Marins. Avec la vraie peintvre & defcription du Daulphin, & de plufieurs autres de fon efpece, Obferuee par Pierre Belon du Mans. *A Paris, de l'imprimerie de Regnaud Chaudiere.* 1551. fig. f. bois. — Les Obfervations de plvfievrs Singvlaritez, & chofes memorables, trouuées en Grece, Afie, Judée, Egypte, Arabie, & autres pays eftranges, redigees en trois liures, par Pierre Belon du Mans..... *A Paris, Chez Guillaume Cauellat, à*

l'enfeigne de la Poule graffe, deuant le College de Cambray,
1554. Au verfo du dernier feuillet, le privilège daté de 1552.
et au bas : *acheue d'imprimer* le douziefme jour de Mars Mil
cinq cens cinquante-trois. Au bas du verfo de l'avant dernier feuillet : *Imprime à Paris par Benoift Preuoft demourant
en la rue Frementel, à l'enfeigne de l'Eftoille d'Or. Pour Gilles
Corrozet, & Guillaume Cauellat Libraires.* 1554. caract. ital.
Figures fur bois. la Carte du Mont Sinaï. In-4. Veau fauve,
filets à compartiments, Armes.

2761. Les Obfervations de plvfievrs Singvlaritez et chofes
memorables trouuées en Grèce, Afie, Judée, Egypte, Arabie, & autres pays eftranges, redigées en trois liures, par
Pierre Belon du Mans. *A Paris, Chez Guillaume Cauellat, à
l'enfeigne de la poulle graffe, deuant le College de Cambray,*
1553. *Imprimé à Paris, par Benoift Preuoft, Pour Gilles Cor-
razet, & Guillaume Cauellat libraire.* 1553. In-4. fig. f. bois.
caract. italiques. Veau marbré, filets. Exemplaire en grand
papier.

2762. Les Obfervations de plvfievrs Singvlaritez & chofes
memorables, trouuees en Grece, Afie, Iudée, Egypte, Arabie, & autres pays eftranges, redigees en trois liures, par
Pierre Belon du Mans. *A Paris, Chez Guillaume Cauellat.*
1555. au recto du dernier feuillet, au deffous du privilège
daté de 1552 : *Acheué d'imprimer* le douziefme iour de Mars,
mil cinq cens cinquante trois. au bas du verfo de l'avant
dernier feuillet : *Imprimé à Paris par Benoift Preuoft.......
Pour Gilles Corrozet, & Guillaume Cauellat libraire.* 1555.
3 parties, fignatures fuivies. In-4. caract. italiques. fig. fur
bois. la Carte du Mont Sinaï. Dem. rel. de veau olive.

ITALIE, ROME, VENISE,

SUISSE, ESPAGNE

2763. L'Jtalia avanti il Dominio dei Romani
Firenze, 1810. 4 tomes en 2 vol. in-8. papier vélin. Veau fauve, fil. tr. dor. et Atlas in-fol. dem. rel. de veau fauve.

2764. L'Jtalie il y a cent ans. ou Lettres écrites d'Jtalie à quelques amis en 1739 et 1740; par Charles Des Broffes, publiées pour la première fois fur les manufcrits autographes par M. B. Colomb. Paris, 1836. 2 vol. in-8. Portrait ajouté. Dem. rel. de veau antiqué.

2765. Delle Rivoluzioni d'Jtalia Libri venticinque di Carlo Denina con Giunte e Correzioni inedite dell'Autore. Firenze, 1820. 5 vol. in-8. dem. rel. de veau olive.

2766. Lettres fur l'Jtalie, par Fréderic Lullin de Chateau-vieux. Seconde édition, revue et augmentée. Paris, 1834. In-8. Dem. rel. de veau fauve.

2767. Voyage en Italie et en Sicile; par L. Simond. Paris, 1828. 2 vol. in-8. dem. rel. de veau fauve.

2768. Lettres de Monfieur l'Abbé Dominique Seftini, écrites à fes amis en Tofcane, pendant le cours de fes voyages en Italie, en Sicile et en Turquie, fur l'Hiftoire Naturelle, l'In-duftrie, et le commerce de ces différentes Contrées. Tra-duites de l'Italien, & enrichies de notes par M. Pingeron. Paris, 1789. 3 vol. in-8. dem. rel. de veau fauve.

2769. Mirabilia Rome. Opufculū Mirabilibus Noue et Ueteris Urbis Rome editū a Francifco Albertino Florentino. Jmpſſū Lugd. p Ioā. mariõ sūptib' & expēſis Romani morin bibliopole eiufdē ciuitatis. āno dñi. MDxx. die uero xxviii martii. In-4. fig. fur bois dans le premier cahier, et au dernier feuillet. A-P par 4 ff. Mar. rouge, tr. dor. (Bauzonnet Trautz).

2770. Traité de l'origine des Cardinaux du Saint Siege, et

particulierement.des François. Avec deux traittez curieux
des Legats à Latere, et une relation exacte de leurs recep-
tions, et des vérifications de leurs facultez au Parlement de
Paris, faites fous les Roys Louis XII. François I. Henry II.
François II. et Charles IX. Au quel eſt auſſi joint le Traitté
de Piſe. &c. *A Cologne, chez Pierre ab Egmont*, 1665. In-12.
Dem. rel. de mar. rouge.

2771. Clément XIII et Clément XIV. par le P. De Ravignan.
Paris, 1854. In-8.

2772. Iacobi comitis Pvrliliarvm de Reipvb. Venetae adminiſ-
tratione :: Domi et Foris liber :: (voir au bas du verſo du feuillet a 11)
Sans lieu ni date (*Tarviſii, Gherardus de Flandria*). Sans
chiffres ni réclames. In-4. de 14 ff. ſignés a et b. Mar. vert,
filets à compartiments.

Opuſcule très-rare.

2773. Coriolani Cepionis dalmatie Petri Mocenici Imperatoris.
geſta. *Impreſſum eſt hoc opuſculum Venetijs per Bernardum
pictorem & Erhardum ratdolt de Auguſta una cum Petro loſlein
de Langemen correctore ac ſocio.* MCCCCLXXVII. In-4. Sans
chiffres ni réclames. a-*f* par 8 ff. g de 6. le premier et le
dernier blancs. Dem. rel. de cuir de Ruſſie.

2774. De vita, moribvs, et rebvs geſtis omnivm Dvcvm Vene-
torvm, qvi iam inde à conſtitvta ipſorvm Repvblica, vſq3
ad noſtram aetatem, imperio praefuerunt, dilucida ſimul-
tatq3 ſuccinta hiſtoria. Avctoribvs Petro Marcello, Patricio
Veneto, Sylveſtro Girello Vrbinate, & Heinrico Kelleuero...
MDXXIII. fig. ſur bois. *Impreſſum Francoforti ad Moenum,
apvd Pavlvm Reffeler, impenſis Sigiſmundi Feyerabent.* 7 ff. préliminaires et un blanc. A-Z. a-d par 8 ff. ═ Antonii Stellae
Clerici Veneti, elogia Venetorum nauali pvgna illvſtrivm.
Venetiis, Vincentinus Valgriſius excudebat. MDLXIII. 7 ff.
préliminaires et un blanc. A-K par 8 ff. In-8. Vélin.

2775. La Cronica Veneta deta Altinate di autore anonimo
in latino proceduta da un commentario del prof. Antonio
Roſſi, e la Cronaca dei Veneziani del maeſtro Martino Da
Canale nell' antico Franceſe. colla corriſpondente verſione
italiana. da Conte Giovanni Galvani. *Firenze,* 1845. In-8.

2776. Hiſtoire du Gouvernement de Veniſe, avec le Supplément; par le ſieur Amelot de La Houſſaie, et l'Examen de
la Liberté originaire de Veniſe. *Sur la copie à Paris, chez*
Frederic Leonard; MDCLXXVII. (précédé d'un frontiſpice gravé).
2 vol. in-12. mar. bleu, fil. tr. dor. (*Bauzonnet*).

Dans le ſecond volume, qui porte ſur le titre la Sphère, on trouve, avec une
pagination ſpéciale :

Examen de la liberté originaire de Veniſe. Traduit de l'Italien.
Avec une Harangue de Louës Hélian Ambaſſadeur de France
contre les Vénitiens, Traduite du Latin. Et des Remarques
Hiſtoriques. *Sur la copie A Ratisbonne, Chez Jean Aubry,*
1677.

2777. La Ville et la Republique de Veniſe. par le Sieur T. L.
E. D. M. S. de Sᵗ Diſdier. Troiſieme Edition reveüe & cor-
rigée par l'Autheur. *A Amſterdam, Chez Daniel Elſevier.*
CIƆIƆƆLXXX. In-12. Mar. rouge, fil. tr. dor.

2778. Commiſſioni date dalla Republica di Venezia a Lodo-
vico Benzoni eletto Podeſtà di Treviſo.

A la fin, on remarque une inſtruction datée : Die July 1503 in Regatis.

Manuſcrit ſur vélin. In-4. Reliure italienne de genre oriental, en or & couleurs,
en creux & en relief. Sur les plats, les Armes de Veniſe, & les Armes de la famille
Benzoni.

2779. Voyage d'Eſpagne, Contenant entre pluſieurs particularitez du Royaume, trois Diſcours Politiques ſur les affaires
du Protecteur d'Angleterre, de la Reine de Suède, & du Duc
de Lorraine. Avec une relation de l'eſtat & Gouvernement
de cette Monarchie; & une relation particuliere de Madrid.
A Cologne, chez Pierre Marteau. 1666. 2 parties en un vol.
in-12. Veau fauve, fil. tr. dor. (*Simier*).

2780. The Arabian antiquities of Spain, by James Cavanach
Murphy. *London,* 1813. Grand in-fol. belle demi-reliure,
dos et coins de mar. rouge, tr. dor.

2781. Des arts et des artiſtes en Eſpagne juſqu'à la fin du dix-
huitieme ſiecle, par Edouard Laforge. *Lyon, imprimerie de*
Louis Perrin. 1859. In-8.

2782. Voyage en Suiſſe, fait dans les années 1817 à 1819;
ſuivi d'un Eſſai hiſtorique ſur les Moeurs et les Coutumes

de l'Helvetie Ancienne et Moderne, par L. Simond. *Paris*, 1824. 2 vol. in-8. dem. rel. de veau rofe.

2783. Le Rhin et fes bords, depuis les Alpes jufqu'à Mayence; Collections de vues pittorefques, par L. Rohboek, Louis et Jules Langé, gravées fur acier par les premiers artiftes de l'Allemagne et accompagnées d'un texte hiftorique et defcriptif par J. W. Appell, traduit de l'Allemand par Le Belley-Hertzog. *Darmftadt*, 1854-1857. 2 vol. in-8. Mar. vert, tr. dor.

2784. Souvenirs d'un voyage en Allemagne par E. Mulfant. 2me édition. *Paris*, 1862. Grand in-8. br.

ANGLETERRE, ÉCOSSE

2785. Hiftoire de la Rebellion, et des Guerres Civiles d'Angleterre, depuis 1641, jufqu'au rétabliffement du Roi Charles II. par Edward Comte de Clarendon. *La Haye*, 1704-9. 6 vol. in-12. veau brun.

2786. Hiftoire de la Révolution de 1688, en Angleterre, par F. A. S. Mazure. *Paris*, 1825. 3 vol. in-8. dem. rel. de veau antiqué.

2787. Hiftoire des Révolutions d'Angleterre, depuis le commencement de la Monarchie jufqu'en 1747. par le P. D'Orléans. *Paris*, 1795. 6 vol. in-8.

2788. Hiftoire de la Conquête de l'Angleterre par les Normands, de fes caufes et de fes fuites jufqu'à nos jours, en Angleterre, en Ecoffe, en Irlande et fur le Continent : par Auguftin Thierry. Seconde édition, revue, corrigée et augmentée. *Paris*, 1826. 4 vol. in-8. dem. rel. de veau antiqué.

2789. Hiftoire de la Puiffance Navale de l'Angleterre, par le

Baron de Sainte-Croix. *Paris, De Bure*, 1786. 2 vol. in-12. dem. rel. de mar. rouge. Non rognés.

2790. De l'Angleterre, par M. Rubichon. *Paris*, 1817 et 1819. 2 vol. in-8. dem. rel. de veau antiqué.

2791. Voyage en Angleterre, pendant les années 1810 et 1811; avec des obfervations fur l'état politique et moral, les arts et la littérature de ce Pays, et fur les moeurs et les ufages de fes habitans; par L. Simond. *Paris*, 1817. 2 vol. in-8. figures. Dem. rel. de veau vert.

2792. Voyage hiftorique et littéraire en Angleterre et en Ecoffe par Amédée Pichot. *Paris*, 1825. 3 vol. in-8. dem. rel. de veau fauve.

2793. Voyages en Angleterre, en Ecoffe et aux Iles Hébrides; ayant pour objet les Sciences, les Arts, l'Hiftoire naturelle et les Moeurs, par Faujas-Saint-Fond. *Paris*, 1797. 2 vol. in-8. dem. rel. de veau acajou.

2794. Relations hiftoriques et curieufes de Voyages, en Alle-magne, Angleterre, Hollande, Boheme, Suiffe, &C. par Charles Patin. *Amfterdam*, 1695. In-12. Dem. rel. dos et coins de veau fauve. Non rogné.

2795. Efquiffes de la Nature; ou Voyage à Margate. traduit de l'Anglais, de George Kaete, par A. G. *Paris*, an VII. In-8.   Dem. rel. de veau.

2796. Hiftoire d'Angleterre depuis l'invafion de Jules-Céfar jufqu'à la Révolution de 1688, par David Hume; et depuis 1688 jufqu'à 1760 par Smollett; continuée, depuis cette époque jufqu'en 1783, par Adolphus; et terminée par un Précis des événemens qui fe font paffés fous le règne de Georges III, jufqu'en 1820, par Aikin, et quelques autres hiftoriens anglois; traduite de l'Anglois; deuxième édition, revue, corrigée, précédée d'un Effai fur la Vie et les Ecrits de David Hume, par Campenon. *Paris*, MDCCCXXV-XXVI. 21 vol. in-8. br.

2797. Hiftoire d'Angleterre, depuis la première invafion des Romains, par le Doƈteur John Lingard, traduite de l'An-glais par M. le Chevalier de Ronjoux. *Paris*, 1825-26. 10 vol. in-8. dem. rel. de veau rouge.

2798. Hiſtoire d'Angleterre depuis les temps ler plus reculés juſqu'à nos jours, par MM. de Roujoux et Alfred Maingret. nouvelle édition, enrichie d'un grand nombre de gravures, de tableaux ſynoptiques, cartes géographiques, &c. *Paris, 1847. 2 vol. gr. in-8.*

2799. Tragicum theatrum Auctorum et Caſuum tragicorum Londini publice celebratorum, quibus Hiberiae Protegi, Epiſcopo Cantuaruenſi, ac tandem Regi ipſi, Aliiſque vita adempta, et ad Anglicanam Metamorphoſin via eſt aperta. *Amſtelodami, apud Jodocum Janſonium* Anno 1649. Petit in-8. portraits. Veau fauve, fil. tr. dor.

2800. Hiſtoire entiere & veritable dv Procez de Charles Stuart, Roy d'Angleterre. Contenant, en forme de journal, tout ce qui s'eſt fait et paſſé ſur ce ſujet dans le Parlement, & en la Haute Cour de Juſtice ; Et la façon en la quelle il a eſté mis quelques declarations du Parlement publiées auparavant, pour faire voir plus amplement, quels peuvent avoir eſté les motifs & raiſons d'une procedure ſi extraordinaire. Le tout fidelement recüilly des pieces Authentiques & traduit de l'Anglois. *A Londres, Imprimé par F. G.* 1560. Mar. noir, filets à compartim. à froid, d. de mar. rouge à riches compartim., tr. dor. (*Simier*).

2801. E'ιϰονοϰλάσῖος, ou Réponſe au Livre intitulé, E'ιϰὼν Βασιλιϰὴ, ou le Portrait de ſa Sacrée Majeſté durant ſa ſolitude et ſes ſouffrances, par le ſ^r Jean Milton. traduite de l'Anglais ſur la ſeconde et plus ample édition et revüë par l'Auteur, A la quelle ſont ajoutées diverſes Pièces, mentionnées en la dite Réponſe..... *A Londres par Guill. DuGard, Imprimeur du Conſeil d'Etat,* l'an 1652. *Et ſe vend par Nicolas Bourne, à la porte méridionale de la vieille Bourſe.* In-12. Vélin.

2802. Eſſais hiſtoriques et critiques ſur Richard III Roi d'Angleterre ; par M. F. Rey. *Paris,* 1828. In-8. Veau antiqué. (*Simier*).

2803. SCOTORVM HISTORIAE a prima gentis origine, cum aliarum & rerum & gentium illvſtratione non vulgari : praemiſſa epiſtola nōcupatoria, tabelliſq3 ampliſſimis, & non

penitenda ifagoge quae ab huius tergo explicabuntur dif-
fufius, quae omnia impreffa quidem funt Iodici Badii Afcenfi
typis & opera impenfis autem Nobilis & pruedochi viri Hec-
toris Boethii Deidonatii a quo funt & condita & edita. Sans
lieu ni date. In-fol. Veau à compartiments.
Exemplaire Grolier.

a-u. 42 ff. préliminaires, Index, titre compris. AA-BB par 8 ff. cc de 6. a-x.
A-Z par 8. 2 feuillets blancs au commencement, & un à la fin. Belle confervation,
nombreux témoins.

2804. Martyre de la Royne d'Ecoffe, Dovairiere de France.
Contenāt le vray difcours des trahifons à elle faiĉtes à la
Jufcitation d'Elizabet Angloife, par le quel les menfonges,
calomnies & faulfes accufations dreffees contre cefte tres-
vertueufe, tres-Catholique & tres-illuftre Princeffe font
efclarcies & fon innocence aueree. Auec fon oraifon funebre prononcée en l'Eglife noftre dame de Paris. *A Edim-
bourg. Che¡ Jean Nafeild.* 1588. In-8. Mar. rouge, riches
compartiments, tr. dor. (*Bau¡onnet*).

J'y ai ajouté une gravure de Bernard Picart, repréfentant le fupplice de Marie
Stuart. Cette gravure eft le pendant de celle qui repréfente le fupplice de Charles
Stuart.

2805. Recherches hiftoriques et critiques fur les principales
preuves de l'accufation intentée contre Marie Stuart avec
un examen des hiftoires de Robertfon et de Hume au fujet
de ces preuves, par William Tytler, avec une préface par le
Prince Alexandre Labanoff. *Paris,* 1861. In-8.

2806. Notice fur la colleĉtion des portraits de Marie Stuart
appartenant au Prince Alexandre Labanoff, précédée d'un
réfumé chronologigue. *S. Pétersbourg,* 1860. Grand in-8.

PAYS SEPTENTRIONAUX ET RUSSIE

2807. Hiftoire des Pays Septentrionaus, écrite par Olavs le Grand, Goth, Archevêque d'Vpfale, et Sovverain de Svecie, et Gothie. traduite du Latin. *à Anvers, de l'imprimerie de Chriftophle Plantin.* M D Lxi. In-8. fig. fur bois. Veau brun, compart., tr. dor.

2808. Voyage des Pais feptrentrionaux. Dans le quel on void les moeurs, maniere de vivre, et fuperftitions des Norwegiens, Hiloppes, Borandiens, Syberiens, Samojedes, Zembliens, et Jrlandois, par De La Martiniere. *A Paris, Chez Louis Vendofme,* 1671. Petit in-8. maroquin vert, tr. dor. (*Thompfon*).

2809. Hiftoire de la Laponie, fa defcription, l'origine, les moeurs, la maniere de vivre de fes habitans, leur religion, leur magie, et les chofes rares du Pais..... trad. du Latin de Scheffer. *A Paris, chez la veuve Olivier de Varennes,* 1678. In-4. Figures. Veau jafpé.

2810. Relation du Groenland. a Paris, chez Avgvftin Covrbe. 1647. = Relation de l'Iflande. *a Paris, chez Louis Billaine.* 1663. In-8. Veau brun.

2811. Comentari della Mofcovia. Et parimente della Ruffia, & delle altre cofe belle & notabili, compofti gia latinalmente per il fignor Sigifmondo libero Barone in herberftain, Neiperg, & Guetnhag, trodotti nouaméte di latino in lingua noftra uuolgare Italiana. Similmente vifi tratta della religione delli Mofcouiti, et in che parte quella fia differéte della nfa bêche fi chiamino chrianni. Item una defcrittione particolare di tutto timperio Mofcouitico, toccando ancora di alcuni luoghi uicini, come fono de Tartari, Lituuani, Poloni, & altri molti riti & ordini di que popoli. *in Venetia per Gioan Battifta Pedrezzano.* MDL. *Stampato in Venetia per Nicolo de Beffarini ad inftantia di M. Battifta Pedrezano.*

In-4. Mar. à riches compartiments. Reliure du 16ᵉ fiècle confervée dans toute fa fraîcheur.

8 ff. préliminaires. a-x par 4 ff. y de 6. Suivent, un feuillet d'avis du traducteur, 3 feuillets de figures fur bois, & une carte géographique.

Voir au *Bulletin du Bibliophile*, Avril 1860, une note du Prince Aug. Galitzin fur ce volume, & le fac-fimile de fa riche reliure.

2812. Hiftoire de l'Empire de Ruffie, par M. Karamfin; traduite par MM. Sᵗ Thomas et Jauffret. *Paris*, 1819 et 1820. 8 vol. in-8.

2813. La relation de trois ambaffades du Comte de Carlifle de la part de Charles II Roi de la Grande Bretagne vers le Czar et Grand Duc de Mofcovie Alexey Michailovitz. Charles, Roi de Suède, et Fréderic III Roi de Danemark et de Norvège, en 1663 et 1664. nouvelle édition, Revue et annotée par le Prince Augufte Galitzin. *Paris, Jannet,* 1857. In-12. cart. Non rogné.

2814. Relation d'un Voyage en Mofcovie, écrite par Auguftin Baron de Mayerberg (précédée d'une Préface par le Prince Auguftin Galitzin). *Paris*, 1838. 2 vol. petit in-8. papier vélin.

2815. Cofmographie Mofcovite, par André Thevet, recueillie et publiée par le Prince Auguftin Galitzin. *Paris*, 1858. In-18.

2816. Difcours de l'origine des Ruffiens et de leur miraculeufe converfion par le cardinal Baronius, traduit en françois par Marc Lefcarbot, nouvelle édition revue et corrigée par le Prince Auguftin Galitzin. *Paris*, 1856. In-18.

2817. Difcours merveillevx et veritable de la Conqvefte faite par le ievne Demetrivs Grand Dvc de Mofcovie du fceptre de fon père, avenve en cefte année MDCV. tirée de bons advis par Bareze Barezi. novvelle édition précédée d'vne introdvction et annotée par le Prince Avgvftin Galitzin. *Paris, Typographie de Ch. Lahure.* 1858. Pet. in-12.

2818. Document relatif au Patriarcat Mofcovite, 1589, traduit pour la première fois en françois par le Prince Auguftin Galitzin. *Paris*, 1857. In-18.

2819. Relation des particularitez de la rebellion de Stenco-

Bazin contre le Grand Duc de Mofcovie. Epifode de l'Hiftoire de Ruffie du XVIIᵉ fiècle, précédée d'une introduction
et d'un gloffaire par le Prince Auguftin Galitzin. *Paris*,
1856. In-18.

2820. Hiftoire d'Eudoxie Féodorovna, première époufe de
Pierre le Grand. — Relation curieufe de la Mofcovie. *Leipfig*,
1861. Pet. in-12. papier vélin.

2821. Lettres fur le Caucafe et la Crimée, ouvrage enrichi
de trente vignettes deffinées d'après nature et d'une carte
dreffée au dépôt topographique de la Guerre à Saint Péterf-
bourg. *Paris*, 1859. Grand in-8. Papier vélin.

ASIE. INDES ORIENTALES,

TARTARIE. CHINE. JAPON ET SIAM

2822. Jtinerarius Ioãnis de Heffe presbiteri a Hierufalẽ def-
cribẽs difpōnes terrarũ infularũ montiũ ꝫ aquarũ. ac etiãq̄-
dam mirabilia ꝫ pericula ꝑ diuerfas ꝑtes mũdi cōtingẽtia
lucidiffime enarrans. Tractatus de x natōtib ꝫ fectis chriftianorũ. Epl'a Ioãnis foldani ad Piũ papam fedm. Epl'a
refpōforia Pii pape ad foldanum. Ioãnis presbiteri maximi
Indorũ ꝫ ethiopũ chriftianorũ Imperatoris ꝫ patriarche Epl'a
ad Emanuelem Rhome gubernatorẽ de ritu ꝫ moribus indorũ. deq̄ꝫ eius potẽtia diuitiis ꝫ excellentia. Tractatus
pulcherrim ꝫ de fitu ꝫ difpofitione regionũ ꝫ infularum totius
indie, necnō de rerũ mirabiliũ ac gentium diuerfitate.
Expliciũt duo tractaculi de mirabilius rerum totius Indie ac
ꝑncipe eorum presbitero Ioanne. Sans lieu ni date. In-4.
goth. de 22 ff. Sans chiffres ni réclames. A de 8 ff. B de 4.
C de 6. D de 4 dont le dernier blanc. Maroquin cramoifi,
Ecuffon, tr. dor. (*Trautꝫ Bauꝫonnet*).

2823. Mores, Leges, et Ritvs omnivm gentivm, per J. Böe-

mum Aubanum, Teutonicum, ex multis c ariſſimis 'rerum
ſcriptoribus collecti.—Ex Nicol. Damaſceni hiſtoria excerpta
quaedam eiuſdem argumenti. — Jtidem et ex Braſiliana I.
Lerij hiſtoria. — fides, religio, et nores Aethiopum, ac de-
ploratio Lappianae gentis, Danciano à Goes auctore. —
De Aethiopibus etiam nonnulla ex ios. Scaligeri lib. vii de
Emendatione temporum. (*Lugduni*) *Apud J. Tornaeſivm.*
cioiocxx. In-16. Vélin.

2824. Tractato de le piu maraueglioſe coſe e piu notabile che
ſi trouino ĩ le parte del mondo reducte e colte ſotto breuita
in lo pſente compédio dal ſtrenuniſſimo caualier a ſperon
doro Iohãne de Mandauilla anglico nato nella cita de ſcto
Albano..... *Impſſuꝫ bõn.* (Bononiae) p *Ugonẽ Rugeriũ* ãno
dñi Mcccclxxxviii. In-4. goth. Mar. brun du Levant, tr. dor.
Rel. anglaiſe.

Bel exemplaire d'une édition très-rare.

2825. Joanne de Mandavilla, nel qvale ſi contengono di molte
coſe marauiglioſe. Con la Tauolo di tutti i Capitoli, che
nella preſente opera ſi contengono. Nouamente ſtampato,
& ricorretto. *In Venetia,* MDLxvii. In-8. Mar. vert, tr. dor.
(*Trautꝫ Bauꝫonnet*).

2826. Jtinerarius domini Johãnis de mãdeville militis. Explicit
itinerarius domini Johannis de mandeville militis. Sans lieu
ni date. In-4. goth. à 2 col. Mar. rouge, fil. tr. dor. Anc.
reliure.

Bel exemplaire de cette édition rare de la verſion latine.

2827. Viaggi fatti da Venetia, alla Tana, in Perſia, in India,
et in Conſtantinopoli : con la deſcritione particolare di
Città, Luoghi, Siti, Coſtumi, et della Porta del gran Turco :
et ditutte le intrate, ſpeſe, et modo di gouerno ſuo, et della
ultima impreſa contra Portogheſi. *in Venegia, nelle caſe
de'figlivoli di Aldo.* MDxlv. In-8. Mar. jaune, fleuron,
tr. dor. (*Trautꝫ Bauꝫonnet*).

2828. Dei Commentarii del Viaggio in Perſia di M. Caterino
Zeno il K. & delle guerre fatte nell' Imperio Perſiano, del
tempo di Vſſuncaſſano in quà. Libri dve. Et dello ſcoprimento dell' Jſole Frinſlanda, Eſlanda, Engrouelanda, Eſtoti-

landa, & Jcaria, fatto fotto il Polo Artico, da due fratelli
Zeni, M. Nicolò il K. e M. Antonio. Libro vno. Con vn
difegno particolare di tutte le dette parte di Tramontana da
lor fcoperte. *in Venetia, per Francefco Marcolini.* MDLVIII.
In-8. Grande carte repliée. Mar. grenat du Levant, filets et
coins, tr. dor. Rel. anglaife.

Edition originale & fort rare. Les frères Zeni, qui ont fait, au XIVᵉ fiècle, des découvertes dans le nord, avaient eu une connaiffance imparfaite de l'Amérique un
fiècle avant Chrift. Colomb.

2829. Voyages celebres et Remarquables, faits en Perfe, aux
Indes Orientales, par le sʳ Jean-Albert de Mandeflo... mis
en ordre et publiés par le sʳ Adam Olarius, traduits de l'original par le sʳ A. de Wicquefort. *à Amfterdam, Chez Michel
Charles Le Céne.* 1727. 2 tom. en un vol. in-fol. Veau
marbré.

2830. Voyages très-curieux et très-renommés faits en Mofcovie,
Tartarie et Perfe, par le sʳ Adam Olarius...... traduits de
l'Original et augmentez par le sʳ de Wicquefort. *à Amfterdam, Chez Michel Charles Le Céne.* 1727. 2 tom. en un vol.
in-fol. veau marbré.

2831. Voyages de Corneille Le Brun par la Mofcovie, en Perfe
et aux Indes Orientales. *Amfterdam, chez les frères Wetftein,*
1718. 2 vol. = Voyage au Levant, par le même. *Se vend
à Paris, Chez Guillaume Cavelier.* 1714. un vol. enfemble
3 vol. in-fol. Figures. Veau brun.

2832. Voyages de Mʳ Le Chevalier Chardin, en Perfe et autres
Lieux de l'Orient, *Amfterdam,* 1711. — Journal du Voyage
du Chevʳ Chardin en Perfe & aux Indes Orientales par la
Mer Noire et par la Colchide. *A Lyon, Chez Thomas Amaulry.*
10 volumes in-12. Figures. Veau fauve, dent., tr. dor.
(*Rozerian*).

2833. Les fix Voyages de Jean Baptifte Tavernier, Ecuyer
Baron d'Aubonne, en Turquie, en Perfe et aux Jndes, pendant l'efpace de quarante ans, & par toutes les routes que
l'on peut tenir : accompagnez d'obfervations particulieres
fur la qualité, la religion, le gouvernement, les coûtumes
& le commerce de chaque païs, avec les figures, le poids,
& la valeur des monnoyes qui y ont cours. *Suivant la copie,*

Imprimé à Paris, MDCLXXIX. 1re et 2e partie, 2 vol. — Recueil de plufieurs Relations et Traitez finguliers et curieux, de J. B. Tavernier, qui n'ont point efté mis dans les fix premiers voyages..... Auec la Relation de l'intérieur du Serrail du Grand Seigneur. *Ibidem*, MDCLXXXI. Un vol. enf. 3 vol. in-12. Figures. Mar. rouge, dentelle en or et à froid, tr. dor.

Très-bel exemplaire, relié par Simier l'Ancien. Frontifpice gravé en tête du premier volume.

2834. Voyage en Arménie et en Perfe, fait dans les années 1805 et 1806. par P. Amédée Jaubert. *Paris*, 1821. In-8. Figures. Dem. rel. de veau antiqué.

2835. Hiftoire générale des Indes Orientales, et terres neuues, qui iufques à préfent ont été defcouvertes, Augmentee en cefte cinquieme edition de la defcription de la nouuelle Efpagne, et de la grande ville de Mexique, autrement nommee Tenuĉtilan, Compofee en Efpagnol par François Lopez de Gomara, et traduite en François par le S. de Genillé Mart. Fumée. *A Paris, Chez Michel Sonius*. MDLXXXIIII. In-8.

2836. La Defcription Géographiqve des Provinces & villes plus fameufes de l'Jnde Orientale, moeurs, loix, & couftumes des habitans d'icelles, mefmement de ce qui eft foubz la domination du grand Cham Empereur des Tartares, Par Marc Paule Gentilhomme Venetien, Et nouuellement reduiĉt en vulgaire François. *A Paris, Pour Vincent Sertenas tenant fa boutique au Palais en la gallerie par ou on va à la Chancellerie. Et en la rue neuue Noftre dame à l'image fainĉt Jehan l'Euangelifte.* 1556. In-4. Mar. jaune, filets et coins, tr. dor. Anc. rel. La fignature d'Anquetil Duperron fur le titre.

2837. Viaggio dell' Indie Orientali, di Gafparo Balbi, Gioielliero Venetiano. Nel quale fi contiene quanto egli in detto viaggio hà veduto per lo fpatio di 9 anni confumati in effo dal 1579 fino a 1588. Con la relatione dei datij, pefi, & mifure di tutte le Città di tal viaggio, & del governo del Rè di Pegù, & delle guerre fatte da lui con altri Rè d'Auuà & di Sion. *Venetia,* MDxc. *Appreffo Camillo Borgominieri.* Petit in-8. mar. bleu du Levant, fil. tr. dor. Rel. anglaife de Mackenzie.

2838. Les quatre premiers livres des Navigations et Peregri-nations Orientales, de N. de Nicolay Dauphinoys, feigneur d'Arfeuille, varlet de chambre, & geographe ordinaire du Roy. Auec les figures au naturel tant d'hommes que de femmes felon la diuerfité des nations, & de leur port, main-tien, & habitz. *A Lyon, Par Guillaume Rouille,* 1568. In-4. fig. f. bois. Veau fauve. fil. tr. dor. (*Niedrée*).

Cette édition n'eft autre chofe que l'édition originale de 1567 avec un nouveau titre.

2839. Hiftoire de la Navigation de Jean Hvgves de Linfchot aux Indes Orientales. *Amfterdam,* 1638. In-fol. Cartes et figures. Veau jafpé vert, filets.

2840. Relation du premier voyage de la Compagnie des Indes Orientales en l'ifle de Madagafcar ou Dauphine. par Sovchv de Renefort. *Paris,* 1668. In-12. Veau fauve.

2841. Defcription du premier voyage fait aux Indes Orien-tales par les François en l'an 1603. contenant les moeurs... et habits des Indiens, vne defcription... des Animaux, Epi-ceries, drogues aromatiques, fruicts qui fe trouvent aux Indes, vn traicté du Scorbut, par François Martin De Vitré. *A Paris, chez Laurens Sonnius.* MDcIV. In-8. Veau brun. Aux Armes du Comte de Touloufe.

2842. Relation du Journal d'un voyage nouvellement fait aux Indes Orientales..... par le fieur de l'Eftra. *Paris, Eftienne Michallet,* MDcLxxVII. In-12. Maroquin rouge, tr. dor. (*Thompfon*).

2843. Les grands merueilles veues es parties Orientales par les Patrons des Gallees Nouuellement imprimees. Sans lieu ni date. In-16. goth. de 8 ff. relié en percaline verte da-maffée. Une vignette au bas du titre et au verfo une figure f. bois. Le dernier feuillet eft occupé par 2 figures f. bois.

2844. Hiftoire des guerres de l'Inde, ou des événements militaires arrivés dans l'Indoftan depuis l'année 1745. traduit de l'Anglois (d'Orme) par M. T... (Targe). *Amfterdam et Paris,* 1765. 2 vol. in-12. veau fauve.

Exemplaire de Soubife.

2845. Voyage de François Bernier, contenant la defcription des Etats du Grand Mogol, de l'Hindouftan, du Royaume de Kachemire, &c. *Amfterdam,* 1699. 2 vol. in-12. cuir de Ruffie, fil. tr. dor.

2846. Hiftoire de la dernière révolution des Eftats du Grand Mogol, par F. Bernier. Sur l'imprimé *A Paris, Chez Claude Barbin.* 1671. In-12. Vélin.

2847. Hiftoire des Mongols de la Perfe écrite en Perfan par Rafchid-Eldin, publiée, traduite en Français, accompagnée de notes et d'un Mémoire fur la vie, et les ouvrages de l'Auteur, par M. Quatremere. *Paris, Imprimerie Royale,* 1836. In-fol. cart. Non rogné.

Tome 1ᵉʳ, le feul publié.

2848. Lettres édifiantes et curieufes écrites des Miffions étrangères, par quelques Miffionnaires de la Compagnie de Jéfus (recueillies par le R. P. Le Gobien, Du Halde et Patouillet). *Paris,* 1773 à 1776. 34 vol. in-12. veau écaillé, fil. tr. dor. Les figures et les plans forment, à part, un volume in-fol. cart.

2849. Nouveaux Mémoires des Miffions de la Compagnie de Jéfus. *Paris,* 1753 à 1755. 9 vol. in-12. veau jafpé.

2850. Relation des Miffions et des voyages des Evefques vicaires apoftoliques, et de leurs Eccléfiaftiques ès années 1672, 1673, 1674 et 1675. *A Paris, Chez Charles Angot,* MDCLXXX. In-8. Mar. rouge, fil. tr. dor. Aux Armes de Colbert.

2851. Relation abrégée des Miſſions et des Voyages des Eveſqves Francois, envoyez aux Royaumes de la Chine, Cochinchine, Tonquin, et Siam, par francois Pully, Eveſque d'Heliopolis. *Paris*, MDCLXVIII. In-8. Dem. rel. de veau fauve.

2852. Hiſtoire dv grand Royaume de la Chine... contenant la ſituation, antiquité..... religion, cérémonies..... trois voyages faits vers iceluy en l'an 1577, 1579 et 1581..... enſemble vn Itinéraire du nouueau monde, et le deſcouurement du nouueau Mexique en l'an 1583, faite en eſpagnol par le R. P. Jvan Gonçalés de Mendoce, et miſe en françois par Lvc de La Porte. *A Paris, chez Jeremie Perier*, 1588. In-8. Mar. bleu, filets à compart., tr. dor.

2853. Anciennes relations des Indes et de la Chine, de deux voyageurs Mahometans, qui y allerent dans le neuvième ſiecle ; traduites d'Arabe ; avec des remarques ſur les principaux endroits de ces relations (par l'abbé Renaudot). *A Paris, chez Jean Baptiſte Coignard*, 1718. In-8. Veau brun.

Exemplaire donné par Renaudot à la bibliothèque des frères Mineurs de Paris.

2854. Hiſtoire de l'Expédition Chreſtienne av Royavme de la Chine, entrepriſe par les PP. de la Compagnie de Jeſvs. Comprinſe en cinq liures, Eſquels eſt traicté fort exactement et fidelement des moeurs, Loix et couſtumes du pays, et des commencimens tres-difficiles de l'Egliſe naiſſante en ce Royaume. Tirée des cōmentaires du P. Mathiev Riccius par le P. Nicolas Trigault. Et nouuellement traduicte en francois par le Sr D. F. de Riquboug-Trigault. *A Lyon pour Horace Cardon*. MDCXVI. Titre gravé. In-8. Mar. vert, couvert de compartiments à petits fers en or. Anc. rel.

Le libraire Horace Cardon était propriétaire de Roche-Cardon.

2855. Nouveaux Mémoires ſur l'état préſent de la Chine, par le P. Louis Le Comte. *A Paris, Chez Jean Aniſſon*, MDCXCVI. 2 vol. in-12. Figures. Veau brun armorié.

2856. Deſcription géographique, hiſtorique, chronologique, politique et phyſique de l'Empire de la Chine et de la Tartarie Chinoiſe..... par le P. J. B. Du Halde. *A Paris, chez P. G. Le Mercier*, 1735. 4 vol. in-fol. veau écaillé.

2857. Thou-fiang-chan-hai-kingtfiang-tchou.
Le liure des montagnes et des riviéres avec des figures et
des notes. ouvrage chinois fur papier de foie. In-8. Mar.
bleu.

> Cet ouvrage, où les poètes puifent fouvent des noms de peuples & d'animaux
> fabuleux, offre un grand nombre de figures de quadrupèdes & d'oifeaux à face
> humaine, & d'hommes monftrueux. (*Note, fur le volume, de la main de M. Staniflas
> Julien*).

2858. Peintures Chinoifes repréfentant des fcènes paftorales
et domeftiques, Cérémonies de mariage. In-fol. oblong.
Dem. rel. de mar. rouge.

2859. Relation des voyages en Tartarie de fr. Guillaume de
Rvbrvqvis, fr. Jean dv Plan Carpin, fr. Afolin, et autres
Religieux de S. François et S. Dominique, qui y furent envoyez par le Pape Jnnocent IV, et le Roy S. Louys, Plus
vn traiclé des Tartares, de leur origine, moeurs, religion.....
avec vn abrégé de l'hiftoire des Sarafins et Mahometans.....
le tout recueilly par Pierre Bergeron, Parifien. *A Paris, chez
la veufue Jean de Hevqveville, et Lovys de Hevqveville*. MDCXXXIV.
3 parties en un vol. in-8. mar. bleu, filets et coins, tr. dor.
(*Thompfon*).

2860. Souvenirs d'un voyage dans la Tartarie, le Thibet et la
Chine pendant les années 1844, 1845 et 1846, par M Huc,
prêtre miffionnaire de la Congrégation de Saint-Lazare.
Paris, 1850. 2 vol. in-8. dem. rel. de veau fauve.

2861. L'Empire Chinois, faifant fuite à l'ouvrage intitulé :
Souvenirs d'un voyage dans la Tartarie et le Thibet, par
M. Huc, miffionnaire apoftolique en Chine. *Paris*, 1854.
2 vol. in-8. dem. rel. de veau fauve.

2862. Hiftoire de la Cour du Roy de la Chine, par le fieur
Michel Baudier, de Languedoc. *A Paris, chez Eftienne Li-
moyfin*, 1668. In-12. Mar. citron, fil. tr. dor.

2863. Annales Jndiqves, contenantes la vraye narration et
advis de ce qu'eft aduenu & fuccedé en Japon, & aultres
lieux voifins des Jndes, enuoyez par les Peres de la Societé
de Jefvs au R. P. Claude Aquauiua General de la dicte
Compagnie, en l'an 1658. *A Anvers, de l'imprimerie Planti-*

nienne, chez la Veufue, & Jean Mourentorf. MDxc. In-8. Veau fauve, fil. tr. dor.

2864. Ambaffades de la Compagnie Hollandaife des Jndes d'Orient, vers l'Empereur du Japon, avec une relation exacte des guerres civiles de ce Pais. *A Leyde*, 1686, 2 tom. en un vol. in-12. vélin.

2865. Hiftoire et Defcription Generale du Japon, par le P. C. de Charlevoix. *Paris*, 1736. 2 vol. in-4. Figures. Veau écaillé, fil. tr. dor.

Exemplaire en grand papier.

2866. Relation du voyage de Monfeigneur l'Evêque de Beryte Vicaire Apoftoliqve dv Royavme de la Cochinchine, Par la Turquie, la Perfe, les Indes, &C. jufqu'au Royaume de Siam & autres lieux. par M. De Bovrges, Prêtre, Miffionnaire Apoftolique. *A Paris, Chez Denys Bechet*, MDclxvi. In-8. Maroquin bleu, filets à compartiments, tr. dor. (*Duffeuil*).

2867. Relation hiftorique du Royaume de Siam par le fieur De l'Ifle, Géographe. *A Paris, chez Guillaume De Luyne*. 1684. In-12. Veau antiqué.

2868. Du Royaume de Siam, par De La Loubere. *Paris, Coignard*, MDcxci. 2 vol. in-12. Figures. Veau brun.

AFRIQUE ET AMÉRIQUE

2869. Hiftoriale defcription de l'Ethiopie, contenant vraye relation des terres, et païs du Grand Roy, et Empereur Prete-Ian, l'affiette de fes Royaumes et Prouinces, leurs coutumes, loix, et religion, avec les pourtraits de leurs temples, et autres fingularitez, cy deuant non congneües. *En Anvers, de l'Imprimerie de Chriftofle Plantin*. 1558. Pet. in-8. vélin.

2870. Hiſtoire de l'Ethiopie Orientale, Compoſée en Portugais par le R. Pere Jean Dos Sanctos, Religieux de l'Ordre de S. Dominique, trad. en françois par le R. P. Don Gaetan Chardy, Maſconnois, Clerc Regulier Theatin. *Paris, A. Cramoiſy*, 1684. In-12. Veau brun.

Dos Sanctos a été en Ethiopie en 1586.

2871. Relation hiſtorique d'Abiſſinie, du R. P. Jerome Lobo, traduite du Portugais, continuée et augmentée de pluſieurs diſſertations, lettres et mémoires, par Le Grand, Prieur de Neuville-les-Dames de Preveſſin. *Paris, chez la veuve d'Antoine Urbain Couſtelier*, 1728. In-4. Veau fauve, tr. dor.

2872. Nouvelle hiſtoire d'Abiſſinie ou d'Ethiopie, tirée de l'hiſtoire Latine de M. Lvdolf. *Paris*, 1684. In-12. Figures. Veau marbré, filets.

Exemplaire de Le Tellier de Courtanvaux.

2873. Relation de la Nigritie : Contenant une exacte deſcription de ſes Royaumes et de leurs Gouvernemens, la Religion, les Moeurs, Côuſtumes & raretez de ce Païs (par F. J. B. Gaby). *A Paris, Chez Edme Couterot*, MDCLXXXIX. In-12. Vélin.

2874. Relation cvrievſe et nouvelle d'un voyage de Congo, fait ès années 1666 et 1667, par les RR. PP. Michel Ange De Gaſtine, et Denys de Carli de Plaiſance, Capucins et Miſſionnaires Apoſtoliques audit Royaume de Congo. *A Lyon; chez Thomas Amaulry*, 1680. In-12. Veau brun.

2875. Relatione del Reame di Congo et delle circonvincine contrade, tratta dalli ſcritti & ragionamenti di Odoardo Lopez Portugheſe, per Filippo Pigaretta, con diſegni vari di Geografia, di piante, d'habiti, d'animali, & altro. *in Roma, appreſſo Bartolomeo Graſſi*. Sans date. Epître datée de 1591. In-4. Mar. rouge, fil. tr. dor. (*Capé*).

4 ff. préliminaires. A-1 par 4 ff. K de 6, & 8 planches.

2876. Voyage du Chevalier Des Marchais en Guinée et les iſles voiſines, et à Cayenne, fait en 1725, 1726 et 1727, contenant une deſcription très exacte et très étendue de ce Païs, et du commerce qui s'y fait, enrichi d'un grand nombre de cartes et de figures, par le P. Labat. *à Amſterdam*,

1731. 4 vol. in-12. mar. bleu, fil. tr. dor. Les figures du tome 1er font placées dans le fecond, et celles du tome 2e dans le premier.

2877. Relation ou Voyage de l'ifle de Ceylan, Contenant une Defcription exacte de cette Jfle, la forme de fon Gouvernement, le Commerce, les Moeurs, les Coûtumes, & la Religion de fes Habitans : Avec un recit de la captivité de l'Auteur & de divers autres Anglois, & de fa délivrance après vingt années d'Efclavage. par Robert Knox. traduit de l'Anglais. *Amfterdam*, MDCLXXXXIII. 2 tomes en un vol. in-12. mar. rouge, fil. tr. dor. (*Duffeuil*).

2878. Hiftoriale Defcription de l'Afriqve, tierce partie du Monde, Contenant fes Royaumes, Religions, Viles, Chateaux et Forterefles : Jfles, Fleuues, Animaux, tant acquatiques, que terreftres : coutumes, loix, religion et façon de faire des habitãs, auec pourtraits de leurs habis : enfemble autres chofes memorables, et fingulieres nouueautés : Efcrite de noftre tems par Jean Leon, African, premierement en langue Arabefque, puis en Tofcane, & à prefent mife en François. Plus, Cinq Nauigations au païs des Noirs, auec les difcours fur icelles. *A Lyon, Par Jean Temporal*, 1556. In-fol. fig. fur bois. Veau brun.

Exemplaire du Baron de Griffé, Seigneur de Wideuille, auquel l'ouvrage eft dédié, & dont il porte les Armes fur les plats.

2879. Premier et Second Voyages de F. Le Vaillant, dans l'intérieur de l'Afrique, par le Cap de Bonne Efpérance. *Paris, imprimerie de Crapelet*, an VI et an XI-1803. 5 vol. in-8. papier vélin, figures doubles, noires et coloriées. Mar. rouge, dentelle et compartiments, d. de moere à dentelle, mors de maroquin. tr. dor. (*Bozerian*).

2880. Relation d'un voyage fait en 1695, 1696 et 1697 aux Côtes d'Afrique, Détroit de Magellan, Brezil, Cayenne, et Jfles Antilles, par une Efcadre des vaiffeaux du Roy, commandée par Monfieur de Gennes. faite par le fieur Froger, Ingénieur volontaire fur le vaiffeau le Faucon Anglois. *A Paris, chez Nicolas le Gras*. 1699. In-12. fig. Veau brun.

2881. Hiftoire du Voyage des Indes Orientales, et de plu-

fieurs autres régions maritimes, et efloignées, par Gvillavme
Coppier Lyonnois. *A Lyon, pour Jean Hvgvetan.* MDCXLV.
In-12. Veau fauve, filets et coins.

2882. Defcriptionis Ptolemaïcae argvmeutvm. fiue Occi-
dentis notitia breui commentario illuftrat , et ac fecunda
editione magna fui parte aucta, Cornelio Wuytfliet Loua-
nienfi auctore. *Dvaci apud Francifcum Fabri.* 1603. In-fol.
Cartes.

Les 18 premières pages font confacrées au récit des quatre voyages de Chr.
Colomb, & les 14 fuivantes à ceux de Pizarre, Fernand Cortès, &c.

2883. Vera hiftoria, Admirandae cvivfdam nauigatiouis, quam
Huldericus Schmidel, Straubingenfis, ab anno 1534 ufque
ad annum 1554 in Americam vel nouum Mundum, iuxta
Brafiliam & Rio della Plata, confecit. Quid per hofce an-
nos 19 fuftinuerit, quam varias et quam mirandas regiones
ac homines viderit. Ab ipfo Schmidelio Germanice, def-
cripta : Nunc vero, emendatis et correctis Vrbium, Regionum et Fluminum nominibus, Adiecta etiam tabula Geographica, figuris et aliis notationibus quibufdam in hanc
formam reducta. *Noribergae, Impenfis Levini Hulfii,* 1599.
In-4. Figures. Mar. rouge, filets et coins.

La Carte, pliée, eft entre les pp. 6 & 7. Les figures entre les pp. 12 & 13, & aux
pp. 15, 17, 21, 25, 26, 32, 36, 40, 50, 63, 70, 79, 99.

Dans un fecond exemplaire de cet ouvrage très-rare, exemplaire imparfait du titre
& de la carte, & que je conferve, on trouve, à la fin, cet opufcule :

Brevis et admiranda defcriptio Regni Gvianae... *Noribergae,
Impenfis Levini Hulfii,* MDXCIX. Figures.

2884. Senfuyt le nouueau Monde z Navigations. Faites par
Emeric de Vefpuce Florentin | Des pays z ifles | nouuelle-
ment trouuez | au parauant a no' incongneuz : Tant en
lethiopie q̃ arrabie | Calicut Et aultres plufieurs regiõs ef-
trãges. Trãflate de ytaliẽ en langue francoyfe | par Mathurin

du redouer licencie es loix. *On les vend a Paris en la rue neufue noſtre Dame a lenſeigne ſainct Jehan baptiſte par Denis ianot.* Sans date. In-4. goth. Mar. brun, fil. tr. dor.

2885. Hiſtorie del S. D. Fernando Colombo, nelle quali s'ha particolare et vera relatione della vita, et de' fatti dell' Ammiraglio D. Chriſoforo Colombo ſuo padre : et dello ſcoprimento, ch'egli fece dell' Indie Occidentali, dette Mondo Nuovo. Nuovamente di lingua Spagnuola tradotte nell' Jtaliana, dal S. Alfonſo Vittoa. *Jn Venetia; appreſſo Franceſco de' Franceſchi Saneſe.* MDLxxı. In-8.

2886. Hiſtorie del Sig. Don Fernando Colombo, nelle quali s'ha particolare, & vera relatione della Vita, & de fatti dell' Ammiraglio Don Chriſtoforo Colombo ſuo padre. Et dello ſcoprimento, ch'egli fece dell' Indie Occidētali, dette Mondo Nvovo. Già tradotte di lingua Spagnuola nell' Jtaliana, & ora fatte riſtampate, Con aggiunto di Lettere, & Teſtamento dell' Ammiraglio. *in Milano, Appreſſo Girolamo Bordoni.* Sans date. Dédicace datée de 1614. In-8.

2887. La preclara narratione di Ferdinando Corteſe della Nuoua Hiſpagna del Mare Oceano, al Sacratiſſimo, & Inuictiſſimo Carlo di Romani Imperatore Sempre Auguſto Re Dhiſpagna, & cio che ſiegue, nellāno de Signore MDxx traſmeſſa. Nella quale ſi cōtégno molte coſe degne di ſcienza, & ammiratione, circa le cittadi egregie di quelle Prouincie coſtumi dhabitari, ſacrifici di Fanciulli, & religioſe perſone, et maſſimamente della celebre citta Temixtitan, & uarie coſe marauiglioſe di quella, e quali diletteranno mirabilmēte il lettore per il Dottore Pietro Sauorgnano Foroiulienſe del Riuerendo Meſſer Giouāni de Reuelles Veſcouo di Vienna Secretario dell' iddioma Hiſpagnuolo in lingua latina conuerſa nel Anno MDxxiiii di primo Marzo : Hora nelleſteſſo milleſimo di xvii Agoſto. Voi candidiſſimi lettori leggerete con dilettatione & piacere grandiſſimo la prefata Narratione di Ferdinando Corteſe dalla facōdia latina al ſplēdore della lingua volgare p̄ Meſſer Nicolo Liburnio cō fidelta & diligēza tradotta al cōmodo, & ſodisfattione de glhoneſti & virtuoſi ingegni. *Stampata in Venetia per Bernardino de Viano de Lexona Vercelleſe. ad inſtantia de Baptiſta de Pederʒani Brixiani.* Anno domini MDxxiiii. Adi xx Agoſto. In-4. Mar. vert, fil. tr. dor. (*Bauʒonnet Trautʒ*).

2888. Hiſtoire de la Conqueſte du Mexique, ou de la nouvelle Eſpagne, par Fernand Cortez, trad. de l'Eſpagnol de
Don Antoine de Solis, par l'Auteur du Triumvirat. *Paris*,
1730. 2 vol. in-12. Figures. Veau jaſpé.

2889. Paeſi nouamente ritrouati : & Nouo Mōdo da Alberico
Veſputio Florentino intitulato. *Stampato in Milano con la
impenſa de Jo. Iacobo & fratelli da Lignano : & diligente cura
& induſtria de Ioanne Angelo feinʒenʒeler :* nel Mccccviii.
a di xxvii de Nouembre. In-4. Mar. vert chagriné, large
dent. en or, et filets à froid, chiffre aux quatre coins, tr. dor.

Edition rariſſime, qui n'eſt connue que par le catalogue de Sotheby, Londres, 1836.
Payé plus de cinq cents francs à cette vente. (*Note de Ch. Nodier.*)

2890. Extraict ov Recveil des iſles nouuellemēt trouuees en
la grand mer Oceane ou temps du roy d'Eſpaigne Fernād
& Elizabeth ſa femme, faict premieremeut en latin par Pierre
Martyr de Millan, & depuis tranſlate en languaige francoys.
Item trois Narrations : dont le premiere eſt de Cuba, & com-
mence ou feuillet 132. La ſeconde, qui eſt de la prinſe de
Tenuſtitan, commence ou feuillet 192. *On les vend a Paris
rue ſainct Jehan de Beauuais, cheʒ Simon de Colines au Soleil
d'or. Imprime a Paris par Simon de Colines.....* Lan degrace
Mil cinq cés trente deux, le douzieſme iour de Januier.
In-4.

a-z. A-D par 8 ff. Le dernier blanc. Le titre eſt le 1.er feuillet.

2891. Les Singvlaritez de la France Antarctiqve, avtrement
nommee Amerique : & de pluſieurs Terres et Iſles decou-
uertes de noſtre temps. Par F. André Theuet, natif d'Angouleſme. *A Paris, Cheʒ les heritiers de Maurice de la Porte,
au Clos Bruneau, à l'enſeigne S. Claude.* 1558. In-4. fig. ſur
bois. Dem. rel. dos et coins de vélin blanc.

Bel exemplaire.

2892. Voyages et deſcovvertvres faites en la novvelle France,
depuis l'année 1615 iuſques à la fin de l'année 1618. par le
ſieur de Champlains Capitaine ordinaire pour le roy en la
mer du Ponant. Où ſont deſcrits les moeurs, couſtumes,
habits, façons de guerroyer, chaſſes, danſes, feſtins, et en-
terremens de diuers peuples ſauuages, et de pluſieurs choſes
remarquables qui luy ſont arriuees au dit païs, auec une

deſcription de la beauté, fertilité, et temperature d'iceluy.
A Paris, chez Clavde Collet, MDcxx. In-8. Figures. Mar.
rouge, fil. tr. dor. (*Trautz Bauzonnet*).

2893. Nouveaux voyages aux Indes occidentales ; contenant
une relation des differens peuples qui habitent les environs
du grand fleuve Saint-Louis, appellé vulgairement le Miſſiſ-
ſipi ; leur religion ; leur Gouvernement ; leurs moeurs ; leurs
guerres et leur commerce. par Boſſu. *A Paris, chez Le Jay*,
1768. 2 parties en un vol. in-12. Veau racine, filets.

2894. Avantures du sr Le Beau, avocat au Parlement, ou voyage
curieux et nouveau, parmi les ſauvages de l'Amérique Septentrionale. Dans le quel on trouuera une deſcription du
Canada, avec une relation très particulière des anciennes
coutumes, moeurs et façons de vivre des Barbares qui l'habitent et de la manière dont ils ſe comportent aujourdhui.
Amſterdam, 1738. 2 vol. in-12, non rognés. Figures.

2895. Hiſtoire d'un voyage faict en la terre dv Breſil, avtrement dit Amerique. contenant la navigation, et choſes remarquables, veües ſur mer par l'auteur. le comportement
de Villegagnon en ce pays-là. les moeurs et façons de vivre
eſtranges des Sauuages Breſiliens. auec un colloque de leur
langage. Enſemble la deſcription de pluſieurs Animaux,
Arbres, Herbes, et autres choſes ſingulieres. et du tout inconnues par deçà. Avec les figvres, reveve, corrigee, et bien
augmentee de diſcours notables, en cette troiſieme Edition.
Le tout recueilli ſur les lieux par Jean de Lery, natif de la
Margeſte, terre de Sainct Sene, au Duché de Bourgogne.
Pour Antoine Chuppin, MDLxxxv. Sans lieu. In-8. fig.
ſ. bois, avec la grande carte. Mar. rouge, fleurons, tr. dor.
(*Hardy*).

2896. Nouveaux voyages de Mr Le Baron de Lahontan, dans
l'Amérique Septentrionale, qui contiennent une relation de
differens Peuples qui y habitent ; la nature de leur Gouvernement ; leur commerce, leurs coutumes, leur Religion, &
leur maniere de faire la Guerre. *La Haye*, 1703. 2 vol. in-
12. Figures. Dem. reliure de veau fauve.   Non rognés.

2897. Le grand voyage du pays des Hvrons, ſitué en l'Ame-

rique vers la mer douce, ès derniers confins de la Nouvelle
France, dite Canada. Où il eſt amplement traité de tout ce
qui eſt du pays, des moeurs et du naturel des Sauuages, de
leur gouvernement et façons de faire, tant dedans leurs
pays, qu'allant en voyage : De leur foy et croyance ; De
leurs conſeils de guerres, et de quel genre de tourmens ils
font mourir leurs priſonniers. Comme ils ſe marient, et
eſleuent leurs enfans : De leurs Medecins, et des remedes
dont ils vſent à leurs maladies : De leurs danſes et chan-
ſons : De la chaſſe, de la peſche, et des oyſeaux et animaux
terreſtres et aquatiques qu'ils ont. Des richeſſes du pays ;
De leur deuil, pleurs et lamentations, et comme ils enſeue-
liſſent et enterrent leurs morts. Auec un Dictionnaire de
la langue Huronne, pour la commodite de ceux qui ont à
voyager dans le pays, et n'ont l'intelligence de cette langue.
Par F. Gabriel Sagard Theodat, Recollet de S. François, de
la Prouince de S. Denys en France. *A Paris, chez Denys
Moreav*, MDCXXII.   Maroquin rouge, tr. dor.
(*Capé*).

Le cahier R du ſecond alphabet, Table des choſes remarquables, eſt à la fin du
voyage, à ſa véritable place ; avant le Dictionnaire.

2898. Nouveau Voyage autour du Monde, Où lon décrit en
       particulier l'Iſthme de l'Amérique, pluſieurs Côtes et Jſles
       des Indes Occidentales, les Jſles du Cap Verd, le Paſſage
       par la Terre del Fuego, les Côtes Méridionales du Chili, du
       Pérou, & du Mexique ; l'Jſle de Guane, Mindanao, & des
       autres Philipines. les Jſles Orientales : qui ſont près de Cam-
       bodie ; de la Chine ; Formoza, Luçon, Celebes, &C. la
       Nouvelle Hollande, les Jſles de Sumatra, de Nicolas, & de
       Sainte Helene, & le Cap de Bonne Eſperance. Par Guil-
       laume Dappier. *Amſterdam*, 1701, 3 vol. in-12. Figures et
       Cartes. Veau fauve, fil. tr. dor.

2899. Relation du Voyage de la mer du Sud aux cotes du
       Chili, du Perou, et du Breſil, fait dans les années 1712 à
       1714 par M. Frezier. *Amſterdam*, 1717. 2 vol. in-12. Veau
       marbré.

2900. Relation du voyage de Mr De Gennes au détroit de
       Magellan, par le sr Froger. *Amſterdam*, 1699. In-12.
       Non rogné.

2901. Avifi particolari delle Jndie di Portugallo riceuuti in quefti doi anni del 1551 et 1552, da li Reuerédi Padri de la cõpagnia de Iefu, doue fra molte cofe mirabili, fi uede delli Paefi, delle genti, et coftumi loro et la grande cõuerfione di molti populi... *in Roma*. 1552. — Novi avifi delle Indie di Portugallo riceuuti quefto anno del 1553. *idem*. — Novi avifi di piv lochi dell' India et maffime di Brafil riceuuti queft' anno del MDLIII...... *in Roma, per Antonio Blado*. MDLIII. In-8.

2902. Hiftoire de la conquête et des révolutions du Pérou, par Alphonfe de Bauchamp. *Paris*, 1808. 2 vol. in-8. dem. rel. de mar. vert, non rognés.

2903. Hiftoire de la vie et des voyages de Chriftophe Colomb, par Washington Irving, trad. de l'Anglois par Defaucon-pret. *Paris*, 1828. 4 vol. in-8.

2904. Hiftoire du Paraguay, par le R. P. Fr. Xav. De Char-levoix. *Paris*, 1757. 6 vol. in-12. Veau marbré.

2905. Hiftoire de l'Jfle Efpagnole ou de S. Domingue, écrite particulierent fur les Mémoires manufcrits de P. J. B. Le Pers, Miffionnaire à St Domingue, & fur les Pièces Origi-nales, qui fe confervent au Dépot de la Marine Par le R. P. Fr. Xav. De Charlevoix. *Amfterdam*, 1733. 4 vol. in-12. Veau marbré.

HISTOIRE DES RELIGIONS

PAYENNE, ET MYTHOLOGUES ANCIENS.

CHRÉTIENNE. CULTES DIVERS.

SECTES. HÉRÉSIES

2906. Hiſtoriae Poeticae Scriptores Antiqui. Apollodorus Athenienſis. Conon Grammaticus. Ptolemaeus Stephaeſt. Parthenius Nicenſis. Antoninus Liberalis. Graecè et Latinè. Acceſſère breves notae. et Indices. *Pariſiis, Typis F. Muguet*. 1675. In-8, Veau fauve. (*Duſſeuil*).

2907. Philoſtrati Heroica (Gr. et Lat.). ad fidem Codicum Manuſcriptorum ix recenſuit, ſcholia graeca adnotatio- neſque ſuas addidit I. F. Boiſſonade. *Pariſiis, Typis Delance*. 1806. In-8. Papier vélin. Dem. rel. de mar. rouge. Non rogné.

2908. Apollodori Athenienſis Bibliotheces, ſiue de Deorum origine, tam graecè, quam Latinè, lucubentis pariter, ac doctis annotationibus illuſtrati, & nunc primum in lucem editi libri tres. Benedicto Aegio Spoletino interprete. Ac- ceſſit etiam libris hiſce nominum, rerumq3 opulentiſſimus index. Quibus demum additus eſt Scipionis Tetti de Apol- lodoris ad Othonem Trveſivm Cardinalem ampliſſimum commentarius. *Romae in Aedibus Antoni Bladi*, MDLV. In-8. Mar. rouge, fil. tr. dor.

2909. Bibliothèque d'Apollodore l'Athénien. Traduction nou- velle, avec le texte grec revu et corrigé, des notes et une Table analytique, par E. Clavier. *Paris, Impr⁰ de Delance et Leſueur*. 1805. 2 vol. in-8. papier vélin. Mar. rouge, dent. et compartim., d. de moere, dentelle, mors de maroquin, tr. dor. (*Courteval*).

2910. Sibyllina Oracvla ex vett. eodd. aucta, renouata, et

notis illuftrata à D. Iohanne Opfopaeo Brettano (graece).
Cum interpretatione Latina Sebaftiani Caftalionis et Jndice.
Parifiis, 1599. 524 pp. — D. Joannis notae..... 44 pp. y
compris le Privilége..... — Oracvla. Metrica Iovis, Apolli-
nis, Hecates, Serapidis, et aliorum deorum ac vatum tam
virorum quam feminarum, A. Johanne Opfopaeo collecta.
Item Aftrampfychi Oneirocriticon à Jos. Scaligero digeftum
& caftigatum. Graece et Latine. *Parifiis*, MDXCIX. XXIIII
et 144 pp. In-8. Mar. olive armorié, mors de maroquin et
compartiments, tr. dor. Reliure anglaife de *Clarke*.

2911. Recherches Hiftoriques et Critiques fur les Myfteres
du Paganifme, par le Baron De Sainte-Croix; feconde édition, revue et corrigée par le Baron Silveftre de Sacy. *Paris*,
De Bure frères, 1817. 2 vol. in-8. papier vélin. Mar. rouge,
dentelle, tr. dor.

2912. Genealogia Deorum gentilium Johannis Bocatii certal-
denh ad hugonem hierufalē et cipri regem liber primus incipit
feliciter... In-fol. Sans lieu ni date. Sans chiffres, réclames
ni fignatures. 119 feuillets de 36 lignes à la page. Le premier eft de 35 lignes. 6 ff. de Table. Mar. brun, riches
compartiments à froid. (*Thompfon*). Le relieur a placé, par
mégarde, les ff. 2 à 9 après le f. 115.

Edition fort rare, attribuée aux preffes d'Ant. Therhoerner de Cologne. Toutes
les majufcules en bleu & rouge.

2913. Boccace de la genealogie des Dieux. Cy finift Jehan
bocace de la genealogie des dieux. *Imprime nouuellemēt a
Paris* Là mil cccc quatre vīgtz z dix huit le neufuiefme iour
de feurier *Pour cAnthoine Verard libraire demourant a Paris
fur le pont noftre dame a lymage fainct Jehan leuāgelifte | ou
au palais au premier pilier deuant la chapelle ou len chante la
meffe de meffeigneurs les prefidens.* In-fol. réglé, fig. f. bois.
Les cahiers font tous de 8 ff. Le fecond feuillet eft figné a 1
au lieu de a II. Mar. bleu, riches compartiments, tr. dor.
Reliure d'Anne d'Autriche.

2914. Lud. Smids, M. D. Pictura Loquens; fiue Heroïcarum
Tabularum Hadriani Schoonebeeck Enarratio et Explicatio.
cAmftelaedami, *Ex Officina Hadriani Schoonebeeck.*. Anno
MDCXCV. In-8. grand papier. Veau écaillé, dent. tr. dor.

2915. Les images des Dievx des Anciens, contenans les idoles, covſtvmes, ceremonies et autres choſes appartenant à la religion des payens. recueillies premierement et expoſees en italien par le ſeigneur Vincent Cartari de Rhege, et maintenant traduites en François et augmentees par Antoine Dv Verdier. *A Lyon, par Barthelemy Honorati.* MDLxxxi. *de l'imprimerie de Guichard Jvllieron.* In-4. fig. ſur bois. Mar. vert armorié, fil. tr. dor.

2916. Diſcorſo della religione antica de Romani, compoſto in franceſe dal ſig. Guglielmo Choul Gentilhuomo Lioneſe et Bagly delle Montagne del Delfinato, inſieme con un' altro ſimile diſcorſo della Caſtramentatione et bagni antichi de Romani, tradotto in Toſcano de M. Gabriel Simeoni Fiorentino. *in Lione appreſſo Gugl. Rovillio.* 1559. In-fol.

2917. Diſcovrs de la Religion des Anciens Romains. De la Caſtrametation & diſcipline militaire d'iceux. Des Bains & Antiques exercitations Grecques et Romaines. Eſcript par Noble S. Guillaume du Choul, Conſeiller du Roy, et Bailly des montaignes du Daulphiné. Illuſtré de Medailles & figures retirées des marbres Antiques, qui ſe treuuent à Rome, & par noſtre Gaule. A' Lyon, par Gvillavme Roville, A' L'Eſcv de Venize. MDLxvii. 2 parties en un volume in-4. vélin doré.

2918. Tablettes chronologiques, contenant avec ordre, l'Etat de l'Egliſe en Orient, et en Occident : les Conciles généraux et particuliers : les Autheurs Eccléſiaſtiques : les Schiſmes, Héréſies et Opinions, qui ont été condamnées. par G. Marcel. *Paris, Denis Thierry,* MDclxxxii. In-8. réglé. Veau brun.

2919. Le Promptvaire des Conciles de l'Egliſe Catholique, auec les Sciſmes & la differéce diceulx : faict par Jehã le Maire de Belges elegant Hyſtoriographe. Traicte ſingulier

& exquiz. 1ʃ Imprime nouuellement 33. *On les vẽd a Lyon,
en la boutique de Romain eMorin libraire demourant en la Rue
eMerciere.* Au feuillet LX commence : l'hiftoire moderne du
prince Syach yfmail furnõme Sophy Arduellin roy de Perfe
& de Mede. Petit in-8. fig. fur bois dans le texte. Veau
antiqué.

2920. Le Promptuaire des Conciles de l'Eglife catholique,
auec les Scifmes & la difference diceulx. faiĉt par Jean Le
Maire de Belges, elegant Hiftoriographe. *A Lyon, Par Jean
de Tournes,* 1ʃ46. In-16. Mar. rouge, fil. tr. dor.

2921. Opufcules de Philippe de Barberis, imprimés à Rome,
par Philippe de lignamine, fon compatriote et fon parent.
Petit in-4. caraĉtères romains. Sans chiffres, réclames ni
fignatures.

Exemplaire dans toutes fes marges, prefque non rogné, d'une admirable confervation.

Cette édition, très-rare, fe compofe de 82 feuillets qui contiennent 29 figures fur
bois, fort curieufes, repréfentant des Sibilles, des Prophètes, des Philofophes, &c.
Ces 82 ff. forment 11 cahiers par 8 ff. excepté le 3ᵉ qui eft de 6, & le dernier qui
eft de 4, de 28 lignes à la page.

D'après le texte de la Préface, il eft probable que l'édition de Philippe de Lignamine eft antérieure à celle de Sixtus Riefinger, qui imprimait à Rome de 1481 à
1483.

Le reĉto du premier feuillet eft blanc. Au verfo, en tête de la Préface, on lit :

Joannis Philippi De Lignamine. Equitis Sicvli, ad Six. IIII.
Pon. Max. Prefatio.

(S) Emper ego a paruulo ftudui... l'S formé par une grande
lettre, peinte en couleurs, ainfi que la lettre D au 3ᵉ feuillet.
Avant la fin de la Préface on lit : Decreui caraĉtèribus perpe-
tuis imprimere caeleberrima opufcula : quae clariffimis artiũ
& theologie ĩterpres mḡr Philippus ex ordĩe p̃dicato℞ cõter-
rãeus & affinis meus edidit In quibus ante omnia traĉtatus
eft de difcordãtia inter Eufebium Hieronimũ : & Aureliũ
Auguftinum approbatus Sibyllarum & ppheta℞ diĉtis om-
niumq3 gentilium : & philofophorũ : & veterum poetarum :
qui de Chrifto uaticinati funt : atq3 aliqua p̃dixerunt. Deinde
cõmétarii fup Sumolum Athanafij : orationem dominicam :
& falutationem angelicã : mox explanatio fup Te deum
laudamus : & Gloria in excelfis deo. Demum Donatus
theologus : quo theologice queftiones grãmatica arte fo-
luntur......... à la fin : *Impſſum Ro.* An. dñi. MCCCCLXXXI.

Sedēte Sixto iiii Pont. Max. An. eius Vndecimo Die prima
Menſis Decembris. Foeliciter.

2922. Mémoires pour ſervir à l'hiſtoire de la fête des foux,
qui ſe faiſait autrefois dans pluſieurs Egliſes. par Du Tilliot.
Lauſanne, 1741. In-4. 12 planches. Veau marbré.

Exemplaire Ex dono Autoris. Notes manuſcrites aux pp. 14 & 15.

2923. Explication des Ceremonies de la Fête-Dieu d'Aix en
Provence, ornée de figures du Lieutenant de Prince d'Amour;
du Roi & Bâtonniers de la Bazoche, de l'Abbé de la Ville ;
& des Jeux des Diables, des Bazcaſſetos, des Apôtres, de
la Reine de Saba, des Tiraſſous, des Chevaux-frux, &c.
*A Aix, Che*ʒ *Eſprit David*, 1777. In-12. cart. à la Bradelle.
Non rogné.

2924. De l'Antiquité des Egliſes Parrochielles, Inſtitution des
Recteurs & Vicaires perpétuels. par Jean Chabanel. *A
Roven, che*ʒ *Thomas Daré*. 1609. In-12. Veau fauve, fil. tr.
dor.

2925. Eſſai hiſtorique et critique ſur les diſſentions des Egliſes
de Pologne, traduit du français en grec moderne, avec des
notes hiſtoriques et critiques... 1768. Sans lieu. In-8. cart.

2926. Dictionnaire hiſtorique des Cultes Religieux. *Paris,
Vincent*. 1770. 3 vol. in-8. Figures. Veau marbré.

2927. Hiſtoire Critique de la Creance & des Coûtumes des
Nations du Levant, publiée par le Sʳ De Moni(Rich. Simon).
Francfort, 1684. In-12. Vélin.

2928. Hiſtoire du Chriſtianiſme d'Ethiopie et d'Armenie, par
Mathurin Veyſſiere La Croze. *La Haye*, 1739. In-12. Dem.
rel. dos et coins de mar. rouge. Non rogné. Tête dorée.

2929. Les Moeurs des Chreſtiens. Par M. Fleury. *Suivant la
copie à Paris. A La Haye, Che*ʒ *Adrian Moetjens*. MDCLXXXII.
In-12. Dem. rel. dos et coins de mar. rouge. Non rogné.

2930. Dictionnaire des Hérésies et des Schismes. *Paris, Didot jeune*, 1762. 2 vol. in-8. grand papier. Veau marbré.

2931. Histoire des Albigeois, et gestes de noble simon De-Mont-fort. descrite par F. Pierre des Vallées Sernay, Moine de l'Ordre des Cisteaux, et rendue de Latin en François, par M. Arnaud Sorbin, P. de Montech, docteur en Théologie, et Prédicateur du Roy. *A Paris, chez Guillaume Chaudiere*, 1569. In-8. Veau fauve, fil. tr. dor.

2932. Histoire générale des Eglises Evangéliques des vallées du Piémont, ou Vaudoises, par Jean Leger. *à Leyde, chez Jean Le Charpentier*. 1669. In-fol. Figures.   Non rogné.

2933. Genealogie et la fin des Hvgvenaux, et descouuerte du Caluinisme : Où est sommairemét descrite l'histoire des troubles excitez en France par les fils des Huguenaux, iusques à présent. par M. Gabriel de Saconay Archidiacre et Conte de l'Eglise de Lyon. *A Lyon, par Benoist Rigavd*. 1573. In-8. Fig. sur bois. Mar. vert à compartiments, tr. dor. (*Koehler*).

Aux trois figures singulières de ce livre qui représentent des huguenots sous la forme de singes, on a ajouté deux épreuves, tirées en couleurs bleu & bistre, d'une figure du même genre.

2934. Histoire des Anabaptistes ou Relation curieuse de leur doctrine, Regne et Revolution, tant en Allemagne, Hollande, qu'Angleterre, où il est traité de plusieurs sortes de Mennonites, Kouacres, & autres qui en sont provenus. Sans lieu. *Chez Charles Clouzier*. MDCXV. In-12. Figures. Vélin.

2935. Histoire abrégée de la Naissance et du Progrez du Kouakerisme, avec celle de ses dogmes. *A Cologne, chez Pierre Marteau*, 1692. In-12. Veau brun.

2936. Histoire des moeurs et dépravée religion des Taborites, anciens hérétiques au Royaume de Boheme : conforme en tout à ceux de nostre temps. faicte en latin par Aeneas Siluius Euesque de Sienne, et depuis Pape Pie second, mise en François par J. P. (Jean Polda) d'Albenas. *A Paris, pour Vincent Normant & Jeanne Bruneau*, 1569. In-12.

2937. Ziska le redoutable aveugle, capitaine général des

Bohémiens Evangeliques, dans le penultième fiècle. avec l'hiftoire des guerres, et troubles pour la religion dans le royaume de Boheme, enfuite du fupplice de Jean Hus, et de Jerome de Prague lors du concile de Conftance. *à Leide, chez Jaques Moukée*, MDCLXXXV. Pet. in-12. portrait, et titre gravé. Veau jafpé, dent. tr. dor.

2938. Effai fur l'Hiftoire du Sabéifme, au quel on a joint un Catéchifme, qui contient les principaux dogmes de la Religion des Drufes, par M. Le P. De Bock. — Mémoire hiftorique fur le Peuple Nomade, appellé en France Bohémien, et en Allemagne Zigeuner : Avec un Vocabulaire comparatif des Langues Indienne & Bohémienne, traduit de l'Allemand de M. Grellmann, par M. De Bock. *Metz*, 1788. 2 parties en un vol. in-12. Veau racine, filets.

A la fin de la 1ʳᵉ partie, une grande feuille pliée, portant une Infcription en caractères inconnus.

2939. Hiftoire des Bohémiens, ou tableau des moeurs, ufages et coutumes de ce peuple nomade; fuivie de recherches hiftoriques fur leur origine, leur langage, et leur première apparition en Europe, par H. M. G. Grellmann. Traduit de l'Allemand par M. J. *Paris*, 1810. In-8. Dem. rel. de veau fauve.

2940. Origine e vicende de i Zingari, con documenti intorno le fpeziali loro proprietà fifiche e morali, la loro religione, i loro ufi e coftumi, le loro arti e le attuali loro condizioni politiche e civili in Afia, Africa ed Europa, con un faggio di grammatica e di vocabolario dell' arcane loro linguaggio, di Francefco Pedari. *Milano*, 1841. In-8. Papier vélin. Figures. Demi-reliure de veau antiqué, non rogné. Tête dorée.

2941. Hiftoire des races maudites de la France et de l'Efpagne. par Francique Michel. *Paris*, 1847. 2 vol. in-8.

2942. Traité de l'Origine des anciens Affaffins Porte-covteavx. Auec quelques exemples de leurs attentats & homicides ès perfonnes d'aucuns Roys, Princes, & Seigneurs de la Cretienté. Par M. Denys Lebey De Batilly. *A Lyon, Par Vincent Pafpaze*. MDCII. In-8. Maroquin vert, fil. tr. dor. (*Bauzonnet*).

2943. Hiſtoire de l'Ordre des Aſſaſſins, par J. De Hammer : trad. de l'Allemand et augmenté de pièces juſtificatives, par J. J. Hellert et P. A. De La Hournais. *Paris*, 1833. In-8.

HISTOIRE ECCLÉSIASTIQUE

ET DES ORDRES RELIGIEUX

2944. Ecclefiaſticae Hiſtoriae Euſebii Pamphili lib. x. Eiuſdem de Vita Conſtantini lib. v. Socratis lib. vii. Theodori Epiſcopi Cyrenſis lib. v. Collectaneorum ex hiſtoria eccles. Theodori Lectoris lib. ii. (Graece). *Lutetiae Pariſiorvm. Ex officina Roberti Stephani.* MDxliiii. In-fol. Dem. rel. dos et coins de mar. rouge.

2945. Eſquiſſe de l'hiſtoire de l'Eglife, depuis ſa fondation juſqu'à la Réformation, Par Charles Villers. 1804. = Diſcours ſur l'influence de la Réformation de Luther (par Malleville fils). En un vol. in-8. dem. rel. de veau vert.

2946. Abrégé de l'hiſtoire ſacrée, diviſé en cinq parties, compoſé par feu le Patriarche de Jéruſalem (en Grec). *Venife,* 1805. In-4.

2947. De viris illvstribvs Ordinis Praedicatorvm Libri ſex in vnvm congeſti avtore Leandro Alberto Bonnonienſi viro clariſſimo. Libri ſex de viris illuſtribus ord. Praedicatorũ nũc editi autore Leãdro Alberto Bonnoniẽſi eiuſdem ordinis faeliciter *aeneis caracteribus impreſſi ſunt Bononiae in aedibus Hieronymi Platonis ciuis Bononienſis expenſis Jo. Baptiſtae Lapi ciuis et Bibliopole Bonon.* Leone X Pont. Max. Ecclefiae Ro. habenas. moderãte anno Domini MDxvii. iii Cal. Mar. (Suit le regiſtre et la marque de l'imprimeur). Le 6me feuillet du cah. k eſt blanc. (le premier alphabet ſe termine par & et). après le dernier cah. TT qui eſt de 4 ff.

se trouvent 2 feuillets blancs qui le complètent. In-fol. Fig. sur bois. Veau fauve à compartiments.
Exemplaire Grolier.

2948. Virorum Illustrium ex Ordine Eremitarum D. Avgvstini Elogia cvm singvlorvm expressis ad vivvm iconibus. Avctore F. Cornelio Cvrtio ejusdem Ord. Historiographo et Diffinitore Generali. *Antverpiae apvd Ioannem Cnobbarvm.* ooiɔɔxxvi. In-4. Figures. Veau fauve, filets, tr. marbrée. (*Bauʒonnet*).

2949. Courte et solide histoire de la fondation des Ordres religieux, avec les figures de leurs habits, gravez par Adrien Schoonebeek. *à Amsterdam, cheʒ Adrien Schoonebeek.* MDcLxxxviii. In-8. Grand papier. Mar. vert, fil. tr. dor. Anc. reliure.

2950. Courte description des Ordres des femmes et filles religieuses. contenant une petite relation de leur origine, de leurs progrés, et de leur confirmation avec les figures de leurs habits, gravez par Adrien Schoonebeek. *à Amsterdam, cheʒ l'autheur.* In-8. Grand papier. Mar. vert, fil. tr. dor. Anc. reliure.

2951. Histoire des Ordres Religieux de l'un et de l'autre sexe, où l'on voit le temps de leur fondation, la vie en abrégé de leurs fondateurs, et les figures de leurs habits, gravez par Adrien Schoonebeek. *à Amsterdam, cheʒ Adrien Schoonebeek.* 1695. 2 tomes en un vol. in-8. Veau brun, filets.

2952. Histoire du clergé séculier et régulier, des congrégations de chanoines et de clercs, et des ordres religieux de l'un et de l'autre sexe..... Contenant leur Origine, leurs fondations..... Avec des figures qui représent les différens habillemens de ces Ordres & Congregations. Nouvelle Edition tirée du R. P. Bonani, de Mr Herman, de Schoonebeek, du R. P. Hel , & d'autres qui ont écrit sur ce sujet.........*A Amsterdam, cheʒ Pierre Brunel.* MDccxvi. 4 vol. in-8. grand papier. Maroquin bistre, tr. dor. (*Trautʒ Bauʒonnet*).

2953. Les vies des SS. Peres des deserts, et des Saintes Solitaires d'Orient et d'Occident. Avec des figures qui représent

l'auftérité de leur vie, & leurs principales occupations. *à*
Anvers, et à Amfterdam, chez Pierre Brunel. MDccxiv.
4 vol. in-8. grand papier. Maroquin biftre, tr. dor. (*Traurz*
Bauzonnet).

2954. La grande ⁊ merueilleufe et trefcruelle oppugnation
de la noble cite de Rhodes prinfe nagueres par Sultan Soli-
nan a prefent grand turcq | ennemy de la tres fainɛte foy
Catholique. redigee par efcript | par excellent et noble
cheualier frere Iaques baftard de Bourbon | commandeur
de fainɛt Mauluiz | Doyfemont et Fonteg es au prieure de
France. *Et fe vend a Paris à la rue Sainɛt Iaques a lenfeigne des*
trois courȭnes pres Sainɛt Benoiſt. Cy finiſt ce prefent liure
intitule | oppugnation et prinfe de la iadis honnoree et
maintenant poure defolee et captiue cite de Rhodes (apres
auoir profpere deux cens et quatorze ans en honneur |
affiegee par le mauldit et fanguinaire Sultan Selliman.....
Et imprime a Paris par honneſte perfonne Gilles de gourmont
libraire iure en luniuerſite de Paris Lan mil cinq cens xxvi
au moys de May. In-4. goth. Maroquin vert, fil. tr. dor.
(*Niedrée*).

2955. De fignis Monachorum traɛtatus. Defumptus ex libro III.
cap. III. Confuetudinum Cluniacenfium Udalrici Monachi
qui vixit faeculo xi. In-4. Mar. rouge.

Manufcrit de cinq feuillets fur vélin, fuivi de 14 ff. manufcrits, fur vélin, écriture
moderne, copie du manufcrit original, & fignés : PAUL DRACH. 1851. pour M. J.
BARROIS.

2956. Gloriofos titulos originarios, y priuatiuos de la facrada
religion de defcalços de la fanɛtiffima Trinitad, Redencion
de captivos. Primatia de redentorade captibos de la facrada
orden de la SSᵐᵃ Trinidad en las coronas de Caftilla Aragon y Navarra, contra la illuftra orden denſa. Sᵃ De la
Merced per el P. F. Alonfo de Antonio fa procuradore dedi-
cada alla Beatiffima Trinidad. *En Madrid por el licenciado*
Martin de Barrio. Anno 1652. In-4. imprimé fur parchemin, revêtu de griffes au bas de chaque feuillet, et de fignatures à la fin.

2957. Regle et ftatuts fecrets des Templiers, précédés de
l'Hiftoire de l'établiffement, de la deftruɛtion et de la con-

tinuation moderne de l'Ordre du Temple, publiés fur les manufcrits inédits des Archives de Dijon, de la Bibliothèque Corfini à Rome, de la Bibliothèque Royale à Paris, et des Archives de l'Ordre. par C. H. Maillard de Chambure. *Paris*, 1840. In-8.

2958. Relation de l'établiffement de l'Jnftitut des filles de l'Enfance de Jéfus, avec le récit fidèle de tout ce qui s'eft paffé dans le renverfement du même Jnftitut, par une des filles de cette Congrégation de la Maifon de Touloufe. *Touloufe*, 1689. In-12.

2959. Hiftoire de la Congrégation des Filles de l'Enfance, contenue dans un mémoire préfenté au Parlement de Touloufe, par Meffire Guillaume de Juliard; prêtre, docteur en théologie, Prevôt de l'Eglife Métropolitaine de Touloufe. Sur la plainte par lui portée au fujet d'un libelle diffamatoire publié contre la mémoire de feue Madame de Mondonville fa tante, fous le titre d'Hiftoire de la Congrégation des filles de l'Enfance, &c. *Touloufe*, 1735. In-12.

HISTOIRE ANCIENNE

ET HISTOIRE DU PEUPLE JUIF

2960. Hiftoire ancienne des Egyptiens, des Chartaginois, des Affyriens, des Babyloniens, des Medes et des Perfes, des Macédoniens, des Grecs, par M. Rollin. *A Paris, chez la Veuve Eftienne*, MDXL-XLII. 6 vol. in-4. grand papier. Mar. rouge, fil. tr. dor. (*Derome*).

2961. Ex Ctefia, Agatharide, Memnone excerptae hiftoriae, Appiani Iberica. Item De geftis Annibalis. (Graece). Omnia nunc primum edita. Cum Henrici Stephani caftigationibus. *Ex Officina Henrici Stephani*. An. MDLVII. In-8. Veau fauve, dent., tr. dor. (*Bozerian*).

2962. Sanchuniatonis Hiftoriarum Phaeniciae Libros novem Graece verfos a Philone Byblio. Edidit Latinaque verfione donavit F. Wagenfeld. *Bremae*, 1837. In-8. Papier vélin. Dem. rel. dos et coins de mar. rouge. Non rogné. Tête dorée.

2963. Flavii Jofephi quae Reperiri potuerunt, opera omnia, Graece et Latine, cum notis et nova verfione Joannis Hudfonii, Accedunt notae variorum. Oxoniae collegit et recenfuit Sigel. Havercampus. *Amftelaedami*, 1726. 2 vol. in-fol. vélin cordé.

2964. Hiftoire des Juifs, écrite par Flavius Jofeph, fous le Titre de Antiquitez Judaiques, Traduite fur l'original Grec par Arnaud d'Andilly. *A Bruxelles, chez Eugène Henry Frix*. 1701 et 1702. 3 tomes. — Hiftoire de la Guerre des Juifs contre les Romains. *ibidem*, 1703. 2 tomes. 5 vol. in-8. grand papier. Figures dans le texte. Mar. rouge, tr. dor. (*Lefebvre*).

2965. Hiftoire des Juifs et des Peuples voifins. Depuis la décadence du Royaume d'Jfraël et de Juda jufqu'à la mort de Jéfus-Ghrift, par Prideaux. Traduite de l'Anglois. *Amfter-dam*, 1728. 6 vol. in-12. Figures. Dem. rel. dos et coins de mar. rouge. Non rognés.

2966. (La deftruction de Hierufalem et la mort de Pilate).

Le premier feuillet eft blanc, fans titre, il porte, au verfo, une gravure fur bois, reproduite au verfo du dernier.

Cy finift ce prefent traicte intitule la deftruction de hierufalem z la mort de pilate. Sans lieu ni date. In-fol. goth. de 19 feuillets à 2 colonnes. Edition imprimée à Lyon vers 1490. Mar. rouge, large dentelle, tr. dor. (*Koehler*).

2967. Ceremonies et Coutumes qui s'obfervent aujourd'huy parmi les Juifs. Traduites de l'Italien de Leon de Modene, Rabin de Venife. Avec un fupplément touchant les Sectes des Caraïtes et des Samaritains de noftre temps. Compa-raifon des Ceremonies des Juifs, & de la difcipline de l'Eglife, avec un difcours touchant les differentes Meffes, ou Liturgies qui font en ufage dans tout le monde. Par le fieur de Simonville. *Suivant la copie à Paris, A La Haye, chez*

Adrian Moetjens. MDCLXXXII. 2 parties en un vol. in-12. Veau fauve, fil. tr. dor. (*Thouvenin*).

2968. Les Juifs d'Occident, ou Recherches fur l'Etat Civil, le Commerce et la Littérature des Juifs en France, en Efpagne et en Italie, pendant la durée du Moyen-Age : Par Arthur Beugnot. *Paris*, 1824. In-8. Veau acajou, filets d'or et fers à froid.

2969. Etat des Juifs en France, en Efpagne et en Italie, depuis le commencement du cinquième fiècle de l'Ere vulgaire jufqu'à la fin du feizième, fous les divers rapports du Droit Civil, du Commerce et de la Littérature, par le Chevalier Bail. *Paris*, 1823. In-8. Dem. rel. de veau acajou.

HISTOIRE GRECQUE

2970. Etudes fur l'hiftoire ancienne et fur celle de la Grèce, par P. C. Evefque. *Paris*, 1840. 5 vol. in-8. dem. rel. de mar. rouge, non rognés.

Un des fix exemplaires tirés fur papier vélin.

2971. ΘΟΥΚΥΔΙΔΗΣ. Thucydides. *Venetiis in domo Aldi* menfe Maio. MDII.

La foufcription porte : ϖαρ' Αλδω χιλιοϛῷ ϖένΊακοσιοϛῶ. In-fol. de 124 ff. non chiffrés. le 8ᵉ et le dernier, blancs. Mar. rouge, dentelle. Dans toutes fes marges.

On a ajouté à cet exemplaire 60 feuillets

Σχολια παλαια, και σονοϖΊίκα εις ολον Ίον Θουκυδιδην, qui fe terminent par la foufcription fuivante : *Venetiis in Aldi Neacademia* menfe octobri MDIII. Ces 60 feuillets de fcholies fur Thucydide, ajoutés ici fort à propos, à la fuite de cette première édition, font partie d'un volume publié, l'année 1503, et intitulé : XENOPHONTIS OMNIA, QUA ET GRAECA GESTA APPELANTUR.

2972. Thvcydidis de Bello Peloponnefiaco Libri octo (Graece). Iidem Latinè, ex interpretatione Laurentii Vallae, ab Henrico Stephano recognita. *Excudebat Henricus Stephanus.* Anno MDLxxxviii. In-fol. Veau fauve, fil. tr. dor.

2973. Thucydidis de Bello Peloponnefiaco Libri octo (Graece). Cum Annotationibus Henr. Stephani, & Jo. Hudfoni. Recenfuit, & notas fuas addidit Jos. Waffe. Editionem curavit, fuafque Animadverfiones adjecit Car. And. Dukerus. *Amftelaedami,* 1731. In-fol. Dem. rel. dos et coins de mar. vert. Non rogné.

2974. Thucydidis de Bello Peloponnefiaco Libri octo, Graece et Latine, ad editionem Jos. Waffe et C. A. Dukeri, accurate expreffi cum varietate Lectioni et Annotationibus. *Biponti,* 1788 et 89. 6 vol. in-8. Dem. rel. de mar. rouge, non rognés.

2975. Thucydidis Bellum Peloponnefiacum (gr. et lat.). Ex editione Waffii et Dukeri. *Glafguae, Excudebant Rob. et A. Foulis.* 1759. 8 vol. pet. in-8. Veau fauve, filets.

2976. Les huit livres de l'hiftoire de la guerre du Péloponnèfe de Thucydide, traduits en grec vulgaire, annotés et publiés par Neophytus Doucas. *Vienne,* 1805 et 1806, 10 tomes en 5 vol. in-8. Vélin blanc, filets.

2977. L'Hiftoire de Thvcydide Athenien, de la gverre qui fut entre les Peloponnefiens et les Atheniens, tranflatée en langue Françoife, par feu Meffire Claude de Seyffel, lors Euefque de Marfeille, et depuis Archeuefque de Turin. *A Paris, par Jean Ruelle,* 1555. In-16. Mar. rouge, fil. tr. dor. (*Bauzonnet Trautz*). Relié fur brochure.

2978. Hiftoire de Thucydide, trad. du Grec par Levefque. *Paris,* 1795. 4 vol. in-8. dem. rel. de veau olive.

2979. Hiftoire de Thucydide, traduite du Grec par Lévefque. *Paris,* 1840. In-12. Papier vélin. Dem. rel. de veau fauve.

2980. Hiftoire de la Guerre du Péloponnèfe, par Thucydide, trad. par A. F. Didot, avec le texte. *Paris,* 1833. 4 vol. in-8. papier vélin.

2981. Herodoti Libri novem, Qvibvs Mvfarvm indita fvnt

nomina (Graece). *Venetiis in domo Aldi* menſe Septembris.
MDII. In-fol. Mar. rouge, dentelle, tr. dor.

2982. Herodoti Halicarnaſſaei hiſtoriae lib. IX, & de vita
Homeri libellus   Jlli ex interpretatione Laur.
Vallae adſcripta, hic ex interpret. Cōradi Heresbachii :
vtraque ab. Henr. Stephano recognita. Ex Cteſia excerptae
hiſtoriae. Icones quarundā memorabiliū ſtructurarū. Apo-
logia Henr. Stephani pro Herodoto. Anno MDLxvi
Excudebat Henricus Stephanus. In-fol. Mar. jaune, couvert
de riches compartiments. Chiffre Ж et Armes.

2983. Herodoti Halicarnaſſaei Hiſtoria, ſiue Hiſtoriarvm
Libri IX, qui inſcribuntur Muſae (Graece). Ex vetuſtis exem-
plaribus recogniti. Cteſiae quaedam (Gr.). Anno MDLxx
Excudebat Henricus Stephanus. In-fol. Veau fauve, fil. tr.
dor.

2984. Herodoti Halicarnaſſaei hiſtoriarum libri IX. XI Mvſa-
rvm nominibus inſcripti. Eiuſdem narratio de vita Homeri
(Graece). Cvm Vallae interpret. Latina hiſtoriarum Herodoti, ab Henr. Stephano recognita : et ſpilegio Frid. Syl-
burgii. Item cum Iconibus ſtructurarum Babyloniacarum
ab Herodoto deſcriptarum. Excerpta è Cteſiae libris de
rebus Perſicis & Indicis, & ex iiſdem fragmenta auctiora.....
Editio adornata opera & ſtudio Gothofredi Jungermani.
Genevae. Oliva Pavli Stephani. MDCxviii. In-fol. Mar. vert,
dentelle et riches compartiments à petits fers, fleurs de lys,
et armes de Victor Bouthilier, Archevêque de Tours. (*Padeloup*). Portrait de Bouthilier ajouté.

2985. Herodoti Halicarnaſenſis Hiſtoria (gr. et lat.). ex Editione Jacobi Gronovii. *Glaſguae : Excudebant R. et A. Foulis*.
1761. 9 vol. pet. in-8. veau fauve.

2986. Hiſtoire d'Hérodote, Traduite du Grec, avec des Remarques Hiſtoriques & Critiques, un Eſſai ſur la Chronogie
d'Hérodote, & une Table Géographique, par M. Larcher.
Paris, 1787. 7 vol. in-8. papier de Hollande, veau écaillé,
filets.

2987. Hiſtoire d'Hérodote, traduite du Grec (par Larcher),
Avec des Remarques Hiſtoriques et Critiques, un Eſſai ſur

la Chronogie d'Hérodote, et une Table Géographique. Nouvelle édition, revue, corrigée et confidérablement aug- mentée, à la quelle on a joint la vie d'Homère, attribuée à Hérodote, les Extraits de l'Hiftoire de Perfe et de l'Inde de Ctéfias, et le Traité de la Malignité d'Hérodote ; Le tout accompagné de Notes. *Paris*, 1802. 7 vol. in-8. veau fauve, dent. tr. dor. (*Bozerian*).

2988. Paufanias (Graece). *Venetiis in Aedibus Aldi, et Andreae foceri*. Menfe Jvlio. MDxvi. In-fol. réglé. Veau, filets à compartiments, tranches dorées, et gauffrées. Au centre des plats un beau médaillon gauffré, en or, avec les chiffres $A^D M$. Reliure du temps.

2989. Paufaniae Graeciae defcriptio accvrata (Graece), cvm Latina Romvli Amafaei Interpretatione. accefferunt Gvl. Xylandri & Frid. Sylbvrgii annotationes, ac notae Ioachimi Kvhnii. *Lipfiae*, apvd Thomam Fritfch. MDcxcvi. In-fol. Vélin blanc.

2990. Defcription de la Grèce de Paufanias. Traduction nou- velle avec le texte Grec collationné fur les Manufcrits de la Bibliothèque du Roi, par M. Clavier. *Paris, Imprim. d'Eber- hart*, 1814-23. 7 vol. in-8. grand papier vélin. Dem. rel. de mar. violet. Non rognés.

2991. Diodori Sicvli Hiftoriarvm Libri aliqvot, qvi extant. opera & ftudio Vincentii Obfopaei in lucem editi (Graece). *Bafileae*, 1542. In-4. Veau fauve, fil. tr. dor. (*Bozerian*).

2992. Diodori Siculi Bibliothecae Hiftoricae Libri qui Super- funt (Gr. et Lat.). Interprete Laurentio Rhodomano. Ad fidem Mss. recenfuit Petrus Weffelingius. Atque Variorum et fuas adnotationes adjecit. *Amftelodami*, 1746. 2 vol. in- fol. dem. rel. dos et coins de mar. rouge. Non rognés.

2993. Hiftoire Univerfelle de Diodore de Sicile, traduite en François par l'Abbé Terraffon. *Paris, De Bure*, 1737-44. 7 vol. in-12. veau fauve, fil. tr. dor. (*Bozerian*).

2994. Xenophontis Omnia, quae extant. (Graece). *Venetiis, in aedibus Aldi, et Andreae Afvlani foceri* Menfe Aprili MDxxv. In-fol. Veau fauve, dentelle, tr. dor. Le dernier feuillet eft blanc, portant l'Ancre Aldine au verfo.

2995. Xenophontis omnia quae extant opera, et Epiſtolarum fragmenta, graece et latine cum annotationibus Henrici Stephani. MDLxi *Excudebat Henricus Stephanus.* In-fol. Mar. rouge, fil. tr. dor.

2996. Xenophontis opera quae extant omnia (Graece), Unà cum Chronologia Xenophonteâ Cl. Dodwelli, & quatuor Tabulis Geographicis. *Oxonii, E Theatro Scheldoniano,* 1703. 5 tomes en 6 vol. in-8. Très-complet. Maroquin rouge, fil. tr. dor.

La Series chronologiae Imperatorum Perſicorum, formant deux pages, & l'Index de 45 pp., ſe trouvent à la fin du premier volume.

2997. Xenophontis Opera, Graecè et Latinè. *Glaſguae, Excudebant R. et A. Foulis.* 1761-67. 13 vol. pet. in-8. veau fauve, filets.

2998. La Cyropédie, ou Hiſtoire de Cyrus, traduite du Grec de Xénophon, par Dacier. *A Paris, chez les frères De Bure.* 1777. 2 vol. in-12. Mar. rouge, fil. tr. dor.

2999. L'Expédition de Cyrus dans l'Aſie Mineure, et la Retraite des Dix Mille. traduit du Grec, avec des Notes Hiſtoriques, Géographiques & Critiques par Larcher. *A Paris, chez les frères De Bure.* 1778. 2 vol. in-12. papier fort. Veau antiqué, filets et fers à froid, tr. dor. Relié ſur brochure.

3000. Du Commandement de la Cavalerie, et De l'Equitation : Deux Livres de Xénophon, traduits par un officier d'artillerie à cheval (Paul Courier). *Paris, Imprim. de J. M. Eberhart.* Sans date. In-8. Grand papier. Veau fauve, fil. tr. dor.

3001. Arriani de Exped. Alex. Magni Hiſtoriarum Libri vii. Eiuſdem Indica (Graece et Lat.). Ex Bonav. Vulcanii Brug. Interpretatione. Nicolaus Blancardas recenſuit, verſionem Latinam emendavit, octo libros Animadverſionum adjecit. *Amſtelodami,* 1668. In-8. Vélin.

3002. Arriani Nicomedienſis Expeditionis Alexandri Magni Libri ſeptem et Hiſtoria Indica, Graec. et Lat. cum Animadverſionibus et Indice Graeco locupletiſſimo Georgii

Raphaelii. Accedunt Eclogae Photii ad Arrianum, &c. *Amstelaedami, apud Wetstenium*, 1757. In-8. Dem. rel. de mar. rouge. Non rogné.

3003. Qvinti Cvrtii de Rebus gestis Alexandri Magni Macedonum Regis historia, aucta nunc ac locupletata. *Apvd Seb. Gryphivm Lvgdvni.* 1551. In-16. réglé. Veau fauve, riches compartiments en or, tranche dorée et ciselée. Reliure italienne.

3004. Examen Critique des Anciens Historiens d'Alexandre-le-Grand (par le Baron de Sainte-Croix). *Paris, impre. de Delance et Lesueur.* 1804. In-4. Papier vélin, divisé en deux volumes. Dem. rel. de mar. rouge. Non rognés.

3005. Voyage du Jeune Anacharsis en Grèce, dans le milieu du quatrième siècle avant l'Ère vulgaire, par Jean Jacq. Barthelemy. *Paris, Imprimerie de Didot Jeune.* An sept. 7 vol. in-8. et Atlas in-fol. Mar. rouge, dentelle et compartim., d. de moere, dentelle, mors de maroquin, tr. dor. L'Atlas relié en plein comme les volumes du texte. Riche reliure de *Bozerian.*

Exemplaire en papier de Hollande.

3006. Histoire des Premiers Temps de la Grèce, depuis Inachus jusqu'à la chute des Pisistrates; avec des Tableaux Généalogiques des principales familles de la Grèce, par Clavier. *Paris,* 1809. 2 vol. in-8. Veau jaspé.

3007. Abrégé de l'Histoire Grecque et Romaine, Traduit du Latin de Velleius Paterculus; Avec le texte corrigé; des Notes critiques et historiques; une Table Géographique; une Liste des Editions; & un Discours préliminaire, par l'Abbé Paul. *A Paris, chez Barbou,* 1770. In-12. Papier fin. Veau fauve, dent. tr. dor.

3008. Histoire de la Grèce de Goldsmith, traduite de l'Anglais en Grec vulgaire, par Demetrius Alexandride. *Vienne,* 1806. 2 vol. in-8. Papier fort. Exemplaire de présent du Traducteur à Coray. Veau jaspé, dent. tr. dor.

HISTOIRE ROMAINE

3009. Hiftoire Romaine depuis la fondation de Rome jufqu'à
la bataille d'Actium : Commencée par M. Rollin, & continuée par M. Crevier. *A Paris, che₹ la Veuve Eftienne et fils,*
MDCLII. 8 vol. in-4. grand papier. Mar. rouge, fil. tr.
dor. (*Derome*).

3010. Polybii Lycortae F. Megalopolitani Hiftoriarum Libri
qui fuperfunt. gr. et lat. Interprete Ifaaco Cafaubono. Ja-
cobus Gronovius recenfuit, ac notas variorum adjecit. Acceffit Aenae, vetuftiffimi Tactici, Commentarium de tole-
randa abfidione (Gr.), cum interpretatione ac notis Ifaaci
Cafauboni. *Amftelodami, ex Officina Waesberge, & van So-*
meren. CIƆIƆCLXX. 3 tomes en 2 vol. in-8. vélin.

Bel exemplaire très-pur.

3011. Les cinq premiers livres des hiftoires de Polibe Mega-
lopolitain auecq troys extraictz du VI. vn du VII. vn du VIIj.
& vn du XVI. autrefoys traduitz et mis en lumiere par Loys
Maigret, & depuis reueuz, corrigez, & rendus plus entiers
par luy fur l'exemplaire grec. enfemble le deffain du camp
des Romains extrait de la defcription de Polibe. *A Paris,*
par Eftienne Groulleau. 1552. 2 vol. in-8. fig. f. bois. Veau
fauve, filets. (*Padeloup*).

3012. Dionyfii Halicarnaffei antiquitatum Romanarum Libri X.
(Graece). Ex Bibliotheca Regia. *Lutetiae, ex officina Rob.*
Stephani. typis Regiis. MDXLVI. In-fol. Maroquin vert,
fil. tr. dor. (*Derome*).

3013. Dionyfii Halicarnaffenfis Opera omnia, Graece et
Latine, cum Animadverfionibus Variorum. *Lipfiae,* 1774.
6 vol. in-8. Dem. rel. de veau. Non rognés.

3014. Dionis Caffii Romanarvm Hiftoriarvm Libri XXV. Gr.
et Lat. ex Guilielmi Xylandri interpretatione. — E Dione
excerptae Hiftoriae ab Joanne Xiphilino. gr. et lat. Ex interpretatione Guilielmi Blanci à Guilielmo Xylandro recognita.
Excudebat Henricus Stephanus. MDXCII. 2 parties en un vol.

in-fol. Mar. jaune, filets et médaillons, tr. dor. Ancienne reliure.

3015. Appiani Alexandrini Romanarvm Hiftoriarvm Celtica, Libyca, vel Cartaginenfis, Illyrica, Syriaca, Parthica, Mithridatica, Ciuilis, quinque Libris diftincta (Gr.). Ex Bibliotheca Regia. *Lutetiae, Typis Regiis, Cura ac diligentia Caroli Stephani.* MDLI. = Dionis Romanarum hiftoriarum libri xxiii, à xxxvi ad lviii vfque (Gr.), Ex Bibliotheca Regia. *Lutetiae, ex Officina Rob. Stephani, typis Regiis,* MDxlviii. Réunis en un vol. in-fol. Veau fauve, dent., tr. dor.

3016. Herodiani hiftor. lib. viii (Gr.). Cum Angeli Politiano interpretatione, et huius partim fupplemento, partim examine Henrici Stephani : vtroque margini adfcripto. Eiufdem Henrici Stephani emendationes quorundam Graeci contextus locorum, et quorundam expofitiones. Hiftoriarvm Herodianicas fubfequentium libri duo. nunc primum Graecè editi. (Zofimi Comitis et Exadvo cati fifci, Hiftoriae nouae Libri duo) Graece. *Excudebat Henricus Stephanus.* Anno MDLxxxi. In-4. Vélin.

3017. L'Hiftoire de Herodian Authevr Grecq des Empereurs Romains depuis Marcus, tournee de grecq en latin par Ange Politian, & de latin en francoys par Jehan Collin licencie es loix bailly du Côte de Baufort demourant a Chaalõs en Chãpaigne, auecques la quelle le sõmaire dung chacun liure adioufte, annotations & deux tables feruãs a lintelligence dicelle hiftoire & a trouuer promptement tout ce, qui es note es marges. 1541. *On les vend a Paris, en la rue fainct iaques, a lefcu de Florence, & au pot caffe, par Jehan Foucher.* In-8. Veau noir gauffré.

3018. Hiftoire d'Herodien, traduite du Grec en François, avec des Remarques fur la traduction, par l'Abbé Mongault. *Paris,* 1784. In-12. Veau fauve.

3019. Titi Livii Patavini Hiftoriae Principis Decades. *Apvd Seb. Gryphivm, Lvgdvni,* 1554. 4 vol. in-16, réglés. Veau fauve, riches compartiments en or, tranche dorée et cifelée. Reliure italienne.

3020. Hiftoire Romaine de Tite Live, trad. par Dureau de
Lamalle et Noel, avec le texte en regard. *Paris*, 1824.
17 vol. in-8. dem. rel. de veau fauve. (*Thouvenin*). Non
rognés.

3021. DISCORSI DI NICOLÒ MACHIAVELLI, Fiorentino, fopra la
prima Deca di Tito Livio, nuovamente corretti, con fomma
diligenza riftampati. *Aldus*, 1540. *In Vinegia*, nell' anno
MDXL *in cafa de' figliuoli di Aldo*. In-8. Veau fauve à
compartiments. Dans un étui.

Exemplaire Grolier, d'une admirable confervation intérieure & extérieure.
Les initiales en or. En tête du titre, la fignature de BALLESDENS.

3022. Reflexions de Machiavel fur la première Décade de
Tite Live, Nouvelle traduction, précédée d'un Difcours
préliminaire Par M. D. M. M. D. R. *Paris, Jombert*, 1782.
2 vol. in-8. papier de Hollande. Mar. vert, filets à compart.,
tr. dor.

3023. Cornelii Nepotis excellentium imperatorum vitae, Acceffit Ariftomenis Meffenii vita ex Paufania. *Oxoniae, E
Theatro Scheldoniano*. 1797. In-8. Grand papier. Mar. citron,
fil. tr. dor.

3024. C. Cornelii Taciti opera ex recenfione Joh. Augufti
Ernefti, denuo curavit Fer. Jac. Oberlinus. *Lipfiae*, 1801.
4 vol. in-8. papier de Hollande. Mar. bleu, dentelle, d. de
moere, tr. dor.

3025. Tacite, traduit par Dureau De Lamalle, avec le texte
en regard, édition augmentée des Suppléments de Brotier,
trad. par Noel. *Paris*, 1827. 6 vol. in-8. papier vélin. dem.
rel. dos et coins de maroquin rouge, non rognés, tête
dorée.

3026. C. Suetoni Tranquili Dvodecim Caefares, ex Erafmi
recognitione. *Parifiis, Apud Simonem Colinaeum*. 1527. In-8.
réglé. Veau noir, tranches dorées et gauffrées.

3027. Caivs Suetonivs Tranquillvs. *Parifiis* MDCXLIV. *E
Typographia Regia*. In-12, réglé. Mar. vert, dent. d. de
mar. citron, dent. tr. dor. (*Padeloup*).

3028. Caivs Suetonivs Tranquillus cum annotationibus diver-

forum. *Amſterodami, typis Lvdovici Elʒevirii.* 16ʃo. In-12.
Mar. grenat, filets à compart. Non rogné.

3029. Jvſtini hiſtoriarvm ex Trogo Pompeio Lib. xliv. ex
recenſione Iſaaci Voſſii. *Amſtelodami, typis Danieli Elʒevirii,*
1677. In-12. Mar. grenat, filets à compart. Non rogné.

3030. Ammiani Marcellini rerum geſtarum Libri decem et
octo. *Apud Seb. Gryphium Lugd.* MDLii. In-16. (31 Livres)
mar. jaune, dent. tr. dor.

3031. OEuvres de Salluſte, traduit par Dureau Delamalle,
avec le texte en regard. *Paris,* 1808. In-8. Papier vélin.
Dem. rel. de mar. bleu. Non rogné.

3032. La conjuracion de Catilina y la guerra de Jugurta por
Cayo Saluſtio Criſpo. *En Madrid; por Joachin Ibarra.* 1722.
In-fol. Mar. rouge, dent. tr. dor.

3033. Lhyſtoire Catilinaire, compoſee par Salluſte Hyſtorien
Romain, & tranſlatee par forme dinterpretation dũg tres
brief & elegant latin en noſtre vulgaire Frãcoys par Jehan
Parmentier, marchant de la ville de Dieppe. 1ʃ36. *On les
vend a Paris en la rue neufue noſtre Dame, a lenſeigne Sainct
Nicolas.* In-16.   Dans toutes ſes marges.
Nombreux témoins.

3034. Lucan ſuetone ʒ Salluſte en fracoys. Cy finiſt lucan |
ſuetone | ʒ Salluſte en fráncois *Imprime a Paris le xvij iour
de Septembre mil cinq cés Pour Anthoine verard marchant
libraire Demourant audit Paris pres petit pont a lymage ſaint
Jehan leuangeliſte | ou au palays au premier pillier Deuant la
chapelle ou on chante la meſſe de meſſeigneurs les preſidens.*
In-4. goth. à 2 col. réglé. Dem. rel. de mar. vert.

3035. C. Jvl. Caeſaris Rervm ab ſe Geſtarvm Commentarii,
ad vetuſtiſſimorum codicum fidem ſumma cura diligentiaq̄.
caſtigati. Reliqua ſequens docebit pagella. *Lvgdvni apvd
Haeredes Seb. Gryphii.* MDLx. In-16. réglé. Veau fauve,
riches compartiments en or, tranches dorées et ciſelées.
Reliure italienne.

3036. Commentaires de Jvles Ceſar, de la Gverre de Gaule.
Traduits par feu Robert Gaguin. Reuuz & verifiez ſur les

vrays exéplaires Latins, par Antoine du Moulin Maſconnois. *A Lyon, Par Ian de Tournes.* 1555. In-16. vélin, compartim., tr. dor.

Le volume ſe continue par le Commentaire de la Guerre Civile, avec une pagination particulière.

3037. Les Commentaires de Jules Ceſar, des guerres de la Gaule : Mis en François par Blaiſe de Vigenere, Bourbonnois : reueus & corrigés par lui-même. Auec amples Annotations, pour eſclaircir maintes difficultés en pluſieurs endroits. Item. trois Tables. *Pour Iaques Chouët.* MDxcIIII. *Ex typographia Anton. Candid. Lvgdvn.* Pet. in-12. vélin.

3038. Les OEuures Et briefues expoſitions de Julius Ceſar ſur le faict des batailles de Gaule. Cy finiſt la tranſlation des oeuures et commétaires Julius ceſar..... faicte et miſe en Francoys et preſentee au roy de France. *Imprime nouuellement a Paris par la Veufue feu Michel le Noir demourant en la grant rue ſainct Jacqs a lenſeigne de la Roſe Blanche couronnee.* Sans date. In-4. goth. Figures ſur bois, détachées et dans le texte. Veau fauve, fil. tr. dor. Dans toutes ſes marges, rempli de témoins.

3039. Les Commentaires de Céſar. Nouvelle édition, revue, corrigée et augmentée de notes hiſtoriques et géographiques. (et d'une Carte nouvelle de la Gaule et du Plant d'Aliſe, par Danville). *à Amſterdam et Leipſig, Chez Arkſtee et Merkus.* 1763. 2 vol. in-12.

3040. Ceſar renovvellé, Par les obſervations Militaires du S. Gabriel Symeon. *A Paris. Pour Jean Longis.* 1558. *Imprimé à Paris, par Benoiſt Preuoſt.* (Le cah. H de 4 ff. ſe termine par un feuillet blanc). — Livre ſecond de Caeſar renouuellé. A Monſeigneur Mandelot Lieutenant general pour Sa Majeſté au pays de Lyonnois & Beaujolois..... par François de S. Thomas. *A Lyon, chez Jean Saugrain, commis.* 1570. *imprimé Par Jean Marcorelle.* Deux parties en un vol. in-8. fig. ſur bois. Maroquin rouge, coins et fleurons, tr. dor. (*Capé*).

3041. Aleſia. Etude ſur la ſeptième campagne de Céſar en Gaule (par le Duc d'Aumale). *Paris,* 1859. In-8. dem. rel. dos et coins de mar. bleu. Non rogné.

3042. Alexia et les Aulerci-Brannoviers au tribunal de vingt fiècles et de J. Céfar, par l'abbé F. Cucherat. *Lyon*, 1864. In-8.

3043. Hiftoire des Grands Chemins de l'Empire Romain, par Nicolas Bergier. *Bruxelles*, 1728. 2 vol. in-4. grand papier. Cartes et figures. Veau brun.

3044. Des Progrès et de la Décadence des Romains, traduit du Français, de Montefquieu, en grec vulgaire. *Leipfig*, 1795. Pet. in-8. dem. rel.

3045. Commentaire de S. J. Frontin, fur les Aqueducs de Rome, traduit avec le texte en regard. précedé d'une notice fur Frontin, de Notions préliminaires fur les poids, les moeurs, les monnaies, et la manière de compter des Romains; fuivi de la Defcription des principaux Aqueducs conftruits jufqu'à nos jours; des Loix ou Conftitutions Impériales fur les Aqueducs, et d'un précis d'hydraulique, par J. Rondelet. *Paris, Impre de Firmin Didot*, 1820. In-4. Atlas in-fol.

3046. Itinerarivm prouinciarum omniũ Antonini Augufti, cum fragmento eiufdem (nec non indice haud quãq afpernãdo). *Venale habetur vbi impreſſum eft, in domo Henrici Stephani e regione fchole Decretorum Parrhifiis.* (1512). In-16. imprimé en rouge et noir.

3047. Lucae Paeti Jvrifconfvl. De menfvris et ponderibvs Romanis et Graecis cvm his qvae hodie Romae fvnt collatis libri qvinqve. Eiufdem variarvm lectionvm liber vnvs. *Venetiis (Aldus)*. MDLxxiii. In-fol. Dem. rel. de vélin blanc.

6 ff. préliminaires. A-G par 4 ff. H & J par 2. Planches. K-M par 4, dont le dernier blanc.

MÉLANGES D'HISTOIRE ANCIENNE.

ARCHÉOLOGIE. ÉTAT POLITIQUE ET COMMERCIAL.

DÉCOUVERTES. COLONIES

3048. Abécédaire ou Rudiment d'archéologie, par M. De Caumont. *Paris*, 1850. In-8. Figures. Dem. rel. de veau violet.

3049. Archéologie Egyptienne, ou Recherches fur l'expreffion des fignes hiéroglyphiques, et fur les élémens de la langue facrée des Egyptiens, par J. A. de Goulianof. *Leipfig*, 1839. 3 vol. in-8.

3050. Effai fur les Hiéroglyphes des Egyptiens, Où l'on voit l'Origine et le Progrès du Langage de l'Ecriture, l'antiquité des Sciences en Egypte, et l'origine du culte des Animaux. Traduit de l'Anglais de Warburton (par Léonard des Malpeines) Avec des Obfervations fur l'Antiquité des Hiéroglyphes Scientifiques, et des Remarques fur la Chronologie et fur la première Ecriture des Chinois. *A Paris, chez Hippol. L. Guerin*. 1744. 2 vol. in-12. Veau marbré.

3051. Les Antiquités homèriques et les archéologies de Corcyre. traduites du Latin en Grec. *Mofcou*, 1804. In-4. Veau marbré.

3052. Pompéi décrite par Charles Bonucci; ou Précis hiftorique des Excavations depuis l'année 1748 jufqu'à nos jours. Traduction de la troifième édition Italienne par J. C. *Naples*, 1829. In-8. Dem. rel. de veau fauve.

3053. Offervazioni fur Bafforiliero Fenico-Egizio che fi conferva in Carpentraffo fatte da Michelangelo Lanci interprete delle lingue Orientali nella Vaticana bibliotheca. *Roma,* 1825. Edition tirée à 100 exemplaires en grand papier vélin royal. (Celui-ci porte n° 25). = Lettera di Michel Angelo Lanci fopra uno fcarabeo Fenico-Egizio e più monument Egiziani. *Napoli*, 1826. tiré à 125 exemplaires en grand

papier vélin royal. Réunis en un volume juftification in-8.
fur format grand in-4. Vélin.

3054. Defcription de l'Ecrin d'une Dame Romaine trouvé à
Lyon en 1841, chez les Frères de la Doctrine Chrétienne, et
donné par eux au Mufée de cette ville. Par le Dr Comarmond. *Lyon,* 1844. In-8.

Exemplaire tiré fur papier vélin de format in-4.

3055. Monographie de la Table de Claude par J. B. Monfalcon, accompagnée du fac-fimile de l'Infcription gravée dans
les dimenfions exactes du Bronze et publiée au nom de la
Ville de Lyon par ordre de M. Reveil, Maire. *Lyon, Imprimerie
de Louis Perrin,* 1851. In-fol. atlantique. Dem. rel. de mar.
vert.

Exemplaire qui m'a été offert par la Ville de Lyon.

3056. Difcours fur les médailles d'Augufte et de Tibère au
revers de l'autel de Lyon. Suivi d'un Mémoire fur les recherches d'une ftatue équeftre, faites dans le mois de Novembre
1809, vers l'emplacement de l'ancien temple d'Augufte. par
F. Artaud. *Lyon,* 1818. In-4. cart. Non rogné.

3057. LE IMAGINI con tvtti i riverfi trovati et le vite degli
Imperatori tratte dalle medaglie e dalle hiftorie degli Antichi. (*del cavaliere Antonio Zantoni*) Enea Vico Parm. F.
(Parmigiano). L'Anno MDXLVIII. (*in Venezia*). In-4. Mar.
rouge à compartiments noir et or.

Exemplaire Grolier, d'une parfaite confervation, fans la moindre répara-
tion. Grolier a écrit de fa main, à la fin du volume :

Jo. Grolierij et amícorum.

J'ai acquis ce beau volume à la vente Parifon, au prix de 1,800 fr., fans les frais.

3058. Imagines et Vitae Imperatorvm Romanorvm : illae ad
vetufta numifmata fideliter defignata; hae ex probatiffimis
auctoribus depromtae. Addita ad fingulas imagines Antonij
& aliorum Elogia tetrafticha. *Ex Officina Plantiniana. Apud
Chriftophorvm Raphelengivm* CIƆIƆXC. In-12. Médaillons
gravés fur bois. Mar. jaune, fil. tr. dor.

3059. Difcours fur les Medalles et Gravevres Antiques, principalement Romaines. Plus, Vne Expofition particuliere de

quelques planches ou tables eſtans ſur la fin de ce liure, eſquelles ſont monſtrees diuerſes Medalles et graueures antiques, rares et exquiſes. par M. Antoine Le Pois, Conſeiller et Medecin de Monſeigneur Le Duc de Lorraine. *A Paris, par Mamert Patiſſon Imprimeur du Roy, au logis de Robert Eſtienne.* MDLxxix. In-4. Mar. rouge, large dentelle, d. de moere, dos à petits fers, tr. dor. (*Boʒerian*).

Superbe exemplaire, COMPLET, d'une grande pureté. J'y ai ajouté un beau portrait de Le Pois, gravé ſur bois par Voiriot, dont il porte la marque.

3060. Jllvſtratione degli Epitaffi et medaglie antiche, di M. Gabriel Symeoni Fiorentino. *in Lione, per Giovan di Tornes.* MDLviii. In-4. Fig. ſur bois. Mar. noir. (*Bauʒonnet*).

Exemplaire non rogné.

3061. Tableaux ſacrés de Pavl Perrot ſievr de La Sale. P. qvi ſont tovtes les Hiſtoires du vieil Teſtament repreſentees & expoſees ſelon leur ſens en poeſie Francoiſe. *A Francfort De l'impreſſion de Jean Feyrabendt Aux deſpends de Theodore de Bry.* MDLxxxxiiii. Petit in-8. fig. ſ. bois de Joſt Amman. Mar. bleu, compartiments.

A-O par 8 ff. P. de 4.

3062. De l'Action du Clergé dans les ſociétés modernes, par M. Rubichon. Nouvelle édition, annotée et augmentée d'une ſeconde partie qui traite des Monaſtères, des Confréries, des Etabliſſements de charité et de Corporations d'Arts et Métiers en Angleterre, en France et principalement à Rome, par M. L. Mounier, *Paris,* 1859. 2 vol. pet. in-8.

3063. Fiſionomia. con grandiſſima breuità raccolta da i libri di antichi Filoſofi, Nuovamente fatta volgare per Paolo Pinzio. Et per la diligenza di M. Antonio del Moulin meſſa in luce. *in Lione per Giovan di Tovrnes.* MDxxxxx. Pet. in-8. Veau fauve, fil. tr. dor. (*Niedrée*).

3064. Aloyſia Sygea et Nicolus Chorier. par M. P. Allut. *Lyon, imprᵉ de Louis Perrin,* 1862. In-8.

3065. Recherches ſur le livre anonyme, ouvrage inédit de Samuel Guichenon, par le Marquis Coſta de Beauregard. *Chambéry,* 1862. In-8.

3066. Hiftoire du commerce et de la navigation des Anciens, par Huet. *à Lyon, chez Benoift Duplain.* 1763. In-8. Papier de Hollande. Veau écaillé, filets.

3067. Hiftoire du Commerce et de la navigation des Egyptiens, fous le règne des Ptolémées, par Ameilhon. *Paris, Saillant,* 1766. In-12. Demi-reliure de veau fauve. Non rogné.

3068. Hiftoire du Commerce entre le Levant et l'Europe depuis les Croifades jufqu'à la fondation des Colonies d'Amérique, par G. B. Depping. *Paris, Imprimerie Royale,* 1830. 2 tomes en un vol. in-8. Veau bleu, filets.

3069. Storia del commercio et della navigazione dal principio del Mondo fino a' giorni noftri, di Michele de Jorio. *Napoli,* 1778. 4 vol. in-4. Veau jafpé, filets.

3070. La Marine des anciens peuples, expliquée et confidérée par rapport aux Lumières qu'on en peut tirer pour perfectionner la Marine moderne, par Le Roy. 1777. ═ Les navires des Anciens, confidérés par rapport à leurs voiles, et à l'ufage qu'on en pourroit faire dans nôtre Marine, par le même. *Paris,* 1783. 2 parties en un vol. in-8. cart. Non rogné.

3071. De l'Etat et du Sort des Colonies des Anciens Peuples. Ouvrage dans le quel on traite du gouvernement des anciennes républiques, de leur droit public, &c., avec des obfervations fur les Colonies des nations modernes, & la conduite des Anglois en Amérique (*par De Sainte-Croix*). *Philadelphie (Paris),* 1779. In-8. Veau acajou, dent. tr. dor. (*Simier*).

3072. Storia filofofica, e politica della navigazione, del commercio e delle colonie degli antichi nel Mar nero. opera di V. A. Formaleoni. *Venezia,* 1788. 2 vol. in-8. grand papier. Dem. rel. de veau bleu.

3073. Des Anciens Gouvernemens fédératifs, et de la Légiflation de la Crete, confidérés fous les rapports et réfultats de toutes les Affociations politiques (par De Sainte-Croix). *Paris,* 1804. In-8. Dem. rel. de mar. rouge. Non rogné.

3074. Polydori Vergilii vrbinatis de rervm inuentoribus libri octo, per autorem fumma cura recogniti et locupletati. Dices fupremam manum impofitam. *Bafileae, ex aedibus Joan. Frobenii,* menfe Jvlio, anno MDxxv. In-fol. Veau brun, à compartiments.

Exemplaire Grolier. On a collé fur la garde du volume, en face du frontifpice, une quittance manufcrite & fignée, de Grolier, comme *tréforier & receveur des finances du Roi en la duché de Milan,* fignée du 23 Avril 1512.

3075. Livre Premier des Antiqvitez Perdves, et fi au vif repréfentées par la plume de l'illuftre Jurifconfulte G. Pancirol qu'on en peut tirer grand profit de la perte ; Accompagné d'un Second, Des chofes nouuellement inuentées & auparauant incongneües. En faveur des Curieux Traduits tant de l'Jtalien que de Latin en François. Par Pierre De La Nove. *A Lyon, Par Pierre Rovffin.* MDcxvii. In-12. Veau fauve, fil. tr. dor. (*Koehler*).

3076. Origine des découvertes attribuées aux modernes..... par Dutens. *A Paris, chez la veuve Duchefne,* 1767. 2 tom. en un vol. in-8. Reliure molle en mar. rouge, fil. tr. dor.

HISTOIRE DE LA NOBLESSE. DES ORDRES DE CHEVALERIE.

TOURNOIS. ART DU BLASON

3077. Traité de la Nobleffe, et de toutes les différentes efpèces. Nouvelle édition, augmentée des Traités du Blafon des Armoiries de France : de l'origine des noms : et du Ban et Arrière-Ban, par De la Roque. *Rouen,* 1735. In-4. Veau marbré.

3078. Lettres fur l'origine de la Nobleffe Francoife, et fur la maniere dont elle s'eft confervée jufqu'à nos jours (par Mignot de Buffy). *A Lyon, chez Jean De Ville,* 1763. In-12. Veau racine, filets.

3079. Dictionnaire des ennobliffemens, ou recueil des lettres de Nobleffe, depuis leur origine, tiré des Regiftres de la Chambre des Comptes et de la Cour des Aides de Paris. *Paris*, 1788. 2 tom. en un vol. in-8. Dem. rel. de mar. rouge. Non rogné.

3080. Liure de Lordre du trefchreftien Roy de France Loys vnziefme. A Lhonneur de fainct michel. In-4. Mar. noir, compartiments, tr. dor. Reliure du temps.

Manufcrit fur vélin, d'une belle écriture ronde, enrichi d'une grande miniature repréfentant une réception de Chevalier.

3081. Catalogve des Chevaliers de l'Ordre dv Collier de Savoye, dict de l'Annonciade, avec levrs noms, fvrnoms, qvalitez, Armes, et Blafons; dépuis fon inftitution par Ame VI Comte de Savoye, Dvc de Chablais, et d'Aofte, &c. furnommé le Comte Verd, fondateur, et premier chef, et fouverain d'iceluy, en l'an Mille trois cens foixante-deux, iufques a Son Alteffe Royale Charles Emmanuel II a préfent regnant Duc de Savoye, Prince de Piémont, Roy de Chipre, &c. chef et fouuerain de l'Ordre. Juftifié par les Anciens, et nouueaux ftatuts, et regiftres de l'Ordre; par l'obituaire des Chevaliers, qui eft en la Chartreufe de Pierre Chaftel en Bugey, autrefois Chapelle de l'Ordre; par l'hiftoire de Breffe de Monfieur Guichenon; et par autres memoires dignes de foy. par Francois Capre. *A Tvrin, chez Barthelemy Zavatte.* MDCLIV. In-fol. Grand papier. Veau fauve.

3082. Monuments des Grands-Maîtres de l'Ordre de faint Jean de Jérufalem, ou Vues des Tombeaux élevés à Jérufalem, à Ptolémaïs, à Rhodes, à Malte, &c., accompagués de notices hiftoriques par le Vicomte de Villeneuve Bargemont. *Paris*, 1829. 2 vol. in-8. Figures. Dem. rel. de maroquin rouge.

3083. Le combat de fevl a fevl en camp clos : par Meffire Mure de la Beravdiere, cheualier de l'Ordre du Roy, Capitaine de cinquante hommes d'armes de fes Ordonnances, Seigneur de Mauuoifin. Auec plufieurs queftions propres à ce fujet. Enfemble le moyen au Gentil-homme d'euiter les querelles, et d'en fortir avec fon hōneur. *A Paris, chez Abel*

l'Angelier. MDcviii. In-4. Maroquin rouge, fil. tr. dor.
(*Koehler*).

3084. Le pas des armes de larc triũphal ou tout hõneur eſt
enclos tenu a lentree de la royne a Paris en la rüe ſainct
Anthoine, pres les tournelles par puiſſant Seigneur mon-
ſeigneur le duc de Valloys et de bretaigne | ou tous nobles
hommes doiuẽt prendre leur adreſſe | pour acquerir loz |
honneur et gloire militaire redige et mis par eſcript par
montioye roy darmes ſelon les compaignies et iournees ainſi
cõme le tout a eſte fait Nouuellement imprime a paris. *Ilʒ
ſe vent a paris en la grãt Salle dù palais au ſecond pillier en la
bouticle de galiot du pre | libraire leɋl la fait imprimer par
permiſſion du roy noſtre ſire appert par ſes lettres patentes.* Cy
finiſt le pas des armes..... *acheue d'imprimer* le xxiii iour de
Decembre mil cinq cens et xxiiii. Petit in-4. goth. de 5o ff.
A-L par 4. M de 6. Mar. rouge, fil. tr. dor. (*Bauʒonnet
Trautʒ*).

Ce volume, d'une grande rareté, eſt auſſi très-curieux ſous le rapport hiſtorique.
Il contient la relation & joutes & paſſes d'armes qui eurent lieu à Paris, à l'hôtel des
Tournelles, pour célébrer le mariage de Louis XII avec Marie d'Angleterre. François d'Angoulême, héritier du trône, en fut le principal tenant. Le roi d'armes Montjoye, auteur de cette relation, décrit avec ſoin toutes les magnificences de coſtumes
& d'équipements étalées daus ces joutes, non-ſeulement par *Monſieur,* mais encore
par les autres princes & ſeigneurs qui joutèrent avec ou contre lui. Entre les plus célèbres, on remarque François de Bourbon, duc de Chatelleraut, le duc d'Alençon,
premier mari de la célèbre Marguerite, les ducs de Guiſe & de Nevers, l'infant d'Ar-
ragon & le duc de Suffolck ; puis encore : Montmorency, Lautrec, Bonivet, le bon
chevalier Bayard. Ce dernier, pendant les huit journées que durèrent ces paſſes
d'armes, prit part à pluſieurs ſortes de combats. Montjoye a enregiſtré avec ſoin le
nom de tous ceux qui ont figuré dans ces jeux chevalereſques, en indiquant le plus
ou moins d'habileté qu'ils y ont déployée ; ainſi, *Monſieur de Bayard a couru contre
Dampierre, & ont tous deux croiſé.* — *Bonyvet a couru Broſſe, & ont tous deux rompu.*
— *Le duc de Suffock a couru contre Montafillan, & n'ont rien fait.* Ces détails, qui
ſont très-multipliés, donnent à cette relation beaucoup d'importance. Ils peuvent
être conſultés comme des tablettes généalogiques de la cour de Louis XII & de
François Iᵉʳ.

Cette relation n'eſt pas indiquée dans les meilleurs catalogues de livres relatifs à
notre hiſtoire. Le père Lelong, t. ii, p. 714 de la Bibliothèque hiſtorique de la France,
nº 26170, & M. Brunet, tom. ii, p. 736 du Manuel du libraire, citent une édition
de format in-8. goth. de 4 ff., qui eſt relative au *Pas des Armes* de la rue Saint-
Antoine, mais qui paraît complètement différente de ce volume.

(*Note de* Mʳ L. R. DE L.)

3085. Le Livre de Tournois de Rüxner. Titre et texte en
Allemand. avec la grande planche pliée. *Francfort ſur Mayn,
Feyrabends,* MDLxxviii. 2 parties en un volume in-fol.

Figures fur bois de Joft Amman. Mar. amarante, tr. dor.
(*Trautʒ Bauʒonnet*).

1ʳᵉ partie, 4 ff. préliminaires, titre compris, & 2 ff. blancs. 236 ff. chiffrés 1 à 236
& 4 ff. non chiffrés, dont le dernier blanc.

2ᵉ partie, 4 ff. préliminaires, fignés AA. 81 ff. chiffrés 1 à 81 & un feuillet blanc.
La foufcription de la feconde partie porte la date de MDLxxix.

La grande planche pliée eft entre les ff. 16 & 17 de cette feconde partie.

3086. Hiftoire des Ducs de Bourbon Comtes de Forez en
forme d'annales fur preuves authentiques... par Jean Marie
De la Mure. publiée pour la première fois d'après un manufcrit de la Bibliothèque de Montbrifon portant la date
de 1675..... (par Régis de Chantelauze).
Lyon, imprimerie de Louis Perrin, 1860 et 1866. Trois vol.
grand in-4. br.

Don de l'éditeur. Exemplaire fur papier vergé, teinté à l'antique.

3087. Véritable Difcours de la naiffance et vie de Monfeigneur le Prince de Condé jufqu'à préfent, à lui dédié par
le Sieur de Fierbrun. Publié d'après le manufcrit de la Bibliothèque Impériale, par E. Halphen. Suivi de lettres inédites
de Henri II Prince de Condé. *Paris,* 1861. Petit in-8. br.

3088. Hiftoire des Ducs de Guife, par René De Bouillé.
Paris, 1849. 2 vol. in-8. br.

3089. Difcours de l'origine des Armes, et des termes recevs
et vfites pour l'explication de la fcience Heraldique. orné
et enrichy des Blafons des Roys, Princes, et autres Maifons
illuftres de la Chreftienté (par Claude Le Laboureur). *A
Lyon, cheʒ Gvillavme Barbier.* MDcLVIII. In-4. Veau fauve.

3090. Dictionnaire heraldique contenant les Armes et Blazons des Princes, Prelats, Grands Officiers de la Couronne
et de la Maifon du Roy, des Officiers de l'Epée, de la Robe,
et des Finances, Avec celles de plufieurs Maifons et Familles

du Royaume exiſtantes. Augmenté de pluſieurs Armes et des noms des Provinces dont les Maiſons ſont originaires. par Jaques Chevillard le fils Généalogiſte. *Paris*, 1723. In-12. Veau marbré.

3091. Dictionnaire héraldique, contenant tout ce qui a rapport à la ſcience du Blaſon, avec l'explication des termes; leurs étymologies, et les exemples néceſſaires pour leur intelligence. Suivi des Ordres de Chevalerie dans le Royaume et de l'Ordre de Malthe. par G. D. L. T. (Gaſtellier de la Tour). *A Paris, chez Lacombe*, 1774. In-12. Veau marbré.

3092. Armorial de France, ou 1254 Blaſons des familles Françoiſes tant Eccléſiaſtiques que Laïques, par C. Mugnerey, graveur.　　　Petit in-fol. veau marbré. Privilége daté de 1603.

Volume compoſé de 129 feuillets, contenant chacun ſix Blaſons. Les ff. 107 & 108 ſont répétés. Il y manque les ff. 12, 25, 30, 52, 53, 73, 80, 84, 118, 130, 141, 146 à 151, 164, 174, 175, 186, 190, 197 & 198, ſans qu'il paraiſſe qu'on en ait arraché un ſeul. On a ajouté, à la fin du volume, un feuillet contenant 87 Blaſons.

3093. Armorial véritable de la nobleſſe qui a été reconnue et approuvée dans la recherche qui en a été faite en 1667 et 1668, pour les pays de Lyonnois, Forez et Baujolais, imprimé à Lyon en 1668, par C. Brunand. Pet. in-4.

Manuſcrit moderne, d'une jolie écriture. 192 Blaſons coloriés, & Table.

3094. Jndice armorial ou ſommaire explication des mots uſitez au Blaſon des Armoiries, par Lovvan Geliot. *Paris, Billaine*, 1635. = Le Roy d'Armes, ou l'art de bien former, charger, briſer, timbrer, et par conſequent blaſonner toutes les ſortes d'Armoiries, par le P. Marc Gilbert Devarennes. *Paris, Billaine*, 1635. In-fol. Veau fauve. Dans toutes ſes marges.

A l'*Indice*, les feuillets contenant les pages 15 & 16, 107 & 108, ſont doubles. Après le feuillet 223 vient un autre feuillet paginé deux fois 223.

3095. La vraye et parfaite ſcience des Armoiries. ov l'Indice armorial de feu maiſtre Lovvan Geliot... augmenté... par Pierre Palliot. *Dijon et Paris*, 1644. In-fol. Veau brun.

3096. L'origine et vraye pratique de l'art du Blaſon, avec le Dictionnaire Armorial, ou Explication des termes Latins de l'art, par le R. P. P. M. D. L. C. D. J. (le Rev. Père Philippe Monet, de la Compagnie de Jéſus). *A Lyon, cheʒ Jean Bapt. Devenet*, MDCLIX. In-4. Blaſons coloriés. Veau brun.

3097. Le Blaſon des Armoiries, Avquel eſt monſtree la maniere que les Anciens et Modernes ont vſé en icelles..... par Hieroſme De Bara. = L'eſtat et Comportement des Armes... par M. Jean Schohier. = Le Tableau des Armoiries de France... par Philippe Moreau. *A Paris, Cheʒ Rolet Boutonné*, MDCXXVIII-XXX. In-fol. Vignettes et Blasons peints en or, argent et couleurs. Veau brun à riches compartiments, tr. dor. Anc. reliure.

L'ancien propriétaire de ce volume a détaillé, ſur le feuillet de garde, ce que lui a coûté l'achat & l'enluminage de ce livre.

3098. L'art heraldique, contenant la maniere d'apprendre facilement le Blaſon, enrichi de figures néceſſaires pour l'intelligence des termes. *A Paris, cheʒ Charles Oſmont*. DCLXXII. Figures coloriées. In-12. Veau brun.

3099. Le véritable art du Blaſon, ou l'uſage des Armoiries. *A Paris, cheʒ Eſtienne Michalet*. MDCLXXIII. = Les recherches du Blaſon. Seconde partie de l'uſage des Armoiries. *A Paris, cheʒ le même*. MDCLXXIII. 2 volumes in-12.

Quoique au bas du dernier feuillet du 2ᵉ volume on liſe un renvoi : *Table*, le volume eſt bien complet, comparé avec d'autres exemplaires qui portent le même renvoi, ſans qu'on trouve une Table.

3100. Le Ceſar Armorial; ou Recueil des Armes et Blaſons de tovtes les illvſtres, principales et nobles Maiſons de France..... par G. D. G. *A Paris, cheʒ la veufue Jean Petit-Pas*. MDCXLV. In-12. Vélin.

3101. Traité ſingulier du Blaſon, contenant les regles des Armoiries. Des Armes de France et de leur Blaſon, ce qu'elles repreſentent, et le ſentiment des Auteurs qui en ont écrit, par Meſſire Gilles-André De La Roque, Chevalier, ſieur de La Lontiere. *A Paris, cheʒ Sebaſtien Mabre-Cramoiſy*. MDCLXXIII. In-12. Mar. rouge, filets à compart. tr. dor. Anc. reliure.

3102. Le blaſon des armes | avec les armes des princes et ſeignṝs de Fràce. Auquel eſt de nouueau adjoute les armes des empereurs et roys chreſtiens. *On les vend a Lyon en la maiſon de Claude nourry | dict le prince.* Cy finiſt le blaſon des armes *nouuellement imprime à Lyon par Claude nourry | dict le prince : demourant pres noſtre dame de Côfort.* Sans date. Pet. in-8. demi-goth. de 16 ff. Blaſons coloriés. Mar. vert, tr. dor. (*Trautƺ Bauƺonnet*).

3103. Le blaſon des couleurs en armes | liurees ƺ deuiſes. Liure tres vtille et ſubtil pour ſcauoir et congnoiſtre dune et chaſcune couleur la vertu ƺ propriete. Enſemble la ma- niere de blasõner les dictes couleurs en pluſieurs choſes pour apprendre a faire liurees deuiſes et leur blaſon. *Nou- uellement imprime. On les vend a Lyõ pres noſtre dame de con- fort cheulƺ Oliuier Arnoullet.* Sans date. Petit in-8. demi- goth. fig. ſur bois. Mar. vert, tr. dor. (*Trautƺ Bauƺonnet*).

3104. Le blaſon des couleurs en armes : liurees ƺ deuiſes : tres vtille ƺ ſubtil pour ſcauoir ƺ congnoiſtre dune ƺ chaſ- cune couleur la vertu ƺ propriete. Item pour apprendre la maniere de blaſonner les dictes couleurs en pluſieurs cho- ſes .·. Et pour faire liurees : deuiſes : ƺ leur blaſon. *Nouuel- lemẽt imprime,* ſans lieu ni date. Petit in-12. goth. Vélin blanc, tr. dor. (*Bauƺonnet*).

Voir aux Polygraphes (tome ſecond), Méneſtrier : ſes ouvrages ſur l'art du blaſon.

3105. Le Blaſon des couleurs en Armes Livrees et Deviſes par Sicille herault d'Alphonſe V Roi d'Aragon, publié et annoté par Hippolyte Cocheris. *Paris, Aubry,* 1860. Petit in-8. papier vergé, colorié à la gouache.

3106. Abrégé nouveau et méthodique du Blaſon pour ap- prendre facilement et en peu de jours tout ce qu'il y a de plus curieux, et de plus néceſſaire en cette ſcience (par Planelly de La Valette). *A Lyon, cheƺ Thomas Amaulry,* 1705. In-12.

3107. Armorial des Principales Maiſons et Familles du Royaume, particulièrement de celles de Paris et de l'Jſle de France. Contenant les Armes des Princes, Seigneurs, Grands Officiers de la Couronne & de la Maiſon du Roi, celles des Cours Souveraines, &c., avec les explications de tous les Blaſons, par Dubuiſſon. *Paris, Guerin & Dalatour.* 1757. 2 vol. in-12, veau fauve.

3108. Armorial de l'ancien Duché de Nivernais. Suivi de la
lifte de l'affemblée de l'Ordre de la Nobleffe du baillage de
Nivernais aux Etats-Généraux en 1789. par George de Soultrait. *Paris*, 1847. *impr^e de Farine, à Roanne*. In-8. Papier
de Hollande.

3109. Armorial général du Lyonnais, Forez et Baujolais, contenant les Armoiries des Villes, des Corporations, des familles nobles et bourgeoifes actuellement exiftantes ou
éteintes, des Archevêques, des Gouverneurs et des principaux fonctionnaires publics de ces Provinces. Le tout compofé de 2,080 blafons deffinés, et d'environ 3,000 notices
héraldiques et généalogiques   *Lyon*, 1860.
Pet. in-fol. cart. en papier moeré vert. Non rogné.

COSTUMES, ARTS ET MÉTIERS,

MEUBLES ET HABITS DE DIFFÉRENS PEUPLES

3110. Habitus Praecipuorum Populorum tam Virorum quàm
Foeminarum, olim fingulari Iohannis Weigelii Proplaftis
Norimbergenfis arte depicti & excufi, nunc verò debitâ
diligentiâ denuò recufi.

A la répétition en Allemand de ce titre, on lit, en Allemand :

à Ulm, che₂ Goerlin, libraire. imprimé par Kuhner, dans cette
ville, 1639. In-fol. Fig. fur bois. Mar. raifin de Corinthe,
large dentelle or et fers à froid, tr. dor. (*Simier l'A"*).

2 ff. préliminaires, titre compris. 219 figures numérotées, formant autant de feuillets, plus un feuillet portant une grande compofition allégorique, ayant en tête l'Aigle
impérial, & au bas un monogramme.

3111. Omnivm fere Gentivm, noftraq'₃ actatis Nationum,
Habitus & Effigies. In eofdem Ioannis Slaperij Nerzebenfis
Epigrammata. Adiecta ad fingulas Icones Gallica Tetraf-
ticha. *Antverpiae, Apud Ioannem Bellerum, fub Aquila aurea*.

MDLxxii. *Ioanni Bellero Excvdebat Aegidius Radaeus Antverpiae.* Anno 1572. In-8. Fig. f. bois. Mar. rouge, fil. tr. dor. (*Trautz Bauzonnet*).

3112. Diverfarv Nationum habitvs centum, et quattuor iconibus in aere incifis diligenter expreffi. item Ordines dvo proceffionum Vnvs Svmmi Ponteficis, Alter Sereniff. Principis Venetiarum. opera Petri Bellerii, Apud Alciatum Alcia: et Petrum Bellerium. *Patauij.* 1589. Suit la dédicace de Pietro Bertelli all' illuftr. Signore Giovanni Rehinardo Conte di Hanau & Sig. di Liechtemburg, datée du 20 fev. 1591. — To. Alter. Diverfar. Nationvm Habitvs nvnc primvm editi à Pe. Bertellio quib. addita funt Ordo Romani Imperii ab Othone II inftitutus poma regis Tvrcarvm & Perfonatorvm vertitvs varij. quorum eft in Italia frequens ufus. *Patauii* 1592. 2 parties en un vol. pet. in-8. cartonné en toile, fur onglets, et étiqueté. Non rogné.

Magnifique exemplaire, à toutes marges, d'un Recueil très-rare. Figures avec toutes les pièces de rapport.

La note qui fuit eft de M. Jules Godé, extraite du catalogue de fa collection de livres, dont la vente a eu lieu en décembre 1850, N° 1374, où j'ai acquis ce volume au prix de 205 fr., fans les frais :

« M. Leber dit que la feconde partie de ce Recueil, de-
« meurée longtemps inconnue aux bibliographes modernes,
« n'a été récemment décrite dans le *fupp. au Manuel* que d'a-
« près fon exemplaire. M. Leber rectifie quelques erreurs de
« M. Brunet, et je crois devoir le rectifier à mon tour par la
« defcription de mon exemplaire, le plus complet qu'on ait
« encore rencontré. »

Le titre gravé avec la date *Patavij,* 1589, eft fuivi d'une planche d'armoiries, et de 2 feuil. prélim. contenant la dédicace. Puis les 104 planches numérotées, non compris la grande proceffion du doge, figure pliée qui doit être placée après la pl. 74. M. Leber, et M. Brunet n'en indiquent qu'une.

La feconde partie fe compofe d'un titre gravé avec la date de 1591, une planche d'armoirie, et 2 feuil. d'épître dédicatoire à Louis de Hutren, datée des Ides de fevrier 1591, et enfin de 78 planches numérotées, non compris la grande *Pompe du roi des Turcs,* figure pliée qui doit être placée après la pl. 38. Cette indication n'eft donnée ni par M. Brunet, qui compte 68 pl., ni par M. Leber qui en compte 69 d'après fon exemplaire, en ajoutant qu'il pourrait ne pas être complet.

Mais ce n'eſt pas ſeulement par ces trois grandes figures pliées et cette augmentation de planches que l'exemplaire ici décrit eſt remarquable ; c'eſt ſurtout par ces *pièces de rapport* que je n'ai rencontrées encore dans aucun autre. Ces *pièces de rapport* doivent ſe trouver aux fig. 7, 31 et 80 de la première partie ; 16 et 63 de la ſeconde.

La fig. 7, *Cortigiana veneta*, donne l'explication d'une cu-rieuſe mode obſervée par les courtiſanes vénitiennes. Le coſ-tume de femme cache un autre vêtement d'homme, et des ſouliers, montés ſur des ſemelles, exhauſſent la figure de près de deux pieds. La pièce de rapport eſt placée au bas du cor-ſage, et repréſente la jupe de la robe.

Fig. 31. *Nobilis neapolitana;* la pièce de rapport forme le rideau de la litière où l'on voit une femme aſſiſe.

Fig. 80. *Sponſa Turca.* C'eſt la plus grande et la plus curieuſe des pièces de rapport. Elle forme le rideau d'une tente portée par un cheval, et ſupportée par quatre hommes. Elle eſt preſque auſſi grande que la planche elle-même, et repète, en les par-tageant, les figures qu'elle couvre.

La fig. 16 de la ſeconde partie, *Ritus Hetruriae*, repréſente un mulet portant des paniers où ſont aſſis deux perſonnages. La pièce de rapport eſt compoſée d'un rideau qui les recouvre. C'eſt auſſi un rideau qui forme la pièce de rapport de la fig. 63, et qui cache la gondole où ſont trois femmes aſſiſes. Cette pl. 63 et celle 64, les ſeules ſignées du recueil, donnent le nom de *Franco*.

3113. Diverſarvm Gentivm Armatvra Eqveſtris. Vbi fere Eu-ropae Aſiae atq3 Africae equitandi ratio propra expreſſa eſt. Abrhamo Bruynus Excude.

Titre gravé. Au feuillet ſuivant eſt gravée la dédicace avec la date de 1576. Sui-vent 8 ff. liminaires, & 52 planches numérotées.

In-4. Veau jaſpé.

3114. Diverſarum Gentium armatura equeſtris. *Abrahamus Bruynus excudebat.* In-4. Veau brun.

Cet exemplaire forme un recueil de 81 planches, au lieu de 52 du précédent, moins la 1ʳᵉ de la 54ᵐᵉ.

3115. Cleri totius Romanae Eccleſiae ſubiecti, ſeu, Pontifi-corvm Ordinvm Omnivm Omnino Vtrivſqve Sexvs, Habitvs, Artificioſiſſimis figuris, quibus Franciſci Modii ſingula octoſ-

ticha adiecta funt, nunc primùm à Ivdoco Ammanno expreffi : Neqve Voquam antehac fimiliter editi. Addito Libello
fingvlari eiufdem Francifci Modij Brug. in quo eiufque ordinis Ecclefiafti origo, progreffus & veftitus ratio breuiter ex
variis hiftoriis delineatur. *Francoforti fumptib. Sigifmundi*
Feyrabendij. 1585. *Francoforti ad eMoenvm, ex officina eMar-*
tini Lechleri, impenfis Sigifmvndi Feyrabendij. MDLxxxv.
2 parties en un vol. in-4. fig. fur bois. Maroquin raifin
de Corinthe, filets et dent. à compartiments, tr. dor.
(*Simier l'eA"*).

3116. Etat et ordre de la fainte Eglife Romaine..... origines,
regles, ufages et coftumes des Ecclésiaftiques, Chevaliers et
autres..... *Francoforti,* 1585.

Ce livre eft l'édition, avec texte Allemand, de J. A. Leonicus, de l'*Habitus Ponti-*
ficorum.

In-4. réglé. Fig. fur bois de Joft Amman. Mar. brun, tr.
dor. (*Duru*).

3117. Stand und Orden der H. Röm. Catholifcher Kirchen.
— Frauenzimmer-Trachten, worinen zu fchen von allerley
fchonen Kleidungen und Trachten der Weiber. *Franckfurt*
am eMayn, bey Johannem Steidbecken, Kupfferftechern. Sans
date. 2 parties en un vol. in-fol. vélin.

Ce font les célèbres gravures de Joft Amman. 6 & 6 figures fur la page. Les
habits du clergé Romain fe compofent d'un titre & de 16 feuillets. Les coftumes de
femmes fe compofent d'un titre & de 18 feuillets ; ils ne font imprimés que d'un feul
côté.

Edition fort rare ; on n'en rencontre prefque jamais de complète.

3118. Gunaeceum, Siue Theatrvm Muliervm, in qvo Praeci-
piarvm omnivm per Evropam in Primis, Nationvm, Gentivm, Populorvmque, cvivfcvnque dignitatis, ordinis, ftatus,
conditionis, profeffionis, aetatis, foeminens habitus videre
eft, Artificiofiffimis nvnc primvm figuris, neq, ufquam antehac pari elegantia editis, expreffos à Jodoco Amano: Additis ad fingvlas figvras fingvlis octoftichis Francifci Modii
Brug. Opvs evm ad foeminei fexvs commendationem, tum
in illorum maximi gratiam adornatum, qui à longinquis
peregrinationibus inftitutae vitae ratione, aut certis alijs de
caufis exclufi, domi interim variorum populorum habitu, qui
eft morum indicium tacitum, delectantur. MDLxxxvI.
Francoforti, impenfis Sigifmundi Feyrabendij. In-4. Fig. f. bois.

Mar. raifin de Corinthe, fil. et dent. à compartim., tr. dor. (*Simier l'A"*).

3119. Joft Amant. Im Frawenzimmer. *Francofurti*. 1586. C'eft le Theatrum Mulierum qui précède, avec texte Allemand. In-4. Mar. rouge, tr. dor.

3120. Theatrv̄ Mvliervm five Varietas atq3 Differentia Habituum, Foeminei Sexus diverfarum Europae Nationum hodierno tempore vulgo in vfu, à Wenceflao Hollar, &c Bohemo delineatae et aqua forti aeri fculptae Londini A° 1643. London, printed by Henry Overton.

Second titre gravé, dans un cartouche, au bas duquel on lit :

Joan. Meyffens exud;

Aula veneris five Varietas Foeminini Sexus diverfarum Europae Nationum, differentiaq habituum ut in qvalibet Provinia funt apud illas nunc vfitati, quas Wenceflaus Hollar Bohemus, ex maiori parti in ipfis locis ad vivas delineavit, caeterafq3 per alios delineari curavit, & Aqua forti aeri infculpfit, *Londini* A° 1644. Petit in-8. maroquin rouge, tr. dor.

Dans ce charmant petit Recueil on compte 87 planches. On y trouve trois coftumes de Religieux & un de Religieufe. Sur ces quatre pièces, deux portent la date de 1663. Toutes les autres ont la date de 1643, à l'exception de quelques-unes qui ne portent aucune date. Il eft probable que ces planches (toutes collées fur fond) comprennent les 74 figures compofant les deux recueils cités dans le *Manuel* de M. Brunet, & que les 13 autres font tirées d'un autre ouvrage, moins connu, de Hollar.

3121. De gli Habiti Antichi, et Moderni di diuerfe parti del Mondo libri dve, fatti da Cefare Vecellio, et con difcorfi da lui dichiarati. *Jn Venetia*, MDXC. *Preffo Damian Zenaro*. In-8. Fig. fur bois. Veau fauve, dent. tr. dor.

3122. Habiti Antichi, et Moderni di tutto il mondo. Di Cefara Vecellio. Di nuouo accrefciuti di molte figure. Veftitus Antiquorum, recentiorum'que totius Orbis. Per Svlftativm Gratilianum Senapolenfis Latinè declarati. Jn Venetia, Appreffo i Seffa. *Jn Venetia*, MDXCVIII. *Appreffo Gio. Bernardo Seffa*. In-8. Fig. f. bois Mar. rouge, compartiments, tr. dor. (*Niedrée*).

3123. Habiti Antichi Ouero Raccolta di figvre delineate dal Gran Titiano, e da Cefare Vecellio fuo fratello, diligentemente intagliate, conforme alle nationi del Mondo. *in Ve-netia, Per Gombi, & La Noù.* MDcLXIV. In-8. Fig. f. bois. Veau fauve, fil. tr. dor.

3124. Recueil de la diuerfité des habits, qui font de prefent en vfage, tant es pays d'Europe, Afie, Afrique et Jfles fau-uages. Le tout fait apres le naturel. *A Paris, de l'imprimerie de Richard Breton, Rue S. Jaques, à l'Ecreuiffe d'argent.* 1564. In-8. Fig. fur bois. Mar. rouge, compartiments, tr. dor. (*Niedrée*).

3125. Recueil de la diuerfité des habits, qui font de prefent en vfage, tant es pays d'Europe, Afie, Afrique & Jfles Sau-uages, Le tout fait apres le naturel. *A Paris, Par Francois des prez demourant Rue de Montorgueil, au bon Pafteur.* 1567. In-8. Fig. f. bois. Mar. biftre, fil. tr. dor.

3126. Des Habits, Moevrs, Ceremonies, façons de faire An-ciennes & Modernes du Monde, traiĉté non moins vtile, que deleĉtable, plein de bonnes & fainĉtes inftruĉtions. Auec les Pourtraiĉts des Habits taillés par Jean de Glen Liegeois, diuifé en deux parties. *A Liege, Chez Jean de Glen, demourant en la rue dite Gerarderie à l'efcu d'or.* 1601. Marque aux trois glands. In-8. Fig. fur bois. Mar. vert, fil. tr. dor. (*Simier*). Grandes marges, témoins.

3127. Apperçu fur les variations du coftume militaire dans l'Antiquité et au Moyen-Age, par André Steyert. publié aux frais de M. Yemeniz. *Lyon, impr^e de Louis Perrin,* 1857. In-8. Figures coloriées.

Tiré à petit nombre & non mis en vente.

3128. Un mobilier hiftorique des XVIIe et XVIIIe fiècles (orné de planches) par P. L. Jacob bibliophile (Paul Lacroix). *Paris,* 1865, grand in-8. cart. Non rogné.

3129. Jnſignia ſacrae caeſareae maiſtatis, Principvm Electo-
rvm, ac aliqvot illvſtriſſimarvm, illuſtrivm, nobilivm, et
aliarum familiarvm, formis artificioſiſſimis expreſſa : addito
cuiq3 peculiari ſymbolo, et carmine octaſicho, quibus cum
ipſum inſigne, tum ſymbolum, ingenioſe, ac ſine vlla arro-
gantia vel mondacitate, liberaliter explicantur. *Francofvrti
ad Moenvm.* 1579. In-4. Fig. ſur bois. Mar. bleu à compart.
tr. dor. (*Niedrée*).

Très-bel exemplaire d'un livre très-rare, ſans réclames ni ſignatures, 136 feuillets
non chiffrés. 1er cahier de 4 ff. 27 cah. par 4 ff. ſignés *. 20 ff. ſans aucun ſigne.
Enſuite 2 cah. ſignés *.

Ce curieux volume contient 245 figures d'une exécution très-remarquable. Prefque toutes ſont ſignées de différents monogrammes de Joſt Ammon, & quelques-
unes de Chriſt. Stimmer, qui a imité, avec ſuccès, le genre de ce célèbre graveur.
A la fin ſont 56 écuſſons divers, préparés pour recevoir des blaſons. Vient enſuite,
au recto du dernier feuillet, la ſouſcription :

Impreſſum Francoforti ad Moenum, apud Georgium Corvi-
num impenſis Sigiſmundi Feyrabendij. M D L xx ix.

3130. Les généalogies et anciennes deſcentes des Foreſtiers
et Comtes de Flandre, avec brieves deſcriptions de levrs
vies, et geſtes, le tovt recveilly des plus veritables, appro-
vees et anciennes croniqves et annales qui ſe trovvent, par
Corneil Martĩ Zelandoÿs. et ornees de portraicts, figvres
et habitz ſelõ les facons et gviſes de levrs temps, ainſi
qv'elles ont eſte trovvees ès plvs anciens tableavx, par Pierre
Balthaſar, et par lvimeſme miſes en lvmiere. *En Anvers chez
Jean Baptiſt Vrints.*
*A Anvers, imprimé par Jaqves Meſens, povr Baptiſte Vriendt,
demevrant en la rue dicte la Lombarde Veſte, a l'Eſcv d'Eſpaigne.*
1598. A-Q par 4 ff. In-fol. Mar. rouge, filets et coins,
gardes en peau vélin, tr. dor. (*Bauzonnet*).

3131. Généalogies des Foreſtiers et Contes de Flandres auec
brieue hiſtoire de leurs vies : recueillies de plus veritables et
ancienes chroniques par Corneille Martin : ornées de vrais
pourtraicts et habits a la facon de leurs temps, tirés des
anciens tableaux par Pierre Balthaſar. *A Anvers ſe vendent
en la bovtiqve Plantinienne* M D cxii. *Imprime par Robert
Bruneav, pour Baptiſte Vrient, demevrant en la rve, dicte la
Lombarde veſte a l'Eſcv d'Eſpaigne. l'an* M D cviii. In-fol.
Mar. vert, tr. dor. (*Trautz Bauzonnet*).

Reproduction des figures de l'édition de 1598, mais avec des différences dans le texte. Augmentée de la figure du trentequatrième Comte de Flandre. Albertus et Isabella Clara Evgenia Auftriaei Brabandiae Dvces.

3132. Genvinae Eicon Dvcvm Bavariae ex principe familia Bavarica illuftriſſima et vetru'ſtiſſima oriu'ndoru'm. ab anno Virginei partꝙ ccccxcii Vſꝗ ad annu'm MDcxvi. Adiectis qu'oru'ndam Vxorem eiconibu's. a Iodoco Ammano pictore Noribergenſi factae & aeri infiſae. In-fol. Dem. rel. de veau fauve.

8 1 planches de portraits, accompagnées d'une explication manuſcrite en allemand. 2 portraits ajoutés, indépendants de cette collection.

3133. Icones Ducum Bavariae. Collection, fans date, de 79 planches, différente de celle qui précède, également gravées par Joſt Amman. In-fol. Cuir de Ruſſie, double large dentelle, tr. dor. (Lebrun).

3134. Patriciarvm ſtirpivm in S. Rom. Imp. vrbe Avgvfta vindelicor. quarum quaedam, à iv & vltra, feculis hucufque fuperftites : et earum foldalitatis, quotquot hoc anno familiae in id album adfcriptae reperiuntur c 11. & ingenui ordinis ciuium infignia. Caelo Raphaëlis Cuftodis expreſſa. Adiectis breuib. eulogiis. Augsburg, Chriftoff Mang, 1613. Figures accompagnées d'explications en Latin et en Allemand, en vers. In-4. Maroquin vert, tr. dor. (Trautꝲ Bauꝲonnet).

3135. Armes et Coftumes des Bannerets du Saint Empire. titre et texte en allemand. Francfort fur Mayn, Feyrabends. MDLxxix. In-fol. 4 ff. préliminaires. A-Y par 4 ff. Le dernier blanc. Mar. amarante, tr. dor. (Trautꝲ Bauꝲonnet).

3136. Nobles et Cavaliers. Artliche und Kunftreich figurn..... durch den Kumftreichen Joſt Amon wohnhafft zu Nornberg geriſen. Getruckt ꝲu Frankfort am Mayn / Ben Martin Lechler / in Verlegung Sigmund Feyrabend. Anno MDLxxxiiii. A-Y par 4 ff. In-4. oblong. Maroquin rouge, fil. tr. dor. (Trautꝲ Bauꝲonnet).

3137. Bericht und Antzaigen..... Lifte et repréfentation des Seigneurs de la ville d'Augsbourg, avec la defcription de leurs armoiries, depuis l'an 550 jufqu'en 800. Augsbourg, 1550. In-fol. 157 belles gravures fur bois, repréfentant autant de chevaliers, avec Armes et armures, gravées par (C) W fur les deffins de Schaufelein ou d'Ammon. Mar. vert, dentelle à compartim., fleurons et coins, tr. dor. Riche reliure de *Niedrée*.

3138. Principes Hollandiae et Zelandiae, Domini Frifiae : Auctore Michaële Vormero. Cvm genuinis ipforum iconibus, à Theodorico Aquitaniae ad Iacobum Bauariae, Diuerforum quondam pictorum opera, ad viuum fedulò fcriptis : Nunc autem primùm ex vetuftiffimis parietibus, in Carmelo obleffae vrbis Harlemi, per praefidiarios direpto, induftria Guilielmi Thybauti repertis, ac fincerè vnà cum Reliquorum Principum figuris, ad instar probatiffimorum exemplarium delineatis. *Antverpiae, Excudebat Chriftophorus Plantinus Philippo Gallaeo.* MDLxxviii. In-fol. Vélin blanc, fil. tr. dor. aux Armes de De Thou.

3139. Kunftbürhlein... C'eft-à-dire Collection de coftumes féculiers et religieux, de modes de l'époque, de blafons, repréfentation de cavaliers, de coftumes de dames, de tournois, &c. Le tout gravé délicatement par Joft Ammon de Nuremberg, à l'ufage de tous les amateurs des beaux-arts. *Franckfurt s. Mein. Feyrabend,* 1599. In-4. Vélin.

Volume compofé de 3 ff. préliminaires, & de 300 gravures fur bois, la foufcription & un dernier feuillet blanc.

3140. Nobiltà di Dame del Sr Fabritio Carofo da Sermoneta, Libro, altra volta, chiamato il Ballarino, Nuouamente dal proprio Auttore corretto, ampliato di nuoui Balli, di belle Regole, & alla perfetta Theoria ridotto : con le Creanze neceffarie à Caualieri, e Dame. Aggiuntovi il Baffo, & il Soprano della Mufica : & con l'intauolatura del Liuto à ciafcun Ballo. Ornato di vaghe & belliffime figure in rame. *in Venetia, preffo il Mufchio.* MDc. In-4. Veau fauve, fil. tr. dor. (*Niedrée*).

Les figures repréfentent les coftumes des femmes & des hommes des premières claffes de la Société. C'eft ce qui m'a déterminé à placer cet ouvrage dans la claffe des Coftumes.

3141. Coftumes Italiens, peints par Peingret. complets. *Paris, chez Aubert &.* grand in-fol. dem. rel. dos et coins de mar. bleu. Tête dorée.

3142. Collection de deſſins en couleurs exécutés avec le plus grand ſoin en Chine, et repréſentant des habits, meubles, inſtruments, armes, uſtenciles, et des plantes, inſectes, oiſeaux, quadrupèdes, &c. 2 vol. in-4. couverts en Damas de Chine broché, et renfermés dans une boete à dos de mar. rouge.

Le volume des habits, meubles, &c., eſt compoſé de 150 feuillets, dont chacun repréſente quatre ſujets différents. Le volume relatif à l'Hiſtoire naturelle contient 176 feuillets, dont 100 repréſentent des plantes & des fleurs. 26 offrent 104 inſectes & reptiles ; 25 repréſentent 100 oiſeaux, & 25 ſont conſacrés à 100 quadrupèdes.

3143. Collection Perſane de trente-deux deſſins originaux, peints et couleurs, repréſentant des coſtumes et uſages des Perſans. In-fol. Mar. bleu, compart., tr. dor.

3144. Coſtumes Perſans et Mogols. Peintures Perſanes et Mogoles. Magnifique volume, grand in-fol. compoſé de 58 peintures en or et couleurs, formant autant de tableaux, parmi lesquels on en remarque un qui repréſente la Sainte Vierge. Derrière chaque carton eſt une légende en caractères Perſans. Au bas de chaque peinture eſt l'explication du ſujet en Français. Mar. bleu, riche et large dentelle compoſée, copie d'une bordure Perſane qui encadre les 19e et 20e tableaux. D. de mar. rouge, dentelle, mors de maroquin, tr. dor. Chef-d'œuvre de reliure de *Simier l'Ancien*, décrite par Ch. Nodier dans le MANUEL DU BIBLIOPHILE.

Dans un étui.

3145. Coſtumes Indiens. 21 Peintures Indiennes en or et couleurs, d'une extrême délicateſſe, repréſentant des ſcènes de la vie intérieure, à un et pluſieurs perſonnages. Ce ſont autant de jolies miniatures. Petit in-fol. mar. rouge, large dentelle. (*Simier l'A"*).

3146. Coſtumes Chinois. Quatre belles peintures Chinoiſes, formant un vol. in-fol. dem. rel.

3147. Coſtumes Chinois. Perſonnages Chinois, hommes et femmes. Douze jolies peintures ſur papier de riz. Pet. in-4. cart. Reliure chinoiſe.

3148. Coſtumes Chinois. Cinq jolis Chinois en or et couleurs. Format in-8.

3149. Le Moyen-Age et la Renaissance. Histoire et description des moeurs et usages, du commerce et de l'industrie, des arts, des sciences, des littératures et des beaux-arts en Europe. par Paul Lacroix et Ferdinand Seré. *Paris*, 1851, 5 vol. in-4. Dem. rel. dos et coins de mar. rouge. Tête dorée.

3150. Objets d'art, meubles, ustensiles, &c. du moyen-âge et de la renaissance, publiés avec texte en allemand, par C. Becker et J. de Hefner. *Francfort*, 1852 à 1863. 3 vol. grand in-4. Dem. rel. de mar. vert, non rognés. Tête dorée. (*Trautz Bauzonnet*).

3151. ΠΑΝΟΠΛΙΑ Omnivm Illiberalivm Mechanicarvm ac Sedentariarvm artium genera continens, quotquot vnquam vel à veteribus, aut nostri etiam seculi, celebritate excogitari potuerunt, breuiter & dilucidè confecta : carminarum liber primus, tum mira varietate rerum : vocabulorum'q3 nouo more excogitatorum, copia perquàm vtilis, lectu'que periucundus. Accesservnt etiam Vetvstissimae Imagines omnes omnium artificum negociationes ad   Lectori representantes, antehac nec visae, nec vnquam editae : per Hartman Schoppervm, Novoforens. Noricum. *Francofvrti ad Moenum*. MDLxviii. *Jmpressum*..... *apud Georgium Coruinum, impensis Sigismundi Feyerabent.* In-8. Fig. s. bois de Jost Ammon. Mar. amarante, filets et fleurons, tr. dor. (*Thompson*).

3152. De Omnibvs Illiberalibvs sive Mechanicis Artibus, Humani Sagacitate atque industria iam inde ab exordio nascentis mundi vsque ad nostram aetatem adinuentis, luculentus atque succintus Liber : Auctore Hartmanno Schoppero, Novoforensi, Norico, versu elegiaco côscriptus : & elegantissimis ac artificiosissimis iconibus, uniuscuius libet Opificis officia, negocia'q3 ad viuum adumbrantibus, exornatus. *Francofvrti ad Moenvm*, MDLxxiii. *Jmpressum*..... *apud Georgium Coruinum, impensis Sigismundi Caroli Feyerabent.* MDLxxiiii. In-8. Figures sur bois de Jost Ammon. Mar. rouge, tr. dor. (*Duru*).

3153. De Omnibvs Jlliberalibvs..... Artibus..... Auctore

Hartmanno Schoppero..... *Francofvrti*. MDLxxiii, In-8. Veau antiqué, filets.

Même ouvrage que le précédent, & dans lequel, au verfo du feuillet de chaque figure, on a écrit en vers français la traduction des vers latins.

3154. Arts Libéraux et Mécaniques, Repréfentés par 91 fig. gravées fur bois de l'an 1658.
Faux titre imprimé, mis en tête de la collection des figures de Joft Ammon, de l'ouvrage DE OMNIBUS ILLIBERALIBUS ARTIBUS, fans texte. découpées et collées fur papier de format pet. in-8. dem. rel. de veau fauve.

3155. Afbeelding der Menfchelyke Bezighedem. *To cAmfter-dam, by Reinier en Jofua Ottens*. Sans date. In-4. Mar vert, fil. tr. dor. (*Simier*).

Recuil de 100 jolies gravures d'Arts & Métiers avec des quatrains en Hollandais. Le titre imprimé eft précédé d'un frontifpice gravé.

3156. Serrurerie du Moyen-Age. Les ferrures des portes, par Raymon Bordeaux, avec deffins par Henri Gerente et F. Bouet. *Oxfort, Parken*. 1858. In-4. Riche dem. rel. anglaife. Non rogné.

3157. Coftumes des divers métiers, d'après Bonnard. Suite de 41 planches. Les perfonnages font couverts des uftenciles et des attributs de leur profeffion. In-fol. Dem. rel. dos et coins de mar. rouge. Non rogné.

HISTOIRE GAULOISE. ET MOYEN-AGE

3158. Compédiũ fiue Breuiariũ Primi Volvminis Annalivm five Hiftoriarum, de origine Regvm et Gentis Francorvm ad Reverendiffimvm in Chrifto Patrem et principé dominũ Laurentiũ Epifcopũ vuirtzpurgén oriétalifq3 Franciae ducem. Ioannis Tritemij Abbatis. *Impreffvm et completvm eft prefens chronicarum opus*. anno dñi MDxv. in uigilia Margaretae uirginis. *In nobili famofaq3 urbe cMonguntina, huius artis im-*

*preſſorie inuentrice prima. Per Ioannem Schöffer, nepotē quõdã honeſti uiri Ioannis fuſth.....iuſſu & ipenſis honeſti Ioannis Haſelpevg ex Haia.....*In-fol. Une grande figure ſur bois au recto du ſecond feuillet. Veau fauve, fil. tr. dor. (*Niedrée*).

3159. Antiquité de la nation et de la langue des Celtes autrement appellez Gaulois, par Pezron. *Paris, Proſper Marchant et Gabriel Martin.* 1703. In-12. Mar. bleu, dent., tr. dor. (*Bauzonnet*).

3160. Origines Gauloiſes, celles des plus anciens peuples de l'Europe puiſées dans leur vraie ſource, ou recherches ſur la langue, l'origine et les antiquités des Celto-Bretons de l'Armorique, pour ſervir à l'hiſtoire ancienne et moderne de ce peuple, et à celle des François, par La Tour D'Auvergne Corret. *à Hambourg, chez Fauché.* 1801. In-8. Dem. rel.

3161. Hiſtoire des peuples Bretons de la Gaule, et dans les iſles Britanniques, langue, coutume, moeurs et inſtitutions, par Aurélien de Courſon. *Paris,* 1846. 2 vol. gr. in-8.

3162. L'hiſtoire memorable des expeditions depuys le deluge faictes par les Gauloys ou Frãcoys depuis la frãce iuſques en Aſie, ou en Thrace et en l'oriẽtale partie de l'Europe, et des commodités ou incommodités des diuers chemins pour y paruenir et retourner. Le tout en briel ou Epitome, pour monſtrer auec quelz moyens l'Empire des infideles peult et doibt par eulx eſtre deffaict. A la fin eſt l'Apologie de la Gaule contre les maleuoles eſcripuains, qui d'icelle ont mal et negligentemẽt eſcript, et en apres Les treſanciés droictz du peuple Gallique, et de ſes princes. par Guillaume Poſtel. *A Paris, chez Sebaſtien Miuelle.* 1552. In-16. Veau antiqué.

3163. Les paſſaiges doultremer faictz par les francoys Nouuellement imprimé. Cy finiſt les paſſaiges doultremer..... *Nouuellement imprime a Paris.* le vingtſeptieſme iour de Nouembre Lan mil cinq cens et dixh   , *Par Michel le Noir, libraire iure en luniuerſite de Paris demourant en la rue Sainct Jacques a lenſeigne de la Roſe blanche couronnee.* In-fol. goth. à 2 col. mar. bleu, tr. dor. (*Duru*).

3164. Hiſtoire des Croiſades, par Michaud. *Paris,* 1825-1829. 9 vol. in-8. Dem. rel. de veau fauve. Non rognés.

3165. Les Jlluſtrations de Gaule et Singularitez de Troye. Auec les deux epiſtres de Lamant Vert, Compoſees par Ian Le Maire de Belges.

10 ff. préliminaires aa-cc ıı. Au verſo du ſecond, Privilége daté de Lyon, du 30 Juillet 1509. Au 9ᵐᵉ Epiſtre à Marguerite d'Autriche, dont les Armes occupent le verſo du 8ᵐᵉ ſurmontées de la deviſe : Fortune. Jnfortune. Fortune.

— Cy commence le premier liure des illuſtrations de gaule... A-K par 8 ff. —Senſuit La premiere (et la ſeconde) epiſtre delamant vert | a Madame Marguerite Auguſte (précédé d'un envoi à Jehan Berreal. Painctre z varlet de chambre du Roy. daté de Lyon le premier de Mars 1510) a et b par 6 ff. *Imprime cA Lyon | paı Eſtienne Baland..... demourant ou lieu di Paradis | entre la grand Rue du pont de Rhone et de Noſtre dame de Confort. Et ſe vendent audit lieu. Et cheʒ maiſtre Jehan Richier de Paris Rhetoricijen En la grãd Rue de ſaint Jehan Pres de Porte Froc deuant le Faulcon. Et en Rue cMerciere pres du maillet Dargent.*

— Le ſecõd liure des Jlluſtratiõs de Gaule. et ſingularitez de Troye. Nouuellement imprimees.

4 ff. préliminaires ſignés a. En tête du ſecond, Privilége daté de Bloys le premier de May 1512 en faueur de Ian Le Maire qui le cède à Geoffroy de marnef, Libraire de Paris. b-g par 8 ff. h de 4. Au verſo du dernier la marque de demarnef.

— Le traictie intitule de la difference des Sciſmes z des Cõcilles de leglife. Et de la preeminence et vtilite des concilles : de la ſaincte eglife Gallicane. Compoſe par Ian Lemaire de Belges | Jndiciaire et Hyſtoriographe de la Royne. Auec lequel ſont comprinſes pluſieurs autres choſes curieuſes | et nouuelles | et dignes de ſcauoir. Sicomme de lentretene- ment de lunion des princes. La vraye hiſtoire et non fabu- leuſe | du prince Syach Yſmael | dit Sophy. Et leſauf con- duit | que le ſouldan baille aux Francoys | pour frequenter en la terre ſaincte. Auec le Blaſon des armes des Venitiens. M. vᶜ et xı. a-k par 4 ff. *Imprime a Paris au mois de Januier lan Mil. vᶜ et xıı... par Geffroy de marnef | Libraire iure de luniuerſite de Paris demourant en la grãd rue ſainct Jacques a lenſeigne du Pellican deuant ſainct yues.*

Au verſo du feuillet k ııı, Le blaſon des armes des Venitiens com- mence par ces vers :

Lyon naigeant | Lyon trotant
Lyon yſant | Lyon paſſant

. . . .

Et finit par celui-ci :

Viue le Roy Loys le grand.

L'auteur ajoute :

En la legéde des Venitiens | que iay faiĉte Imprimer en Lyon il y a plufieurs Propheties alleguees de leur ruyne | Mais depuis ien ay trouuees encoires deux lefquelles il ma femble bon de inferer en la fin de cefte euure. Et vne autre de la fin | et termination du xxiiij^e fcifme.

Suivent les prophéties en vers latins.

— La legende des Venitiens. Ou autrement leur cronicque abbregee. Par la quelle eft demõftre le trefiufte fondemét de la guerre contre eulx. La plainte du defire. Ceftadire la deploration du trefpas de feu monfeigneur le Comte de Ligny. Les regretz de la dame infortunee.

aa-cc par 4 ff. dd de 6. Au verfo du dernier, la marque de Demarnef.

In-4. goth. Fig. fur bois. Mar. vert, filets et coins, tr. dor. (*Thouvenin*).

3166. Les Jllvftrations de Gavle et Singvlaritez de Troye, par maiftre Jean le Maire de Belges. Auec la couronne Margaritique, et plufieurs aultres oeuures de luy, non iamais encore imprimees. Letout reueu et fidelement reftitue par maiftre Antoine du Moulin Mafconnois, Valet de chambre de la Royne de Nauarre. *cA Lyon, par Jean de Tovrnes.* MDxLIX. In-fol. Maroquin vert, filets et coins, tr. dor. (*Padeloup*).

3167. Les Antiqvitez Gavloifes et Françoifes, augmentées de trois Livres : contenans les chofes aduenües en Gaule et en France, iufques en l'an fept cens cinquante et vn, de Jefvs Chrift, recveillies par Monfieur le Préfident Fauchet. *cA Paris, cheȝ Jeremie Perier,* MDxCIx. In-8. Vélin.

Exemplaire en grand papier.

HISTOIRE DE FRANCE

TOPOGRAPHIE ET STATISTIQUE.

MOEURS, USAGES ET MONUMENTS

3168. Le Catalogue des antiques erections des Villes et Citez, Fleuves, & Fontaines, affifes es troys Gaules, ceftaffauoir Celtique Belgique & Aquitaine, contenant deux liures. Le premier faict & compofe par Gilles Corrozet Parifien. Le fecond par Claude Champier Lyonnois, Auec ung petit traicte des Fleuues et Fontaines admirables, eftans efdictes Gaules. Hiftoire tresutile & delectable, nouuellement mife en lumiere. *On les vend a Lyon chez Francois Jufte.* Sans date (la date de 1539 eft mife à la plume). In-16. Fig. fur bois. Mar. lilas, large dentelle, compartiments du plus beau fini, tr. dor. Belle reliure ancienne, confervée dans toute fa fraîcheur.

3169. Pharus Galliae Antiqvae. Ex Caefare, Hirtio, Strabone, Plinio, Ptolomaeo, Itinerarijs, Notitijs, &c. Quadripertito Indice Geographico comprehenfa, Cum Interpretatione Vernaculâ. Auctore P. Philip. Labe Bitvrigo. *Molinis, Ex Officinâ Petri Vernoy.* 1644. In-12.

3170. La guide des chemins de France, reueue & augmentee pour la troifiefme fois. Les Flevves du Royaume de France, auffi augmentez. *A Paris, Chez Charles Eftienne, Imprimeur du Roy.* MDLIII. In-8. Mar. vert, filets à compartiments, tr. dor. (*Koehler*).

3171. Rapport préfenté à S. E. le Miniftre Secrétaire d'Etat des Finances par le Commiffaire Royal du Cadaftre (du 6 novembre 1817). *De l'Imprimerie Royale.* In-4. Dem. rel. de veau antiqué.

Cet ouvrage n'a pas été mis dans le commerce.

3172. Voyage dans les Départements du Midi de la France. par A. L. Millin. *Paris, Imprimerie Royale*, 1807-11. 4 vol. in-8. et Atlas in-4. Dem. rel. de veau vert.

3173. Hiftoire de la Vie privée des François, depuis l'origine de la Nation jufqu'à nos jours ; par Le Grand D'Auffy. Nouvelle édition, avec des notes, corrections et additions, par J. B. B. De Roquefort. *Paris*, 1815. 3 vol. in-8. veau antiqué, filets à froid.

3174. Effai fur les girouettes, épis, crêtes et autres décorations des anciens combles et pignons, pour faire fuite à l'hiftoire des habitations au Moyen-Age, par E. De La Quérière. *Paris*, 1846. In-8. Figures. Dem. rel. de veau bleu. Non rogné.

Exemplaire fur papier jaune, offert par l'Auteur à M. Duputel, avec une lettre autographe d'envoi.

3175. Monuments Français inédits, pour fervir à l'hiftoire des arts, depuis le vie fiècle jufqu'au commencement du xviie par N. X. Willemin, claffés chronologiquement et accompagnés d'un texte hiftorique et defcriptif par André Pottier. *Paris*, 1825 à 1839. 2 vol. in-fol. Riche demi-reliure, dos et coins de mar. rouge, non rognés, tête dorée.

Dans cet exemplaire, de ma foufcription, une planche a été dorée pour moi feul ; le fragment de l'étoffe qu'elle repréfente, faifant partie de mon cabinet & ayant fervi de modèle pour la gravure. Les étoffes d'autres diverfes planches font auffi partie de mon cabinet, & ont fervi de modèle pour la gravure.

3176. Inventaire des meubles, bijoux et livres eftant à Chenonceaux le huit Janvier MDCIII, précédé d'une hiftoire fommaire de la vie de Louife de Lorraine Reine de France, fuivi d'une notice fur le château de Chenonceaux par le Prince Augufte Galitzin. *Paris*, 1856. In-8.

HISTOIRE GÉNÉRALE SOUS LES TROIS RACES

3177. Le premier (2ᵈ 3ᵉ et 4ᵉ) volvme de l'hiſtoire et croniqve de Meſſire Iehan Froiſſart, reueu et corrigé ſur diuers exemplaires, et ſuyuant les bons Auteurs, par Denis Savvage de Fontenailles en Brie, hiſtoriographe du Treſcreſtien Roy Henry IIᵉ de ce nom. *A Lyon, par Ian de Tovrnes.* MDLIX et LX. 4 tomes en 2 vol. in-fol. mar. rouge, fil. tr. dor. aux Armes de Fieubet, Seigneur de Bauregard.

3178. Le premier | ſecond et tiers | volume de enguerrand de monſtrellet enſuyuant Froiſſart na gueres imprime a Paris des cronicques de france | dangleterre | deſcoce | deſpaigne | de Bretaigne | de gaſcongne | de flandres. Et lieux circonuoiſins. Cy finiſt le tiers volume denguerrant de monſtrelet..... *Imprimez a paris pour Anthoine Verard | libraire demourant a paris deuaut la rue neufue noſtre dame a lymaige ſainct Jehan leuangeliſte : ou au palais deuant la chappelle ou len chante la meſſe de meſſeigneurs les preſidens.* Sans date. 3 tomes en 2 vol. in-fol. goth. Mar. rouge, fil. tr. dor. (*Capé*). Très-grandes marges.

3179. Epitome Geſtorvm LVIII Regvm Franciae, a Pharamondo ad hvnc vſqve Chriſtianiſſimvm Franciſcvm Valeſivm. Epitome des geſtes des cinquante huict roys de France, depuis Pharamond iuſques au preſent tres Chreſtien François de Valoys. *A Lyon, par Balthazar Arnovllet.* MDXLVI. Petit in-4. Figures. Veau fauve, fil. tr. dor. (*Niedrée*).

3180. Les anciennes et modernes Genealogies des Roys de France et meſmement du roy Pharamond | Auec leurs Epitaphes et Effigies (par Jean Bouchet). Et ſont Imprimez et à Vendre à Poictiers deuant les Cordeliers par Jacques Bouchet Imprimeur. Cy finiſſent les Epitaphes..... *Imprimez nouuellement à Poictiers*..... le douzieſme iour de Juing | Lan mil cinq cens trente cinq. In-8. Fig. ſur bois. Veau fauve, fil. tr. dor. (*Bauzonnet*).

3181. Le Premier volume des Grans Croniques de France, dites Chroniques de S. Denis, publiées d'après les Manuſ-

crits. *Paris*, 1837. *de l'impr*ᵉ *de Louis Perrin, à Lyon*. In-8.
cart. Non rogné.

Le feul volume publié.

3182. Le Rozier hiftorial de France Contenant deux Roziers.
Le p̃mier rozier contient plufieurs belles Rozes z boutons
de inftrućtions et beaulx enfeignemens pour Roys | Princes
| Cheualiers | Cappitaines et gens de guerre. Cõme ilz fe
doiuent maintenir | gouuerner | z conduyre pour mener
oftz et batailles cõtre leurs ennemys tant par mer que par
terre. Le fecõd Rozier autremẽt Croniques abregees contient plufieurs belles Rozes z boutõs extraićtz et yffus de la
maifon de France et de Angleterre tant en ligne direćte que
collateralle. Pareillemẽt Dallemaigne | Efpaigne | Efcoce |
Sicille | flandres et autres tant des Royaulmes chreftiens
q̃ des infideles. *Ilꝫ fe vendent a Paris en la rue Sainćt Jacques
a lenfeigne Sainćt Claude*. Cy fine le Rozier hyftorial de
france *nouuellement imprime à Paris* le xxviᵉ iour de Feurier
Lan mil cinq cens et xxii auant Pafques. Privilege pour
François Regnault libraire... In-fol. goth. à 2 col. fig. fur
bois. Veau fauve, fil. tr. dor. (*Simier*).

3183. Hiftoire de France avant Clovis. L'Origine des François, & leur établiffement dans les Gaules, l'eftat de la Religion, & la Conduite des Eglifes dans les Gaules, jufqu'au
regne de Clovis, par le Sʳ De Mézeray. *A Amfterdam, Cheꝫ
Abraham Wolfgang*, 1688. 1 vol.—Abrégé Chronologique
de l'Hiftoire. par le même. *Ibidem*, 1673-74. 6 vol. —
Abrégé Chronologique de l'Hiftoire de France. Pour fervir
de fuite à celui de François de Mézeray. *Amfterdam, Cheꝫ
David Mortier*, MDCCXX. 2 vol. Enfemble 9 vol. in-8. Mar.
bleu, filets à compartim. en or, et dentelle à froid, tr. dor.
(*Thouvenin*).

3184. Hiftoire des Dauphins de Viennois, d'Auvergne et de
France. ouvrage pofthume de feu M. Le Quien De La Neuf-
ville. Mis au jour par M. Le Quien De La Neufville, fon petit
fils. Augmente par un Homme de Lettres de l'Hiftoire de
Louis IX du nom xxv Dauphin de France. *A Paris, Cheꝫ
G. Defpreꝫ*, 1760. 2 vol. in-12. Veau marbré.

MÉLANGES HISTORIQUES

3185. Recveil des Gverres et Traictez d'entre les Roys de France et d'Angleterre. Par maiftre Jehan Du Tillet, Sieur de la Buffiere, Protonotaire et Secretaire du Roy, Greffier de fon Parlement. *A Paris, chez Jaques du Puys, Libraire iuré en l'Vniuerfité de Paris, à la Samaritaine.* MDLxxxviii. In-fol. réglé. Mar. jaune, riches compartiments et aux Armes de Franc. Brvnet, Président de la Chambre des Comptes de Paris. Magnifique reliure de Gafcon.

3186. Alliances généalogiqves des Rois et Princes de Gavle, par Claude Paradin. *A Lion Par Ian de Tovrnes.* MDLxi. In-fol. Vélin. Grandes marges, témoins.

3187. Differtation fur l'origine des François, où l'on examine s'ils defcendent des Tectofages ou anciens Gaulois établis dans la Germanie (par Don Vaiffette). *A Paris, chez Jacques Vincent*, 1722. In-12. Veau fauve, filets, tr. dor. (*Niedrée*).

3188. Récits des Temps Mérovingiens, précédés de Confidérations fur l'Hiftoire de France, par Auguftin Thierry. *Paris,* 1840. 2 vol. in-8. Dem. rel. de veau fauve.

3189. Hiftoire de Walvrade, de Lother II et de leurs defcendants, par le Baron Ernouf, d'après Lieudrand, Frodoard, Erchempert, Léon d'Oftie, Benoît de Saint-André, Annales de Saint-Bertin et de Fulde, Panégyrique de Bérenger, &c. *Paris,* 1858. In-8. Papier de Hollande.

3190. Notes et Documents relatifs à Jean, Roi de France, et à fa captivité en Angleterre (publiés par H. D'Orléans Duc d'Aumale). *Londres, imprimerie de C. Wittinghane.* Pet. in-4. Dem. rel. dos et coins de mar. bleu. Non rogné. Tête dorée.

3191. Les Routiers au xive fiècle. Les Tard-Venus et la bataille de Brignais. par P. Allut. *Lyon, impre de Louis Perrin,* 1859. In-8.

3192. Traité hiftorique des Armes de France et de Navarre et de leur Origine. par M. De Sainte Marthe. *A Paris, Chez Lambert Roulland*. MDCLXXIII. In-12. Veau brun.

3193. Recueil de divers Ecrits pour fervir d'Eclairciffements à l'Hiftoire de France, et de Supplément à la Notice des Gaules, par l'Abbé Le Beuf. *A Paris, chez Jac. Barois fils*, 1738. 2 vol. in-12. Mar. rouge, fil. tr. dor. Anc. rel.

3194. Differtations fur differens Sujets de l'Hiftoire de France. par M. Bullet. *A Befançon, chez Ch. Ant. Charmet*, 1759. In-12.

3195. Hiftoire des Expéditions Maritimes des Normands et de leur établiffement en France au Dixième fiècle : par C. B. Depping. *Paris*, 1826. 2 tom. en un vol. in-8. Dem. rel. de veau antiqué.

3196. Collection de documents inédits fur l'Hiftoire de France publiés par ordre du Roi et par les foins du Miniftre de l'Inftruction publique. Rapports au Miniftre. *Paris, Imprimerie Royale*, 1839. In-4. broché.

3197. Annuaire hiftorique publié pas la Société de l'hiftoire de France. *Paris*, 1837-48. 12 vol. in-18. brochés.

3198. Mémoires pour fervir à l'hiftoire des événemens de la fin du dix-huitième fiècle, par l'abbé Georgel. *Paris*, 1817-18. 6 vol. in-8. Dem. rel. de veau fauve.

3199. Revue rétrofpective, ou bibliothèque hiftorique contenant des Mémoires et documents authentiques pour fervir à l'hiftoire proprement dite, à la biographie, à l'hiftoire de la littérature et des arts. *Paris*, 1833-38. 20 vol. in-8. dem. r.

1re férie, 5 vol.; 2e férie, 12 vol.; 3e férie, 3 vol.

3200. Le tombeau de Childeric Ier Roi des Francs, reftitué à l'aide de l'archéologie et des découvertes récentes faites en France, en Belgique, en Suiffe, en Allemagne et en Angleterre, par M. l'abbé Couchet. *Paris*, 1850. In-8.

MÉLANGES D'HISTOIRE POLITIQUE ET CIVILE

3201. Traité de l'origine, ancienne nobleffe et droits royaux de Hugues Capet Roy de France, fouche de nos Roys et de la maifon de Bourbon. Extrait des Paradoxes de l'hiftoire de france de I. G. à Tours, par Claude de Montr'el, et Jean Richer. 1590.

— De l'origine, vérite et ufance de la loy falique, fondamentale et confervatrice de la Monarchie Françoife, par I. G. In-4.

3202. La grād monarchie de France, compofee par Meffire Claude de Seyffel lors eueſque de Marfeille & depuis Archeuefque de Thurin, adreffant au Roy trefchreftian, Frācoys premier de ce nom. La loy Salicque, premiere loy des Francoys. *On les vend en la grand falle du Palays, au premier pillier en la bouticque de Galliot du pre libraire iure en luniuerfite de Paris. Ce prefent liure a efte acheue d'imprimer a Paris, par Denys Ianot,* le dernier iour de Decembre *Pour Galliot du pre.....* Sans date. Très-petit in-8. Fig. fur bois. Mar. rouge, dentelle, tr. dor. *(Thompfon).*

3203. Premier et Second Livre des Dignitez, Magiftrats, & Offices du Royaume de France Aufquels eft de nouueau adioufté le tiers liure de cefte matiere outre le reuenu & augmentation d'iceux. *A Paris, par Guillaume Le Noir,* 1560. = Cronique abregee des Faictz, Geftes, et Vies illuftres des Roys de France, commençant à Pharamond iufques à noftre tres cher, & tres haut, François Roy de France, fecond de ce nom. *A Paris, par Guillaume le Noir.* Sans date. Portraits gravés f. bois. = La Chronique des Roys de France, puis Pharamond iufques au Roy Henry, fecond de ce nom, felon la computation des ans iufques en l'an mil cinq cens cinquante & trois. Le Catalogue des Papes, puis S. Pierre iufques à Jules tiers de ce nom. Catalogue des Empereurs, puis Octouian Cefar iufques à Charles V du nom. *On les vend à Paris en la grand fale du Palais, par Galiot du Pré.* 1553. Réunis en un vol. in-8. veau brun, fil. tr. dor., à la reliure de Henri.

3204. Les antiquitez et recherches de la grandeur et majefté des roys de france, divifées en trois livres. le premier, de la religion, foy, vaillance..... le fecond, des habillemens royaux, et cérémonies..... le troifieme, de la Cour et fuite royaile..... (par André du Chêne). *A Paris, chez Jean Petit-Pas*, 1609. In-8.

3205. Précis Hiftorique de la Marine Royale de France, depuis le commencement de la Monarchie jufques à nos jours. Par Mr Poncet De La Grave, Procureur Général de l'Amirauté de France. *A Paris*, MDCCLXXVII. Pet. in-4. Mar. rouge, tr. dor.

Manufcrit de 478 pp. fur papier, écrit en entier de la main de Fyot, & portant fa fignature, en caractères imitant l'impreffion, orné de deffins à la plume, dont le premier eft le portrait de Théodoric, ou Thierry Ier quinzième roi de France. Le volume porte la dédicace, fignée : PONCET DE LA GRAVE, à M. de Sartines. Sur les plats, font les Armes de M. de Sartines, le dos eft orné de petites ancres.

RÈGNES JUSQU'A LOUIS XIV

3206. Hiftoire de Saint Louis, par Jehan Sire de Joinville. les Annales de fon Regne, par Guillaume de Nangis. Sa Vie et fes Miracles, par le Confeffeur de la Reine Marguerite. Le tout publié d'après les Manufcrits de la Bibliothèque du Roi, & accompagné d'un Gloffaire. *A Paris, de l'Imprimerie Royale*. 1761. In-fol. Veau écaillé, filets et fleurons.

3207. Hiftoire de S. Lovys IX dv nom Roy de France, ecrite par Jean Sire de Joinville : Enrichie de nouuelles Obfervations & Differtations Hiftoriques. Avec les Etabliffemens de S. Lovys, le confeil de Pierre de Fontaines, &c. Par Charles Dv Frefne, fieur du Cange. *A Paris, chez Sebaftien Mabre-Cramoify*. MDCLXVIII. In-fol. Veau brun armorié.

3208. Mémoires de Jean Sire de Joinville, ou Hiftoire et Chronique du tres-chrétien Roi Saint Louis, publiés par M. Francifque Michel, précédés de Differtations par M. Amb.

Firmin Didot, et d'une notice fur les Manufcrits du Sire de Joinville par M. Paulin Paris. *Paris, Firmin Didot frères,* 1858. In-12.

3209. La Croniqve dv Trefchreftien & victorieux Roy Loys vnziefme du nom (que Dieu abfolue) auec plufieurs hif- toires aduenues tant es pays de France, Angleterre, que Flandres & Artois, puis l'an mil quatre cens foixante & vn, iufqu'en l'an mil quatre cens quatre vingtz & trois. *On les vend a Paris, au premier pillier de la grãd falle du Palais, en la boutique de Galiot du Pré, Libraire de l'Vniuerfité.* 1558. In-8. Mar. biftre, fil. tr. dor. (*Koehler*).

Le dernier feuillet eft blanc & porte la marque du libraire.

3210. Hiftoire de Louis XI par M. Duclos. *A Paris, chez les frères Guerin.* 1745. 3 vol. — Recueil de Pièces pour fervir de Suite à l'Hiftoire de Louis XI par M. Duclos. *A La Haye, Chez Jean Neaulme,* 1746. 1 vol. enfemble 4 vol. Veau fauve, fil. tr. dor.

3211. Hiftoire de Charles VI Roy de France et des chofes memorables aduenües durant 42 années de fon Regne, depuis 1380 jufques à 1422. par Jean Jvvenal Des Vrfins, Archeuefque de Rheims. édition augmentée par Denys Godefroy. *Paris, Imprimerie Royale,* MDCLIII. In-fol. Grand papier. Veau brun.

3212. Hiftoire de Charles VI Roy de France, et des chofes memorables aduenües durant 42 années de fon Regne, depuis 1380 jufques à 1422. par Jean Jvvenal Des Vrfins, Archeuefque de Rheims. Augmentée en cette feconde édi- tion de plufieurs Mémoires, Journaux, Obfervations..... Annotations..... par Denys Godefroy. *Paris, Imprimerie Royale.* MDCLIII. In-fol. Veau fauve, filets.

3213. Harengue faicte deuãt le roy charles fifiefme et tout le confeil contenant les remonftrances touchant le gouuer- nement du Roy et du royaulme moult vtille et proufitable fait par maiftre Jehan gerfon de par luniuerfite de paris.

> Francorum regum clara : mitiffima profes
> Parcere fubiectis didifcit punire rebelles

Marque du Durand Gerlier. et au verfo une figure fur bois.

Cy finiffent les remôftrances faictes au Roy Charles fifiefme. Prefent fon côfeil touchât le fait et gouuerneme't du Roy z sô royaulme. p maiftre Jehâ Gersô châcelier de leglife de Paris Cômis de par luniuerfite. Sans lieu ni date, chiffres ni réclames. Sign. a-ƒ VI. Une figure fur bois au verfo de l'avant-dernier feuillet. Le dernier feuillet eft blanc au recto, il porte la foufcription au verfo. Petit in-fol. goth. Mar. bleu, compartiments à froid, tr. dor. (*Le Brun*).

Exemplaire dans toutes fes marges, nombreux témoins.

3214. Bertrand du guefclin (ces mots font en tête d'une grande figure fur bois au verfo du 1ᵉʳ feuillet, figure reproduite au recto du feuillet blanc qui fuit celui de la foufcription). Cy finift le liure des faiz de meffire Bertrand du guefclin cheualier Jadiz conneftable de france et feigneur de longueuille. Sans lieu ni date, fans chiffres ni réclames. Sign. a de 8 ff. b-n par 6. o de 8. In-fol. goth. à 2 col.

Exemplaire à grandes marges, nombreux témoins, prefque non rogné.

3215. Hiftoire de Charles VII Roy de France par Jean Chartier, Sous-Chantre de Sᵗ-Denys; Jacques de Bovvier, Dit Berry, Roy d'Armes, Mathiev de Covcy, et avtres avthevrs du temps, qui contient les chofes memorables, aduenües depuis l'an 1422 iufques en 1461. mis en lumiere..... par Denys Godefroy. *Paris, Imprimerie Royale*, 1661. In-fol. Veau fauve, filets.

3216. Heroine nobiliffime Joannae Darc Lotharingae vvlgo Avreliannenfis pvellae hiftoria, ex varijs grauiffimae atque incorruptiliffimae fidei fcriptoribus excerpta..... Authore Ioanne Hordal. *Ponti-Mvffi, Apud Melchiorem Bernardum*, MDCXII. In-4. Vélin armorié.

3217. L'Hiftoire et Difcovrs av vray dv Siege qvi fvt mis devant la Ville d'orleans par les Anglois, le Mardy XII iour d'Octobre, Mccccxxviii. regnant alors Charles VII Roy de France. Contenant toutes les faillies, affauts, efcarmouches & autres particularitez notables, qui de iour en iour y furent faites, auec la venue de Jeanne la Pucelle, & comment par grace diuine, & force d'armes, elle fift leuer le fiege de deuant aux Anglois. Prife de mot, a mot, fans aucun changemét de langage, d'vn vieil exemplaire efcrit a la main

en parchemin, & trouué en la maiſon de la dicte ville d'Orleans illuſtree de belles annotations en marge, Reueu &
augmenté de nouueau oultre les precedentes impreſſions.
A Orleans, Che₇ Saturni Hotot, l'Imprimeur du Roy. MDCXXI.
In-12. Sans chiffres ni réclames. Avec des ſignatures. Portrait de la Pucelle gravé ſur bois, et le plan de la ville d'Orléans. Mar. vert, fil. tr. dor. (*Niedrée*).

3218. Hiſtoire de Charles VIII Roy de France, par Guillaume
de Jaligny, André de La Vigne, et autres hiſtoriens de ce
temps là. où ſont deſcrites les choſes les plus memorables
arrivées pendant ce Règne, depuis 1483 juſques en 1498.
Enrichie de pluſieurs mémoires, obſervations...... par Godefroy. *Paris, Imprimerie Royale.* 1684. In-fol. Veau fauve,
filets.

3219. Hiſtoire dv Roy Loys dovzieſme, Pere dv Pevple, Par
Meſſ. Clavde de Seiſſel, &c. *A Paris, Che₇ Jacqves dv Pvis,
à la Samaritaine.* MDLXXXVIII. In-8. réglé. Mar. bleu,
fil. tr. dor. Ancienne reliure d'une parfaite conſervation,
avec médaillons incruſtés en or et couleurs, plats et gauf-
frés, copiés d'une reliure orientale.

3220. Les Memoires de Meſſire Philippe de Commines, S^r
D'Argenton. *A Leide, Che₇ les El₇eviers.* 1648. In-12.
Vélin.

3221. Hiſtoire des Ducs de Bourgogne de la Maiſon de Valois, par M. De Barante. *Paris,* 1824-26. 13 vol. in-8.
Dem. rel. de veau bleu. Les cartes pliées, et les portraits,
compoſent le 13me volume.

3222. Véritable diſcours de la naiſſance et vie de Monſeigneur
le Prince de Condé juſqu'à préſent à lui deſdié par le ſieur de
Fieſbrun, publié d'après le manuſcrit de la Bibliothèque Impériale par E. Halphen, ſuivi de lettres inédites de Henri II
Prince de Condé. *Paris, A. Aubry,* 1861. Petit in-8. br.

3223. Premier volume, contenant quarante tableaux ou Hiſtoires diuerſes qui ſont memorables touchant les Guerres,
Maſſacres & Troubles aduenues en France en ces dernieres
annees. Le tout Recueilly ſelon le temoignage de ceux qui
y ont eſté en perſonne, & qui les ont veus, Leſquel ſont
poutraites à la vérité.
Grand in-fol. Cuir de Ruſſie, filets à compartiments.

Dans le volume, une note de la main du Duc de Noaille, porte ce qui ſuit :

« Ce Magnifique exemplaire eſt le réſultat de vingt ans de
« recherches. Toutes les planches qui le compoſent ont été
« collées ſur un papier gris, propre à les faire valoir ; l'aver-
« tiſſement qui eſt rare s'y trouve. Pluſieurs planches ſont dou-
« bles, avec des différences dans la lettre et dans les épreuves.
« On y voit celle du Tournoy où fut bleſſé à mort Henry II,
« comme dans tous les exemplaires de ce recueil, mais de
« plus dans le nôtre ce même eſt repréſenté dans une ſeconde
« eſtampe, fort rare et fort curieuſe, la ſcène y eſt plus reſ-
« ſerrée que dans la planche ordinaire, et les figures, par con-
« ſéquent, d'une plus grande proportion. On a ajouté à la fin
« du volume la deſcription, imprimée, de l'exemplaire de ce
« recueil que poſſédait le Duc de Lavalliere et qui était beau-
« coup moins complet que le nôtre. »

Deſcription de mon exemplaire :

Le titre, l'Avertiſſement au lecteur, entouré de cartouches.
Suivent 45 planches.

Premier Tableau.

La Mercuriale tenue aux Auguſtins de Paris.

Deuxième Tableau.

Le Tournoy où le Roy Henri 2 fut bleſſé à mort.
Signé Berrim. 1270. (sic).

Une ſeconde planche du même ſujet, ſignée Berriſſim. 1570.
Une troiſième planche du même ſujet, celle qui eſt ſignalée dans la note du Duc
de Noaille, à perſonnages d'une plus grande proportion. Cette planche eſt ſans ſignature, mais avec le monogramme à la droite.

Troiſième Tableau.

La mort du Roy Henry deuxieme aux tournelles de Paris.

Quatrième Tableau.

Anne du Bourg..... bruſlé a S. Jean en Greue.

Cinquième Tableau.

Lentreprinſe d'Amboiſe deſcouuerte. Signé : Tor Torel.

Sixième Tableau.

Lexecution d'Amboife.

Septième Tableau.

L'affemblée des trois eftats tenue a Orleans. Signé : tortorel. 1270. (*sic*).

Huitième Tableau.

Le maffacre faict à Cahors en Querci. Signé : Tor Torel.

Neuvième Tableau.

Le Colloque tenu a Poiffy. Signé : tortorel.

Dixième Tableau.

Le Maffacre fait à Vaffy. Le monogramme à droite.

Onzième Tableau.

La prinfe de Valence en Dauphiné. Monogramme à gauche.

Douzième Tableau.

Le Maffacre fait a Sens en Bourgogne. Signé : Perriffim. 1570.

Treizième Tableau.

La Maffacre fait a Tours. Monogramme à gauche.

Quatorzième Tableau.

La prinfe de la ville de Montbrifon. Signé : I. Tortorel, & au milieu de la planche le monogramme.

Quinzième Tableau.

La desfaicte de S. Gilles en Languedoc.....

Seizième Tableau.

L'ordonnance des deux armees de la bataille de Dreux.....

Dix-feptième Tableau.

La premiere charge de la bataille de Deux..... Signé : I. Tortorel.

Dix-huitième Tableau.

La deuxieme charge de la bataille de Dreux..... Monogramme au milieu de la planche.
Une feconde planche de ce même fujet, avec le même monogramme à la même place. Premières épreuves, avant la fignature.

Dix-neuvième Tableau.

La IIIᵉ charge de la bataille de Dreux..... Sans fignature. Monogramme à gauche de la planche.
Une feconde planche du même fujet, auffi fans fignature, avec le même monogramme à la même place.

Vingtième Tableau.

La quatrieme charge de la bataille de Dreux.....
Une feconde planche du même fujet.

Vingt-unième Tableau.

La retraite de la bataille de Dreux.....

Vingt-deuxième Tableau.

Orleans affiege.....

Vingt-troifième Tableau.

Le Duc de Guife eft bleffé à mort..... Signé : Perriffim.

Vingt-quatrième Tableau.

La paix faicte en l'Jfle aux beufs.....

Vingt-cinquième Tableau.

L'execution du Sieur Jean Poltrot.....
Monogramme à gauche de la planche.

Vingt-fixième Tableau.

Le maffacre fait à Nifmes.....

Vingt-feptième Tableau.

La Bataille de fainct Denis.

Vingt-huitième Tableau.

La rencontre des deux armees Francoifes.
Sur ces trois planches le même monogramme que fur le vingt-cinquième Tableau & à la même place.

Vingt-neuvième Tableau.

La Ville de Chartres affiegee.....
Signé : Perriffim 1570. à droite.

Trentième Tableau.

Lordonnance des deux Armees francoifes.....
Signé : Perfinvs 1569. à gauche.

Trente-unième Tableau.

La rencontre des deux armees Francoifes entre Cognac et Chafteauneuf.
Monogramme et fignature I. Tortotel. à gauche.

Trente-deuxième Tableau.

La rencontre des deux armees a la Roche en Lymofin.....
Sign. I. Tortorel. à droite.

Trente-troifième Tableau.

Poityers affiege..... Sign. Perriffim. à droite.

Trente-quatrième Tableau.

Lordonnance des deux armees pres de Moncontour.
Sign. ·I· tortorel. vers la gauche.

Trente-cinquième Tableau.

La derroute du camp de M. les Princes.
Sign. Perriffim 1570. au milieu de la planche.

Trente-fixième Tableau.

La furprinfe de la ville de Nifmes... Sign. ·I· tortorel. 1570. à gauche.

Trente-feptième Tableau.

Sainct Jean d'Angely affiege.....

Trente-huitième Tableau.

L'entreprinfe de Bourges en Berry defcouuerte.....

Trente-neuvième Tableau.

La rencontre des 2 armees....... au paffage de la riuiere du rolne en Dauphiné.

Ces trois derniers tableaux font fignés Perriffim. 1570. vers la gauche.

3224. Hiftoire de Notre Tems. Faite en Latin par M. Guillaume Paradin, & par lui reueue & mife en François. Et du depuis acrüe, outre toutes les precedentes impreffions, du Mariage du Roy Daufin, & de la prinfe de Thionuile. *A Lyon, Par Pierre Michel.* 1558. In-16. Mar. bleu, tr. dor. (*Duru*).

3225. La trefioyeufe plaifante & recreatiue hyftoire compofee par le loyal feruiteur | des faiz | geftes | triumphes et proueffes du bon cheualier fans paour et fans reproche le gentil feigneur de Bayart dont humaines louanges font efpandues par toute la chreftiente. De plufieurs autres bons | vaillans et vertueux cappitaines qui ont efte de fon temps. Enfemble les guerres batailles | rencontres et affaulx qui de fon viuant font furuenues | tant en France | Efpaigne que ytalie. *On les vend en la grant falle du palais au premier pillier en la boutique de Galliot du pre libraire iure de luniuerfite de Paris.* Cy fine la tres ioyeufe....... *Nouuellement imprimee a Paris par Nicolas couteau pour Galliot du pre..... fut acheue d'imprimer* le xviiie iour de Septembre Lan mil cinq cens vingt et fept. In-4. goth. à longues lignes. A-Z. z. par 4 ff. ? de 2. Mar. rouge, fil. tr. dor. (*Koehler*).

3226. Hiftoire du Chevalier Bayard, Lievtenant General povr le Roy av Govvernement de Daulphiné, et de plvfievrs chofes mémorables advenues en France, Italie, Efpagne, & és Pays bas, Du Regne des Roys Charles VIII, Louys XII, & François I. depuis l'an 1489, iufques à 1524. *A Paris, Chez Abrham Pacard,* MDCXIX. In-4.

3227. Difcours Modernes et facetieux des faicts aduenus en diuers pays pendant les guerres Ciuiles de France. Par I. B. S. D. S. C. *A Lyon, Par Pierre Michel*. MDLxxii. In-16. Mar. vert, fil. tr. dor.

3228. Le chant de la Paix de France, et d'Angleterre, chãté par les trois eftatz, compofé par l'Jndigent de Sapience. Publié à Paris le famedy vingtneufiefme iour de Mars, mil cinq cens quarante-neuf, auant Paques. *Imprimé à Paris, par Nicolas Buffet, pres le College de Reims*. Pet. in-8. de 12 ff. Fig. fur bois. Mar. bleu.

3229. Le couronnement du roy Francois premier de ce nom. Voyage z conquefte de la duche de millan | Victoire et repulfion des exurpateurs dicelle auec plufieurs fingularitez des eglifes | couuens | villes | chafteaulx et fortereffes dicelle Duche puis lan mil cinq cés et quinze | cueillies z redigs p le moyne sãs froc (Pafquier Lemoyne). *Ilz fe vendent chez Gilles couteau demourant en la rue des petits champs pres fainct Julien Ou au palais*. Cy finiffent les couronnement du roy Francois | conquefte....... *Et a efte acheue de imprimer* le xxe iour de Septembre Mil cinq cens et vingt *Pour Gilles couteau*..... In-4. goth. a-o le 1er et le dernier cahier par 4 ff. les autres par 8. Mar. bleu, fil. tr. dor. (*Niedrée*).

3230. Le Sacre et Covronnement du Roy Henry deuxiefme de ce nom. *De l'imprimerie de Robert Eftienne*. Sans date. Petit in-8. de 20 ff. Une figure fur bois au verfo du 6e feuil., repréfentant la ceremonie du Sacre. Veau fauve, fil. tr. dor. (*Niedrée*).

3231. Hiftoire du Roy Henry Le Grand, compofée par Meffire Hardouin de Perefixe. *à Amfterdam, chez Louys & Daniel Elzevier*. MDclxi. In-12. Mar. grenat, filets à compartim., tr. dor.

3232. Journal du Règne de Henri IV par Pierre De L'Eftoile,

avec des Remarques Hiftoriques et Politiques du Chevalier C. A. B. et plufieurs Pièces Hiftoriques du même temps. *La Haye*, 1741. 4 vol. = Journal de Henri III ou Mémoires pour fervir à l'Hiftoire de France, par Pierre De L'Eftoile, avec des Remarques Hiftoriques, et des pièces manufcrites les plus curieufes de ce Règne. *La Haye*, 1744. 5 vol. Enfemble 9 vol. in-8. Veau fauve, filets.

3233. Hiftoire de la Mort déplorable de Henry IIII Roy de France et de Navarre. Enfemble vn Poeme, vn Panegyriqve, & vn Difcours funebre. Dreffé à fa Mémoire immortelle. *Iouxte la copie imprimee A Paris, Chez la Vefue M. Guillemot, & S. Thibovfy.* MDCXII.

3234. Oraifon fvnebre prononcee en l'Eglife Cathedrale de S. Croix d'orleans aux obfeques & derniers honneurs du Tres-Augufte, tres-Victorieux, & tres-Chreftien Henry le Grand IIII Roy de France & de Navarre..... le Vendredy 18 Juin 1610 par Meffire de La Savffaye, Docteur en Theologie & aux Droicts, Confeiller & Aumonier du Roy, Doyen & Chanoine de ladicte Eglife. Dediee au Roy, *A Lyon, par Lovis Perrin, jouxte la copie imprimee a Paris chez Rolin Thierry, rue S. Iaques, au Soleil d'or*, 1610. 1860. Pet. in-8. broché.

3235. Mémoires de la Reyne Marguerite. Nouvelle édition, plus correcte. *A Amfterdam, Chez Antoine Michiels.* MDCXLI. In-12. Mar. vert, filets à compartim., tr. dor. (*Koehler*).

3236. Les Negotiations de Monfieur le Préfident Jeannin. *Iouxte la Copie de Paris. Chez Pierre Le Petit.* 1659. 2 vol. in-12. Vélin.

3237. Mémoires de Mre Philippe Hurault, Comte de Chiverny, Chancelier de France, fous les Rois Henry III & Henri IV. *A La Haye, chez T. Johnfon.* 1720. 2 vol. in-12. Mar. rouge, filets. Non rognés.

3238. Satyre Ménippée de la Vertu du Catholicon d'Efpagne : Et de la tenüe des Eftats de Paris. A la quelle eft adioufté un Difcours fur l'interpretation du mot de Higuiero d'Jnferno, & qui en eft l'Autheur. Plus le Regret de la mort de l'Afne Ligueur d'une Damoifelle, qui mourut durant le Siege de Paris. Auec des Remarques & explications des endroits difficiles. *A Ratisbonne, Chez Mathias Kerner.* 1664. avec les 3 figures. In-12.

3239. Satyre Ménippée de la Vertu du Catholicon d'Eſpagne, et de la Tenue des Eſtats de Paris. A la quelle eſt ajoûté un Diſcours ſur l'interpretation du mot de HIGUIERO DEL INFERNIO, & qui en eſt l'Auteur. Plus le Regret ſur la mort de l'Aſne Ligueur d'une Damoiſelle, qui mourut pendant le ſiege de Paris. *A Ratisbonne, Chez les Heritiers de Mathias Kerner.* 1711. 3 vol. in-8. réglés. Veau fauve, filets.

3240. Mémoires dv Dvc de Rohan, ſur les choſes advenües en France depuis la mort de Henry le Grand, juſques à la paix faite avec les Reformez au mois de Juin 1629. Seconde édition augmentée d'un quatrieſme Livre, et de divers diſcours politiques du meſme Auteur, cy-devant non imprimez. MDCXLVI. (*à la Sphere*). In-12. Mar. grenat, filets d'or et compart. à froid, tr. dor. (*Simier*).

3241. Mémoires dv Dvc de Rohan, ſur les choſes advenües en France depuis la mort de Henry le Grand juſques à la paix faite avec les Reformez..... *A Paris, ſur l'imprimé à Leyden, chez Louys Elzevier, Imprimeur de l'Academie.* MDCLXI. In-12. Mar. bleu, fil. tr. dor. (*Koehler*).

Il s'arrête à la fin du 4ᵉ Livre des Mémoires, & à la page 371.

3242. Catalogue de Documents hiſtoriques et lettres autographes relatifs au Regne de Louis XIII. Portefeuille de la correſpondance du Cardinal Quirini appartenant à la Société des Bibliophiles Français. *Paris,* 1847. In-8. Papier de Hollande.

Exemplaire de Sociétaire.

3243. Le ſacre et couronnement de Louis XIV, Roy de France et de Navarre, dans l'Egliſe de Reims, le ſeptième Juin 1654. Où toutes les Cérémonies, Séances des Cardinaux, Prélats, Officiers de la Couronne & autres, avec leurs fonctions, sont fidelement décrites. *A Paris, chez Jean Michel Garnier*, 1720. In-12, réglé. Mar. rouge, tr. dor. Anc. reliure.

3244. Mémoires du Cardinal de Retz, Contenant ce qui s'est passé de remarquable en France, pendant les premieres années du règne de Louis XIV. *A Amsterdam, chez J. Frederic Bernard*, 1731. 4 vol. = Mémoires de Gui Joly Conseiller au Chatelet, Contenant l'histoire de la Régence d'Anne d'Autriche, & des premieres annees de la majorité de Louis XIV, jusqu'en 1666. les Intrigues du Cardinal de Rets à la Cour, ses voiages en divers païs de l'Europe & la vie privée de ce Cardinal jusqu'à sa mort. *ibidem*, 1738 et 39. 2 vol. = Mémoires de Madame la Duchesse de Nemours : Contenant ce qui s'est passé de plus particulier en France pendant la guerre de Paris, jusqu'à la prison du Cardinal de Rets en 1652. avec les differens caracteres des Personnes de la Cour. *ibidem*, 1738. 1 vol. ensemble 7 vol. in-8. Mar. rouge, dentelle, d. de moere, tr. dor. Très-bel exemplaire relié par *Bozerian*.

3245. Histoire de la détention du Cardinal de Rets, Archevesque de Paris, et de ses suites. Pour montrer combien il est essentiel de prendre les voies regulieres de l'Ordre Judiciaire, pour la punition des délits commis par les Evêques ; & dans quels défilés on se jette, quand on ne suit que les voies d'une autorité arbitraire (par Le Paige et le Président de Messière). *A Vincennes*, 1755. In-12. Veau antiqué, fil. tr. dor. (*Vogel*).

3246. Mémoires de M. D'Artagnan, Capitaine-Lieutenant de la premiere Compagnie des Mousquetaires du Roi, contenant quantité de choses particulieres et secrettes qui se font passées sous le règne de Louis le Grand. *Cologne, Pierre Marteau*, 1700. 3 vol. in-12, Veau brun.

3247. Histoire du soulèvement des fanatiques dans les Sevènes, le quel a commencé en 1702, et a été entièrement terminé en 1705, par M. D. (Duval). *A Paris, chez Jean Luc Nion*, 1713. In-12. Veau marbré, tr. dor. aux Armes de Saint Ange.

3248. Hiſtoire du fanatiſme de noſtre temps, et le deſſein que
l'on avoit de ſoulever en France les mécontens des Calvi-
niſtes, par Brueys de Montpellier. *A Montpellier, che₂ Jean
Martel*, 1709. 4 vol. in-12.

3249. Hiſtoire memorable de la perſecution et ſaccagemēt
de Merindol et Cabriers et autres circōvoiſins, appelez Vau-
dois. Sans lieu. MDLVI. In-8. Mar. vert, fil. tr. dor.

3250. Le Pere de La Chaize, confeſſeur de Louis XIV. Etudes
d'hiſtoire religieuſe par R. de Chantelauze. Lettres & Documents inédits, La Regale, l'Aſſemblée de 1682, Les Miſſions Etrangeres, La Révocation de l'Edit de Nantes, Le
Janſéniſme, Le Quietiſme. *Lyon*, 1859. In-8. Demi-reliure,
dos et coins de mar. bleu, non rogné, tête dorée. Don de
l'Auteur.

L'un des deux exemplaires ſur papier de Hollande.

RELATIONS D'ENTRÉES DE ROIS

3251. Bref et ſommaire recueil de ce qui a été faict, et de
l'ordre tenue à la ioyeuſe et triumphante Entree de trespuiſſant, tres-magnanime et tres-chreſtien Prince Charles IX
de ce nom Roy de France, en ſa bonne ville et cité de Paris,
le mardy ſixieſme iour de Mars, Avec le couronnement de
très haute, très illuſtre et très-excellente Princeſſe Madame
Eliſabet d'Autriche ſon épouſe, le Dimanche vingt cinquieſme. Entree de la dicte Dame en icelle ville le ieudi
xxix du dict mois de Mars, MDLXXI. *A Paris, de l'imprimerie de Denis du Pré*, 1572 et 1571. 2 parties. Figures ſur
bois.

— Au Roy, Congratulation de la paix faicte par Sa Majeſté
entre ſes ſubiectz l'onzieſme iour d'Aouſt, 1570. Pièce en
vers de 10 feuillets (dont le dernier blanc), imprimée en

caractères italiques, fignée : Le Pasquien Parisien. In-4.
Mar. rouge, tr. dor. (*Traut{ Bau{onnet*).

Cette relation eſt de Simon Bouquet, & les vers grecs & français qui s'y trouvent
mêlés font de Dorat, de Ronfard & de Bouquet. Les gravures ſur bois font probable-
ment d'Olivier Condoré, tailleur & graveur ſur pierres précieuſes, à qui il eſt accordé
le privilége de *graver & faire imprimer par figures & lettres tout l'ordre, &c...* Voir le
Privilége.

3252. Bref et ſommaire Recueil de ce qui a été faict, et de
l'ordre tenüe a la ioyeuſe et triumphante Entree de trespuiſſant, tres-maganime et tres-chreſtien Prince Charles IX
de ce nom Roy de France, en ſa bonne ville et cité de Paris,
capitale de ſon Royaume, le mardy ſixiefme iour de Mars.
Avec le covronnement de tres-haute, tres illuſtre et tres
excellente Princeſſe Madame Eliſabet d'Autriche ſon eſpouſe,
le Dimanche vingt cinquieſme. Et Entree de la dicte Dame
en icelle ville le Jeudi xxix du dict mois de Mars MDLxxi.
A Paris, de l'imprimerie de Denis du Pré, pour Oliuier Codoré.
1572 et 1571. 2 parties en un vol. in-4. Fig. ſ. bois. Mar.
rouge, tr. dor. (*Duru*).

3253. Entrée de Charles IX à Paris le 6 Mars 1571. Deſcription des Appareils, Arcs triomphaux, figures et portraicts
dreſſez en l'hōneur du Roy, au jour de ſon entrée en la ville
de Paris, le ſixième iour de Mars MDLxxi. *A Paris, De
l'imprimerie de Guillaume de Nyuerd.* Réimpreſſion à 50
exemplaires par Louis Perrin, imprimeur à Lyon, pour Aug.
Aubry, libraire à Paris, achevée le premier Septembre 1858.
In-8.

3254. Senfvit le devis des hiſtoires faittes en la citte de Vienne
le premier iour de Decembre lan M cccc. iiii xx. et Dix. p̄.
lentree et bienuenue du Roi Dauphin Charles viije noſtre
ſire, (tiré des manuſcrits de Samuel Guichenon conſervés à
la bibliothèque de la faculté de medecine de Montpellier).
Lion ſvr le Roſne. MDcccL. (*Imprimé par Louis Perrin,*
à mes frais). In-8. Mar. bleu, fil. tr. dor. (*Traut{ Bau{onnet*).

Ouvrage tiré à petit nombre & non mis en vente.

3255. Entrées de Marie d'Angleterre femme de Louis XII à
Abbeville et à Paris, publiées et annotées par Hipp. Co-
cheris. *Paris, Aubry,* 1859. Imprimé à Lyon par Louis
Perrin, et tiré à 100 exempl. Vignettes ſur bois.

3256. C'eſt l'ordre qui a eſte tenv a la novvelle et ioyeve entree, qve très-hault, tres excellent, et trespuiſſant Prince, le Roy treſchreſtien Henry deuxieſme de ce nom, a faiꞔte en ſa bonne ville et cité de Paris, capitale de ſon Royaume, le ſezieſme iour de Juing MDxlix. *A Paris, chez Jean Dallier.* In-4. Fig. ſur bois. Mar. vert, fil. tr. dor. (*Duru*).

3257. L'Entree de tres Grand, très-Chreſtien, très Magnanime, et Viꞔtorieux Prince Henry IIII Roy de France et de Nauarre, en ſa bonne ville de Lyon, le iiii Septembre MDxcv. de ſon regne le vii. de ſon aage le xlii. Contenant l'ordre & la deſcription des magnificences dreſſées pour cette occaſion par l'ordonnance de Meſſieurs les Conſuls & Eſchevins de ladiꞔte ville. *A Lyon, de l'imprimerie de Pierre Michel.* In-4. Une grande planche pliée. Privilege daté de Septembre mil cinq cens quatre vingts & quinze. Dem. rel. de mar. rouge.

3258. Les devx plvs grandes, plvs celebres reſioviſſances de la ville de Lyon. La premiere, pour l'entree de tres-Grand, tres-Chreſtien, tres-viꞔtorieux Prince, Henri IIII Roy de France & de Nauarre : La ſeconde, pour l'heureuſe publication de la paix. Auec le cours et la ſuite des guerres entre les deux maiſons de France et d'Avſtriche. *A Lyon, par Thibavd Ancelin.* MDxcviii. In-4. Figures.

3259. Reception de tres-chreſtien, tres-ivxte, et tres-viꞔtorieux Monarqve Lovys XIII Roy de France & de Nauarre, premier Comte & Chanoine de l'Egliſe de Lyon : Et de tres-chreſtienne, tres auguſte, & tres-vertueuſe Royne Anne d'Avſtriche : par Meſſieurs les Doyen, Chanoines, & Comtes de Lyon, et leur Cloiſtre & Egliſe, le 11 Decembre MDCxiii. *A Lyon, par Jacqves Rovſſin,* MDCxxiii. In-fol. Figures gravées par Audran, Huret et P. Faber. Dem. rel. de veau violet.

2 planches à la ſuite de la ſign. A. 5 planches à la ſuite du premier feuillet E.

3260. C'eſt l'ordre qui a eſte tenv à la novvelle et ioyevſe entrée, que treshault, treſexcellét, & treſpuiſſãt Prince, le Roy treſchreſtien Henry deuzieſme de ce nom, à faiꞔte en ſa bonne ville & cité de Paris, capitale de ſon Royaume, le ſezieſme iour de Juin MDxlix. *On les vend à Paris chez*

Jacques Roffet dict le faulcheur, en la rue Geruais Laurẽs, à l'enseigne du Soufflet pres Saincte-Croix en la cité. In-4. Fig. sur bois.

Pièce très-rare. a–g par 4 ff. A & B par 4 plus 2 feuillets. Total du volume, 38 ff. chiffrés jusqu'au 37°. Le second Alphabet contient :

L'ordre de lentree de la Royne.

3261. La magnificence de la fuperbe et trivmphante entree de la noble et antique Cité de Lyon faicte au Trefchreftien Roy de France Henry deuxiefme de ce nom, et à la Royne Catherine fon Efpoufe le xxiiii de Septembre MDxLVIII. *A Lyon, chez Guillaume Roville.* 1549. In-4. Fig. fur bois. Mar. rouge, tr. dor. (*Duru*).

3262. L'Entrée du Roy et de la Reine dans la ville de Lyon : ov le Soleil av figne de Lyon, d'où font tirées qvelqves paralleles avec le tres-chreftien... Lovys XIII Roy de France et de Navarre. Enfemble vn fommaire recit de tout ce qui s'eft paffé de remarquable en la dite Entree de Sa Majefté, & de la plus illuftre Princeffe Anne d'Avtriche, Royne de France et de Navarre, dans la ville de Lyon le 11 Decembre 1622. *A Lyon, chez Jean Jvllieron.* MDCXXIV. In-fol. Vélin. Aux Armes de la ville de Lyon.

3263. Le Soleil au figne de Lyon, d'où quelques paralleles font tirez, avec le tres-chreftien..... Lovis XIII Roy de france et de Navarre, ou fon Entrée triomphante dans fa ville de Lyon : Enfemble vn fommaire recit de tout ce qui s'eft paffé de remarquable en la ditte Entrée de Sa Majefté, et de la plus illuftre Princeffe Anne d'Avtriche, Royne de France et de Navarre, dans la ville de Lyon le 11 Decembre 1622. *A Lyon, chez Jean Jvllieron.* MDCXXIII. In-fol. Vélin, tr. dor. Aux Armes de la ville de Lyon.

Remarques fur les deux articles qui précèdent, utiles pour une collection lyonnaife.

L'édition de 1624 porte, au bas de l'Epître au Roy, les fignatures des Prévofts & Echevins, De Monconis de Seve, Michel Mazette. Landry, qui ne fe trouvent pas dans l'édition de 1623. L'impreffion des feuillets préliminaires n'eft pas la même dans les deux éditions. Mais, à partir du premier feuillet, figné : A 2, *Idée Générale*, & de la première page, chiffrée 3, tout eft femblable dans les deux éditions. Seulement, dans l'édition de 1624, il y a une planche entre les pp. 132 & 133. Dans l'édition de 1623, après la page 132, on trouve la planche à la fuite d'un feuillet blanc, & le feuillet qui fuit eft chiffré 135. De là, jufqu'à la fin de l'ouvrage, la compofition eft toute différente dans les deux éditions. Les planches font les mêmes dans les deux éditions. La feconde partie, imprimée par Jacques Rouffin, avec la date de 1623, eft abfolument la même dans les deux éditions.

3264. La Defcription de l'Ordre du camp & feftiemt & Jouftes des trefchreftiens et trefpuiffãs Roys de France & Dangleterre Lã Mil ccccc et vingt au mois de Juing. *Paris*, 1864. In-12. br.

Ouvrage tiré à 75 exemplaires.

RÉVOLUTION DE 1789 ET SUITE

3265. Précis hiftorique de la Révolution Françoife, par J.-B. Rabaut ; fuivi de l'Acte conftitutionnel des François. Seconde édition, augmentée de reflexions politiques fur les circonftances préfentes, par le même Auteur. *Paris, Imprimerie de P. Didot l'aîné.* 1792. Figures avant la lettre. 1 vol. = Précis hiftorique de la Révolution Française, par Lacretelle jeune. Convention Nationale, 1803. 2 vol. Affemblée légiflative, 4ᵐᵉ édition. 1815. 1 vol. Directoire exécutif, 1806. 2 vol. *Paris, Imprimerie de Didot jeune.* Figures avant la lettre et Eaux-fortes. Enfemble 6 vol. in-18. Papier vélin. Dem. rel. de veau grenat. Non rognés.

3266. Notice fur Louis XVI, avec des autographes, fac-fimile, portraits, vignettes. la défenfe prononcée à la barre de la Convention par De Sèze, et des notices hiftoriques fur les Teftaments de Louis XVI et de Marie-Antoinette. Recueil formé par les foins de Foffe-Darcoffe, chef de bureau au Miniftère des finances. In-4. Mar. rouge.

Plus de 170 pièces compofent ce précieux volume. 46 portraits de différents formats, de Louis XVI, de la famille Royale, de leurs défenfeurs, &c., dont plufieurs font entourés de fujets allégoriques. 17 Autographes & fac-fimile, avec ou fans fignature, de Louis XVI, Marie-Antoinette, Tronchet, de Sèze, &c. Un cartouche allégorique, gravé par Louis XVI pour la carte de la forêt de Fontainebleau. 49 mandats, bons & affignats, plufieurs à l'effigie Royale, un de l'Armée Catholique de Bretagne, imprimé en vert, avec le portrait de Louis XVI. Une feuille d'affignats de 10 & une carte de divers papiers-monnoie. 59 autres pièces hiftoriques retraçant des époques de 93, Supplice du Roi, &c., &c. Les portraits en miniature de Louis XVI & de Marie-Antoinette, gravés par Savart, tirés fur la même feuille en regard, ont été ajoutés.

3267. Confidérations fur la France (par Jos. de Maiftre). *Londres* (*Bâle*), 1797. In-8. Dem. rel. de maroquin bleu, non rogné.

Edition originale.

3268. Effais hiftoriques fur les caufes et les effets de la Révolution de France, avec des notes fur quelques événements et quelques inftitutions ; par C. F. Beaulieu. *Paris*, 1801. 6 vol. in-8. Dem. rel.

3269. Annales Françaifes, 1789-1790. par Guy Marie Sallier. *Paris*, 1832. Deux volumes in-8. Demi-reliure de veau violet.

3270. Les Hommes de la Révolution peints d'après nature, par Cofte D'Arnobat. *Paris*, 21 janvier 1830. = Anecdotes curieufes et peu connues fur différens Perfonnages qui ont joué un Rôle dans la Révolution (par Cofte d'Arnobat). *Geneve, et à Paris, che*ʒ *Michel.* fin d'Août, 1793. In-8. Dem. rel. de veau olive.

On a relié & placé à la fin du volume des pièces manufcrites de Méon, copiées fur un original de Cofte D'Arnobat ; & un article de la *Gaʒette Littéraire.*

3271. Dictionnaire biographique et hiftorique des hommes Marquans de la fin du dix-huitième fiècle, et plus particulièrement de ceux qui ont figuré dans la Révolution Françoife. Suivi d'un fupplément et de quatre tableaux des maffacres et profcriptions. Rédigé par une fociété de Gens de Lettres. *Londres*, 1800. 3 vol. in-8. Dem. rel. de veau fauve.

3272. Mémoires pour fervir à l'hiftoire du Jacobinifme, par M. l'Abbé Barruel. *Hambourg*, 1803. 5 vol. in-8. Demireliure.

3273. Etudes Révolutionnaires. Philippe D'Orléans-Egalité. Monographie par Augufte Ducoin. *Paris*, 1845. In-8.

3274. Mémoires de Madame la Marquife de La Roche Jaquelin, écrits par elle-même. *Paris*, 1816. In-8. Veau écaillé, dentelle.

3275. Mémoires de M. de Bourienne, Miniftre d'Etat; fur Napoléon, le Directoire, le Confulat, l'Empire et la Reftauration. *Paris*, 1829. 10 tomes en 5 vol. in-8. Dem. rel. de veau violet.

3276. Hiftoire du Confulat et de l'Empire, faifant fuite à l'hiftoire de la Révolution Françaife, par M. Thiers. *Paris*, 1845 à 1862. 20 vol. in-8. Dem. rel. de veau fauve. Non rognés.

3277. L'Expédition de Rome en 1849, avec pièces juftificatives et documents inédits, par Léopold de Gaillard. *Paris*, 1861. In-8.

PROVINCES ET VILLES

PARIS ET VILLES ENVIRONNANTES

3278. Hiſtoire de la Ville et de tout le Diocèſe de Paris, par l'Abbé Lebeuf. *Paris, Prault,* 1754-1758. 15 vol. in-12. Veau marbré.

3279. Diſſertation ſur l'Hiſtoire Eccléſiaſtique et Civile de Paris, ſuivie de pluſieurs éclairciſſements ſur l'Hiſtoire de France, par l'Abbé Lebeuf. *Paris, Lambert et Durand,* 1739-1742. 3 vol. in-12. Veau marbré.

3280. Hiſtoire des perſécutions de l'Egliſe de Paris depuis l'an 1557, iuſques au temps du Roy Charles neufuiéſme. *A Lyon,* MDLxiii. In-8. Mar. rouge, dent., tr. dor. Anc. rel.

3281. Calendrier hiſtorique et chronologique de l'Egliſe de Paris, par Le Fevre. *Paris,* 1747. In-12. Veau écaillé.

3282. Deſcription hiſtorique des Curioſités de l'Egliſe de Paris, Contenant le détail de l'Egliſe, tant intérieur qu'extérieur, le Tréſor, les Chapelles, Tombeaux, Epitaphes, & l'explication des Tableaux, avec les noms des peintres, &c. par M. C. P. G. *A Paris, chez C. P. Gueffier,* 1763. In-12. Figures. Veau marbré.

3283. Hiſtoire de l'Abbaye Royale de Saint Denis en France, contenant la vie des Abbez qui l'ont gouvernée depuis onze cens ans : les Hommes Illuſtres, qu'elle a donnez à l'Egliſe & à l'Etat : les Priviléges accordez par les Souverains Pontifes & par les Evêques : les dons des Rois, des Princes. Avec la deſcription de l'Egliſe & de tout ce qu'elle contient de remarquable. par Dom Michel Félibien, Religieux Bénédictin de la Congrégation de Saint Maur. *A Paris, chez Frederic Leonard.* 1706. In-fol. Figures. Veau jaſpé, filets.

3284. Le Trefor Sacré, ov Inventaire des Saintes Reliqves, et avtres precievx ioyavx qui fe voyent en l'Eglife, & au Trefor de l'Abbaye Royale de S. Denis en France. Enfemble les Tombeaux des Rois et Reines enfepulturez en icelle, depuis le Roy Dagobert, iufques au Roy Henry le Grand, Auec vn abregé des chofes plus notables arrivées durant leurs Regnes. par Don Germain Millet, Religieux Bénédictin de la Congregation de Saint Maur, Ordre de fain Benoît. *A Paris, chez Jean Billaine.* MDcxxxviii. In-12. Veau marbré.

3285. Abrégé de l'Inventaire du Threfor de St Denys où les pieces font mifes en l'ordre fuiuant. *A Paris*, 1658. 16 pp. = Jnventaire ov Denombrement tant des Corps Saints & Tombeaux des Rois, qu'autres raretez qui fe voyent en l'Eglife de faint Denys hors du Trefor. *A Paris*, 1659. 16 pp. une figure f. bois. = Les Raretez qui fe voyent dans l'Eglife Royale de S. Denys, auec des Remarques curieufes. *A Paris, imprimerie de Michel Garnier*, 1700. 16 pp. = Les Tombeaux des Rois, des Reines, & des autres qui font dans l'Eglize Royale de S. Denis. *A Paris, idem.* 1711. 15 pp. = Le Trefor de l'Abbaye Royale de S. Denis en France, qui comprend les Corps Saints & autres Reliques precieufes qui fe voyent tant dans l'Eglife, que dans la Salle du Tréfor. *A Paris, idem.* 1730. 16 pp.

Pièces réunies en un vol. in-12. Dem. rel., dos & coins de mar. vert.

3286. Hiftoire de l'Abbaye Royale de Saint Germain des Prez. Contenant la vie des Abbez qui l'ont gouuernée : les Hommes Jlluftres qu'elle a donnez à l'Eglife & à l'Etat : les Privileges accordez par les Souverains Pontifes & par les Evêques : les dons des Rois, des Princes. Avec la defcription de l'Eglife, des tombeaux & de tout ce qu'elle contient de plus remarquable. par Don Jacques Bouillard, Religieux Bénédictin de la Congrégation de Sain Maur. *A Paris, chez Gregoire Dupuis*, 1724. In-fol. Grand papier. Figures. Veau écaillé, filets.

3287. La flevr des antiquitez, fingularites, et excellences de la noble et triomphante ville et cite de Paris, capitale du royaulme de France, adiouftees oultre la premiere impreffion

plufieurs fingularitez eftans en la dicte ville. Auec la genealogie du roy Francoys premier de ce nom (par Gilles Corrozet). *On les vend a Paris au premier pillier en la grant falle du*
Palais par Galiot du Pré. 1532. In-16. Mar. bleu, tr. dor.
(*Duru*).

3288. Les antiquitez, chroniqves, et fingvlaritez de Paris, ville
capitale du royaume de France, auec les fondations et baftimens des Lieux : les fepultures et epitaphes des Princes,
Princeffes et autres perfonnes illuftres : corrigées et augmentées pour la feconde édition, par G. Corrozet Parifien.
cA Paris, en la boutique dudict Gilles Corrozet. 1561. *Im-*
primé à Paris par Benoift Preuot, rüe Fromental, à l'enfeigne de
l'Etoile d'or, prés le cloz Bruneau : pour Gilles Corrozet libraire,
tenant fa boutique en la grand falle du Palais : et a efté acheué
le fecond iour du mois de May, l'an Mil cinq cens foixante
et vn. In-8. Veau fauve, fil. tr. dor.

3289. Les Antiqvitez Croniqves et fingvlaritez de Paris, ville
capitale du Royaume de France, auec les fondations et baftimens des Lieux les fepulchres et Epitaphes des Princes,
Princeffes et autres perfonnes illuftres. par Gilles Corrozet,
Parifien, et depuis augmentees, par N. B. Parifien. *cA Paris,*
chez *Corrozet,* 1581. In-16. réglé.

3290. Les antiqvitez, croniqves et fingvlaritez de Paris, ville
capitale du Royaume de France. Auec les fondations et baftimens des Lieux : les Sepulchres et Epitaphes des Princes,
Princeffes et autres perfonnes illuftres. par Gilles Corrozet,
Parifien, et depuis augmentees par N. B. Parifien. *cA Paris,*
par Nicolas Bonfons. 1586. — Les antiqvitez et fingularitez
de Paris. Livre fecond..... Recueillis par Jean Rabel, M.
painctre. *cA Paris, par Nicolas Bonfons.* 1588. In-8. Vélin.

3291. Les Faftes Antiqvitez et chofes plvs remarqvables de
Paris, labeur de curieufe et diligente recherche, diuifé en
quatre liures, par Pierre Bonfons, Parifien. *cA Paris, par*
Nicolas et Pierre Bonfons. M Dcv. In-8. Veau jafpé, fil.
tr. dor.

3292. Les Antiqvitez et Chofes plvs remarquables de Paris,
Recueillies par (C. Corrozet et) M. Pierre Bonfons, Contr'ooleur au grenier et Magafin à fel de Pontoife. Augmentées,

par frere Jacques du Breul, Religieux octogénaire de l'Abbaye de Sainct Germain de Prez, lez Paris. *A Paris, par Nicolas Bonfons*, MDCVIII. In-8. Figures. Veau fauve, fil. tr. dor. (*Niedrée*).

3293. La Liste de tovs les Noms des Eglises, Chappelles, Rües, Hostels des Princes & Grands Seigneurs; et Antiquité de la Ville, Cité & Uniuersité de Paris, auec les noms des Ponts, Fontaines, de la dite Ville & Fauxbourgs. Plus un brief estat de la despense que chaque personne peut faire par iour. Auec les Antiquités des Maires du Palais. *A Paris, chez Nicolas Bessire*, MDCLXXII. In-12, de 28 pp. Dem. rel., dos et coins de veau fauve.

3294. Description nouvelle de ce qu'il y a de plus remarquable dans la ville de Paris par M. B. (Germain Brice). *A La Haye, chez Abraham Arondeus*, MDCLXXXV. 2 tom. en un vol. in-12. Mar. rouge, tr. dor. (*Bauzonnet*).

3295. La Ville de Paris, contenant le nom de ses rues, de ses faux-bourgs, Eglises, Monastères et Chapelles, Collèges, le temps de leur fondation, et autres particularités historiques; ses places, ponts, portes, fontaines, palais et hôtels, avec leurs aboutissans, par Colletet. *A Paris, chez Antoine Rufflé*, MDLXXXIX. In-12. Veau brun.

3296. Description de la ville de Paris au XVe siècle, par Guilbert de Metz, publiée pour la première fois d'après le manuscrit unique par Leroux de Lincy. *Paris*, 1855. In-8. Dem. rel., dos et coins de mar. rouge. Non rogné.

3297. Le Géographe Parisien, ou le conducteur chronologique et historique des rues de Paris, orné des sept plans d'accroissements, de vingt plans détachés mis en tête de chaque quartier et du plan général, avec l'étymologie des rues, leurs longueurs et largeurs, anecdotes historiques, paroisses, couvents, collèges, hôpitaux, &c. (par Le Sage). *Paris*, 1769. 2 vol. in-8. Veau marbré.

3298. Plan topographique et raisonné de Paris, par les Srs Pasquier et Denis graveurs. 1758. In-12. Veau marbré, filets.

3299. Description des Catacombes de Paris, précédée d'un

précis hiſtorique ſur les catacombes de tous les peuples de l'univers et du nouveau Continent, par L. Héricart de Thury. *Paris*, 1815. In-8. Dem. rel. de mar. rouge. Non rogné.

3300. Notice ſur le Plan de Paris de Jacques Combouſt publié pour la première fois en 1652, reproduit par la Société des bibliophiles François en 1858 avec le diſcours ſur l'antiquité, grandeur, richeſſe, gouvernement de la ville de Paris, par P. P., et une table alphabétique indiquant les rues, les ponts, les portes, les égliſes, les couvents, les colléges, les palais, les hôtels & maiſons remarquables. *Paris*, 1858. In-12. Papier fort et planches enfermées dans un cartable in-fol.

Exemplaire de Sociétaire.

3301. Hiſtoire du château de Chambord par L. de La Sauſſaye. *Blois*, 1854. Grand in-8. vignettes.

Le château de Chambord, par L. de La Sauſſaye, huitième édition, augmentée de pièces juſtificatives. *Lyon, imprimerie de Louis Perrin*. 1859. In-8. — Le même, dixième édition, revue, corrigée et augmentée. *Blois*, 1864. In-8. vignettes.

Blois et ſes environs (par L. de La Sauſſaye). deuxième édition du Guide hiſtorique dans le Bléſois, revue, corrigée, augmentée et illuſtrée de 32 vignettes. *Blois et Paris*. 1860. In-12.

3302. Blois et ſes environs, troiſième édition du Guide hiſtorique dans le Bléſois, revue, corrigée, augmentée et illuſtrée de 38 vignettes. *Blois et Paris*, 1862. In-8.

3303. Lettres hiſtoriques des Archives communales de Tours depuis Charles VI juſqu'à la fin du regne de Henri IV. 1416-1594. publiées par Victor Luzarche. *Tours, imprᵉ de Mame et Cᵉ*. 1861. In-8.

Publication de la Société des bibliophiles de Touraine.
Exemplaire de Sociétaire, ſur papier chamois.

3304. Quelques lettres de Henry IV relatives à la Touraine, publiées par le Prince Auguſtin Galitzin. *Tours*, 1860. in-8.

Publication de la Société des bibliophiles de Touraine.
Exemplaire de Sociétaire, ſur papier chamois.

3305. Promenades dans la Touraine, par Alexis Monteil. *Tours*, 1861. In-8.

Publication de la Société des bibliophiles de Touraine.
Exemplaire de Sociétaire, fur papier chamois.

3306. Rapport au Roi fur la Province de Touraine par Charles Colbert de Croiffy, Commiffaire départi en 1664. publié d'après le manufcrit de la Bibliothèque impériale par Ch. de Sourdoval. *Tours*, 1863. Grand in-8. br.

Publication de la Société des bibliophiles de Touraine.
Exemplaire de Sociétaire, fur papier chamois.

3307. Procès-verbal du pillage par les Huguenots des reliques et joyaux de Saint-Martin de Tours en Mai et Juin 1562. Publié pour la première fois par M. Ch. L. Grandmaifon. *Tours*, 1863. Grand in-8. br.

Publication de la Société des bibliophiles de Touraine.
Exemplaire de Sociétaire, fur papier chamois.

LYON ET LYONNAIS

3308. Hiftoire Civile et Confulaire de la Ville de Lyon, juftifiée par Chartres, Titres, Chroniques, Manufcrits, Autheurs Anciens & Modernes, & autres Preuves, avec la carte de la Ville comme elle étoit il y a environ deux fiècles. Par le P. Claude François Meneftrier de la Compagnie de Jéfus. *A Lyon, Chez Jean-Baptifte et Nicolas De Ville.* M Dcxcvi. In-fol. Dem. rel. de mar. rouge. Non rogné ni ébarbé.

Les feuillets chiffrés 127, 128, 153, 154, font doubles,, avec des différences dans quelques parties du texte. Avant le feuillet chiffré 165, 166, on trouve un feuillet chiffré 165 au recto, blanc au verfo, & fuivi d'un feuillet blanc au recto, imprimé au verfo & non chiffré.
Son état & les particularités que je viens de fignaler conftituent cet exemplaire unique. Je l'ai rencontré, par un heureux hafard, en 1804, en feuilles, ce qui m'a permis de conferver les cartons fignalés, & de le poféder fans la moindre imperfection.
13 ff. préliminaires, titre & faux titre compris, non chiffrés. Differtation, 21 ff. chiffrés des deux côtés, 1 à 42. A-Z. Aa-Cc.(Il n'y a pas de fign. Dd.) Ee-Zz. AAa-YYy. par 4 ff. ZZz de 6. a-h. A-S par 4. (Indépendamment des doubles feuillets

ci-deſſus mentionnés.) Entre les pp. 38 & 39, deux planches pliées. Et entre les pp. 40 & 41, la grande carte de la ville de Lyon. Entre les pp. 68 & 69, une planche pliée. Entre les pp. 200 & 201, l'horloge de Saint-Jean. Entre les pp. 220 & 221, un feuillet portant deux grands médaillons au recto.

Cette deſcription m'a paru utile, ayant ſouvent rencontré des exemplaires imparfaits.

3309. Hiſtoire de la Ville de Lyon ancienne et moderne, avec les figvres de toutes ſes veües. Hiſtoire Eccléſiaſtique de la Ville de Lyon ancienne et moderne. par le P. Jean de Saint-Aubin. *A Lyon, cheʒ Benoiſt Coral.* MDᴄʟxvɪ. 2 parties en un vol. in-fol. Veau fauve, filets à compartim.

3310. Hiſtoire véritable de la ville de Lyon, contenant ce qui a eſté obmis par Maiſtres Symphorien Champier, Paradin, et autres.... par Maiſtre Clavde de Rvbys. *A Lyon, par Bonauenture Nugo.* MDᴄɪɪɪɪ. In-fol. Vélin, tr. dor. Dans ſa première reliure.

3311. Eloge hiſtorique de la Ville de Lyon, et ſa grandeur conſulaire ſous les Romains et ſous nos Rois, par le P. Clavde François Meneſtrier, de la Compagnie de Jeſvs. *A Lyon, cheʒ Benoiſt Coral,* MDᴄʟxɪx. In-4. Veau jaſpé, filets.

3312. Eloge hiſtorique et hiſtoire abrégée de la ville de Lyon (par Broſſette). *A Lyon, cheʒ Jean-Baptiſte Girin,* 1711. avec les ſuppléments depuis l'impreſſion. In-4. Mar. rouge, tr. dor. Aux Armes de la ville de Lyon.

3313. Hiſtoire Littéraire de la Ville de Lyon, avec une Bibliotheque des Auteurs Lyonnois, Sacrés et Profanes, par le P. De Colonia. *A Lyon, cheʒ François Rigollet,* 1728-30. 2 vol. in-4. Veau fauve, fil. tr. dor.

3314. Recherche des Antiqvités et curioſités de la Ville de Lyon, ancienne colonie des Romains, et capitale de la Gaule celtique, avec un mémoire des principaux antiquaires et curieux de l'Europe (par J. Spon). *Lyon, Ant. Cellier,* 1675. In-12. Figures. Veau antiqué, fil. tr. dor. (*Koehler*).

Exemplaire qui a appartenu à Spon, & qui porte ſa ſignature en tête du titre.

3315. Recherche des antiquités et curioſités de la Ville de Lyon, ancienne colonie des Romains et capitale de la Gaule Celtique, par Jacob Spon. Nouvelle édition augmentée des additions et corrections, écrites, de la main de Spon, fur l'exemplaire de la Bibliothèque impériale, et d'une étude fur la vie et fur les ouvrages de cet antiquaire. *Lyon, impr^e de Louis Perrin*, 1857. In-8. cart. Non rogné.

3316. Recherches des Antiqvités et Cvriofités de la Ville de Lyon, Ancienne Colonie des Romains & Capitale de la Gaule Celtique. Avec un Mémoire des Principaux antiquaires et Curieux de l'Europe (par J. Spon). *A Lyon, de l'imprimerie de Jaqves Faeton.* MDCLXXIII. In-8. Veau brun.

3317. Recherches des Antiquités et Curiofités de la Ville de Lyon par Jacob Spon. Nouvelle édition augmentée de notes et de recherches fur l'adminiftration romaine dans la Gaule Lyonnaife d'après les infcriptions par Léon Renier, des additions et corrections autographes du manufcrit de la Bibliothèque impériale et d'une étude fur Lyon par J. B. Monfalcon. *Lyon, imprimerie de Louis Perrin*, 1858. In-8. cart. Non rogné.

3318. Antiquitez de la ville de Lyon, avec quelques fingularitez remarquables, par le P. Dominique De Colonia. *A Lyon, chez Amaulry et Pafcal.* 1701. In-12. Figures. Veau brun.

3319. Antiquités de la Ville de Lyon, ou Explication de fes plus anciens Monumens. par le P. D. D. C. J. *Lyon, Rigollet*, 1733. 2 vol. in-12. Figures.

3320. Antiquités de Lyon. Differtation fur trois fragments en bronze, trouvés à Lyon, à diverfes époques......... par le Docteur A. Comarmond. *Lyon*, 1840. In-4. br.

3321. Mémoires de l'hiftoire de Lyon, par Guillaume Paradin Coyfeau, doyen de Beaujeu, avec une table des chofes mémorables contenues en ce prefent livre. *A Lyon, par Antoine Gryphius*, 1573. In-fol. Maroquin vert, tr. dor. (*Koehler*).

3322. Defcription de la Ville de Lyon, avec des recherches fur les hommes célèbres qu'elle a produits (par Clapaffon). *A Lyon, de l'imprimerie d'Aimé Delaroche*, 1741. Petit in-8. mar. vert, filets à compartiments. Non rogné, tête dorée.

3323. Hiftoire de la Ville de Lyon, par J. B. Monfalcon (avec des notes par C. Breghot Du Lu A. Pericaud). *Lyon, imprimerie de Louis Perrin*, 1851. 6 vol. in-4. Papier vélin fort. Planches noires et coloriées. Exemplaire de préfent.

Edition tirée à 25 exemplaires. Celui-ci porte n° 17.

3324. Lettres à l'abbé Cattet fur l'hiftoire des Guerres de la Religion à Lyon pendant le feizième fiècle.

— Les Guerres des Proteftants à Lyon de 1561 à 1572, ou fragments de M. Monfalcon, jugés felon la vérité de l'hiftoire (par l'abbé Cattet).

Réunis en un volume in-8.

3325. Infcriptions antiques de la Ville de Lyon, reproduites d'après les Monuments ou recueillies dans les Auteurs. par Alph. De Boiffieu. *Lyon, imprimerie de Louis Perrin*, 1846. 6 parties grand in-4. et Atlas in-4. oblong.

Exemplaire offert par l'Auteur.

3326. Defcription du Mufée Lapidaire de la Ville de Lyon, par A. Comarmond. *Lyon*, 1846-1854. (Avec une lettre autographe d'envoi au nom de la Ville de Lyon.) = Defcription des Antiquités et objets d'art contenus dans les falles du Palais des Arts de la Ville de Lyon, par le même. *Lyon*, 1855-57. 2 vol. grand in-4.

3327. Notice fur les Antiquités et les tableaux du Mufée de Lyon, par F. Artaud. *Lyon*, 1808. In-8. br.

3328. Notice des tableaux de la ville de Lyon, par F. Artaud. *Lyon*, 1817. In-12. br.

3329. Recueil d'ouvrages fur l'hiftoire politique et littéraire de Lyon, imprimés pour la première fois, ou d'après des éditions d'une extrême rareté, publié par J. B. Montfalcon fous le titre de : COLLECTION DES BIBLIOPHILES LYONNAIS. *Imprimés par Louis Perrin, Dumoulin et Ronet, Nigon, Lépagnez et Bajat. Lyon*, 1846. 7 vol. in-12. Papier vélin fort, brochés.

La Société des Bibliophiles Lyonnais, toute de la création de l'imagination de M. Montfalcon, n'a jamais exifté. J'ai placé à la tête du 1er tome de ce Recueil la lifte des perfonnes qui ont foufcrit, à la follicitation de M. Montfalcon, à la publication de ce Recueil, & la defcription du contenu de chacun de ces 7 volumes. J'ai ajouté, comme curiofité, la compofition rêvée par M. Montfalcon, de la Société des

archéologues de Bibliophiles Lyonnais, la nomination de fon Bureau, de fes Commif-
fions, la défignation des ouvrages à publier. Le tout, je le répète, du rêve de M. Montfalcon.

3330. Hiftoire eccléfiaftique du Diocèfe de Lyon, traitée par
la fuite chronologique des vies des Reverendiffimes Arche-
vefques Comtes de Lyon, et Primats de France; Avec les
plus memorables antiquités de la très illuftre Eglife Cathédrale, de toutes les Collégiales, Abbayes & Prieurés; éta-
blie fur les titres des Archives, actes, monumens publics, &
autres preuves authentiques : enrichie du catalogue général
des Bénéfices du dit Diocefe. par Jean Marie De La Mure.
A Lyon, chez Marcelin Gautherin, MDCLXXI. In-4. Veau
olive. fil. tr. dor. (*Koehler*).

3331. Derniers mélanges de littérature et d'archéologie facrée
par l'auteur des Bafiliques de Lyon et du manuel général
d'archéologie facrée Burgundo-Lyonnaife. *Lyon*, 1847.
In-4. br.

3332. Le Révélateur des Myftères de l'antique cérémonial de
Saint-Jean, par l'abbé Jacques. *Lyon*, 1840. In-8. br.

3333. Ainay, fon Autel, fon Amphithéâtre, fes Martyrs, par
Alphonfe de Boiffieu. *Lyon, imprimerie de Louis Perrin*. In-8.
cart.

3334. Armorier général du Lyonnais, Forez et Beaujolais,
comprenant les armoiries des Villes, des Corporations, des
Familles nobles et bourgeoifes actuellement exiftantes, des
Archevêques, des Gouverneurs et des principaux fonction-
naires publics de ces provinces (par Steyer). *Lyon*, 1860.
Petit in-fol. cart. Non rogné.

3335. Mémoires du Gouvernement du Lyonnois faits par
Mᵣ D'Herbigny, Intendant en l'année 1698; et de quelques
autres particularités arrivées jufques en l'année (1713).
In-fol. Veau brun.

Manufcrit fur papier de 420 pages. Il finit aux 28 & 29 mai 1713, avec une carte :
Les Provinces et Gouvernemens du Lyonnois, Forez et Bau-
jélais, de la Haute et Baffe Auvergne, et du Bourbonnois,
par N. De Fier, Géographe.

3336. Recueil de documents pour fervir à l'hiftoire de l'ancien

Gouvernement de Lyon, contenant des notices chronologiques et généalogiques fur les familles Nobles et Anoblies
qui en font originaires ou qui y ont occupé des Charges et
Emplois, avec le Blafon de leurs Armes, mis en ordre et
publié par M. Morel de Voleine, Lyonnois, et H. de Char-
pin, Foréfien. *A Lyon, par Louis Perrin*, 1854. In-fol. cart.
Non rogné.

3337. Recueil des privileges, authoritez, pouvoirs, franchifes,
et exemptions des Prevoft des Marchands, Efchevins, et
habitans de la ville de Lyon, Avec les Arrets de vérification
d'iceux. *A Lyon, par Guillaume Barbier*, MDCXLIX. In-4.
Vélin.

3338. De la milice et Garde bourgeoife de Lyon. (*Lyon*) 1786.
In-4. Dem. rel. de veau. Portrait de M. Tolozan de Mont-
fort, Prévos des Marchands.

3339. Bref recveil de plufieurs titres, touchant l'ancienneté &
pouvoir de l'Office de Capitaine de la Ville de Lyon. Où il
eft incidemment parlé, 1. De l'établiffement fait en l'an
1576 de la charge d'un Sergent-Major de la dite Ville.
2. De l'origine et confirmation tant de la Confrerie des
Archiers, & Arbaleftriers, que de celle des Coleuriniers à
main, qualifiée du depuis du nom de Compagnie de deux
cents Arquebuziers d'icelle Ville, par V. S. F. *A Lyon, par
Pierre Colombier*, 1623. In-8. Vélin.

3340. Recueil des Edits, Declarations, Arrets, et Reglemens,
pour l'établiffement et l'entretien de la Police, dans la Ville
et faux-bourgs de Lyon. *A Lyon, chez André Laurens*, 1711.
= Ordonnances & Reglemens Généraux fur le fait de la
Police et faux-bourgs de Lyon. *A Lyon chez Andre Laurens*,
1710. In-8. Dem. rel. de veau antiqué.

3341. Ordonnances et privilèges des foires de Lyon et leur
antiquité : avec celles de Brie, & Champaigne, et les con-
firmations d'icelles, par fept Roys de France, depuys Philippe de Valois, fixième de nom, iufques à François fecond,
a prefent regnant. *Par Pierre Fradin à Lyon*. 1560. In-8. reglé.
à la marge de plufieurs feuillets, les liftes des Efcheuins et
Confuls. Veau fauve, fil. tr. dor.

3342. Recveil de la chevavchee, faicte en la ville de Lyon : le dixfeptiefme de Nouembre 1578. Auec tout l'ordre tenu en icelle. *A Lyon, Par les Trois Supports.* Sans date. Privilège daté de 1578. In-8. Mar. rouge, filets à compartim., d. de mar. rouge, dentelle, tr. dor. (*Thompfon*).

3343. Recveil faict av vray, de la chevavchee de l'afne, faicte en la ville de Lyon : Et commencée le premier iour du moys de Septembre, Mil cinq cens foixante fix : Auec tout l'Ordre tenu en icelle. *A Lyon, Par Guillaume Teftefort.* Sans date. Privilège daté de 1566. In-8. Mar. rouge, dentelle, tr. dor. Anc. rel.

3344. Recit tovchant la Comedie iovee par les Jefvites, et levrs Difciples, en la ville de Lyon, au mois d'aouft de l'an 1607. L'An CIƆIƆCVII. — Conviction veritable du Recit fabvlevx, divvlgue tovchant la Reprefentation exhibee en face de toute la ville de Lyon, au College de la Compagnie de Jefus, le 7 d'aouft, de la prefente annee 1607. A Meffieurs le Prevoft des Marchands, et Efchevins de la dite ville. *A Lyon, par Abraham Cloqvemin.*

Deux pièces in-8. papier vélin, réimprimées à Lyon par Léon Boitel, précédées d'un Avis de l'Editeur, A. P. (Ant. Pericaud). N° 17 des 25 exemplaires tirés.

3345. Difcovrs des premiers trovbles advenvs à Lyon, avec l'Apologie povr la ville de Lyon, contre le libelle fauffement intitulé, La jufte et faincte defence de la ville de Lyon, par M. Gabriel de Saconay, Praecenteur & Comte de l'Eglife de Lyon. *A Lyon, Par Michel Jove.* MDLxix. In-8. Mar. bleu, fil. tr. dor. (*Cloff*).

3346. Relation de ce qui s'eft fait à Lyon, au paffage de Monfeigneur le Duc de Bourgogne et de Monfeigneur le Duc de Berry, depuis le 9 Avril jufques au 31 du même mois 1701, et deffein du feu d'artifice dreffé fur la Rivière de la Saône..... *A Lyon, chez Amavlry et Pafcal.* = Rejouiffances faites à Lyon pour la naiffance de Monfeigneur le Duc de Bretagne, par le P. De Colonia. *A Lyon, chez Antoine Briaffon.* 1704. In-4.

3347. L'accveil de Madame De La Gviche à Lyon le lundy vingtfeptième d'Auril MDxcviii. Publié iouxte la copie

imprimée à Lyon, la même année, par M. P. Allut. *Lyon,
imprimerie Louis Perrin*, 1861. Petit in-8.

Tiré à 100 exemplaires, dont 80 feuls mis en vente.

3348. L'Entrée folemnelle dans la Ville de Lyon, de Monfeigneur Cardinal Flavio Chigi, Neveu de fa Sainteté, et fon
Légat apoftolique en France : avec les noms, qvalitez et
blafons des Prelats, Seigneurs et Gentils-hommes de fa fuite,
pareillement les noms, qualitez, blafons et harangves des
perfonnes les plus confidérables, qui compofent les corps
de la Ville de Lyon. *Chez Alexandre Fvmeron*, MDCLXIX.
In-fol. Dem. rel. de veau fauve.

3349. Relation de l'Entrée de Monfeigneur Cardinal Flavio
Chigi, neveu de fa Sainteté et fon Légat Apoftolique dans
la Ville de Lyon. *A Lyon, chez Antoine Jvllieron*. MDCLXIX.
In-fol. Vélin.

3350. Decoration du feu d'artifice que Meffieurs les Comtes
de Lyon font dreffer fur la Saône, à l'occafion de leur quatrième Jubilé, avec une explication fuivie des images fym-
boliques, par les quelles on expofe d'une maniere fenfible
ce qu'il faut fçavoir et ce qu'il faut pratiquer pour gagner
ce Jubilé (par le P. Dominique de Colonia). *A Lyon, chez
Jean-Baptifte Roland*, 1734. In-8. Demi-reliure de veau
vert.

3351. De l'Adminiftration municipale, ou Lettres d'un citoyen
de Lyon fur la nouvelle adminiftration de cette ville. Sans
lieu. 1765. In-12. Dem. rel. de veau fauve. Non rogné.

3352. Inftitution de l'Aumofne Generale de Lyon. Enfemble
l'Oeconomie et Reglemens qui s'obfervent dans l'Hôpital
de Nôtre-Dame de la Charité. *Lyon*. MDCXCIX. In-4. Avec
le plan. Maroquin rouge, filets et coins, tr. dor. Rel. anc.
de *Gafcon*.

3353. Catalogue de Meffieurs les Reéteurs, nommez pour
l'Adminiftration de l'Aumône Generale & Hôpital de la
Charité de la Ville de Lyon, depuis fon inftitution (jufqu'à
1725). In-4. Mar. rouge, filets et coins, tr. dor. Rel. anc.
de *Gafcon*.

3354. Hiftoire chronologique de l'Hôpital général et Grand

Hôtel-Dieu de Lyon, depuis fa fondation, mêlée de faits hiftoriques concernant l'Aumône Générale et la Ville de Lyon, par Et. Dagier. *Lyon*, 1830. 2 vol. in-8. Dem. rel. de mar. noir.

3355. Lyon affligé de Contagion, ou Narré de ce qvi s'eft paffé de plvs memorable en cefte Ville, depuis le mois d'Aouft de l'an 1628 iufques au mois d'Octobre de l'an 1629. Par le P. Jean Grillot, de la Compagnie de Jefvs. *A Lyon, Chez François De La Bottiere en rüe Merciere.* MDcxxix. Pet. in-8. Veau fauve, fil. tr. dor. (*Simier*).

3356. L'Ordre pvblic povr la ville de Lyon, pendant la maladie contagieufe, augmenté de plufieurs obfervations, et d'un traitté de la Pefte. *A Lyon; par Antoine Valançol,* MDclxx. In-4.

3357. Lugdunum prifcum, par le Préfident Claude Bellièvre. *Lyon*, 1846. Petit in-8.

3358. Grande carte topographique du cours du Rhône de Lyon à la mer, à l'échelle d'un mètre pour 50,000 mètres. Suivie d'une notice hiftorique et defcriptive de villes et localités des deux Rives. *Lyon, Louis Perrin.* In-4. oblong cart.

3359. Cartulaire de Savigny. Manufcrit fur papier. Copie du Manufcrit exiftant dans la bibliothèque de la faculté de Medecine de Montpellier. Petit in-fol. Dem. rel. de veau fauve. Non rogné.

3360. Les Mafvres de l'Abbaye Royale de l'Ifle Barbe de Lyon..... Avec le catalogue de tovs les Abbez, tant Reguliers que Seculiers, par Claude Le Laboureur. *A Lyon, de l'Imprimerie de Clavde Galbit.* MDclxv. In-4. Vélin.

16 ff. préliminaires, y compris le titre au vafe de fleurs. La fignature ee eft répétée aux deux derniers feuillets. Un feuillet blanc faifant partie du cahier A. 316 pages. La pagination commence au 1er feuillet du texte, A 2. A la fin, 5 feuillets non chiffrés, pour la *Lifte de quelques Moines de l'Ifle*, & les additions & corrections.

3361. Les Mazures de l'Abbaye Royale de l'Isle-Barbe de Lyon, ov Recveil Historiqve de tovt ce qui s'est fait de plus memorable en cette Eglise, depuis sa fondation jusques à present : Avec le Catalogue de tous les Abbez, tant Reguliers que Seculiers (par Claude Le Laboureur). Tome premier. *A Paris, chez Jean Couterot*, MDCLXXXI.

= Les Mazures de l'Abbay Royale de l'Isle-Barbe, ou Histoire de ce qui s'est passé dans ce celebre Monastere. Où se voyent les Genealogies & preuves de Noblesse de ceux qui ont esté receus dans cette Abbaye, & qui sont sortis des plus illustres Maisons des Provinces de Lyonnois, Forêz, Beaujollois, Bourgogne, Dauphiné, Provence & autres, par Claude Le Labovrevr, ancien Prevost de la dite Abbaye. *A Paris, chez Jean Couterot*. MDCLXXXII. 2 vol. in-4. Dem. rel., dos et coins de mar. bleu. Exemplaire non rogné.

Tome 1er. 16 ff. préliminaires, comme à l'édition de 1665. Viennent ensuite 12 feuillets que j'ai ajoutés, du *Supplément aux Mazures de l'Abbaye de l'Isle-Barbe-lez-Lyon*, publié à Lyon en 1846. Vient un feuillet blanc, appartenant au premier cahier, & les 316 pages dont la pagination commence au 1er feuillet, signé A 2, comme dans l'édition originale de Lyon. Il est à remarquer que le dernier paragraphe de la page 316 est autrement rédigé que dans l'édition de Lyon de 1665. Vient ensuite un feuillet blanc, & la suite complette du *Supplement* ci-dessus.

3362. Brieve et Devote Histoire de l'Abbaye Royale S. Martin de l'Isle-Barbe, par Mre Bezian Arroy. *A Lyon, Chez Mathiev Liberal*. MDCLXVIII. Petit in-12. Veau fauve, filets.

3363. Pièce sur une ancienne fête de l'île Barbe (par Bonav. Des Periers, avec des notes par Breghot du Lut). Extrait d'un Recueil de poésies sur Lyon. *Lyon, Barret*. Sans date. In-8. Veau olive, fil. tr. dor. (*Koehler*).

3364. Les Sires de Beaujeu, ou mémoires historiques sur le Monastère de l'Isle Barbe, et la tour de la Belle Allemande, extraits d'une chronique du 14e siècle. *Lyon*, 1800. 2 tom. en un vol. in-8. Dem. rel. de mar. vert.

3365. La Fondation, et les Antiquités de la Basilique Collegiale, Canoniale, et Curiale de S. Paul de Lyon, par le Sr de Quincarnon. Sans lieu ni date. Pet. in-8.

Réimpression de 1846.

3366. Les Antiqvitez et la fondation de la Metropole des Gaules, ou de l'Eglise de Lyon, et de ses Chapelles, par le

Sʳ de Quincarnon. *A Lyon, cheʒ Mathieu Liberal*, MDCLXXIII. Petit in-8.

Réimpreſſion de 1846.

3367. Notre-Dame de Fourvière, ou Recherches hiſtoriques ſur l'Autel tutélaire des Lyonnais, par l'Abbé A. M. Cahour. *Lyon*, 1838. In-8. Dem. rel. de mar. rouge.

3368. Coutumier pour les Religieuſes de l'Ordre du Verbe Incarné et du Saint Sacrement. dreſſé par les ſoins des Religieuſes du même Ordre, du Monaſtère de Lyon. — Directoire pour les Novices de l'Ordre du Verbe-Incarné et du Saint Sacrement. dreſſé par les ſoins des Religieuſes du même Ordre, du Monaſtère de Lyon. — Coutumier (Directoire et) pour les Religieuſes de l'Ordre du Verbe Incarné et du Saint Sacrement. dreſſé par les ſoins des Religieuſes du même Ordre, du Monaſtère de Lyon. M D cc x. 3 parties en un vol. in-8. mar. noir, tr. dor. Exemplaire du Monaſtère, de cet Ordre, d'Anduze.

En tête de la 1ʳᵉ & de la 3ᵉ partie eſt un feuillet blanc, portant la Couronne d'épine, au milieu de laquelle eſt le monogramme de Jéſus & : *Amor meus.*

3369. Recueil des Uſages, Coutumes et Ceremonies qu'on obſerve dans le Royal Monaſtere de Saint Pierre de Lyon, depuis la Mitigation accordée en mil ſix cens quarante-quatre. Le tout dreſſé & mis en ordre par les ſoins de Madame Guione Françoiſe Judith De Coſſé De Briſſac, Abbeſſe de ce Monaſtere. *A Lyon, cheʒ Pierre Valfray, Imprimeur du Roy, de Monſeignevr l'Archevêque & du Clergé. rüe Merciere,* 1718. In-12. Mar. noir.

3370. Hiſtoire de l'Etabliſſement et du Progrès du premier Monaſtère des Religieuſes Annonciades Céleſtes de la Ville de Lyon, fondé par Madame Gabrielle de Gadagne..... compoſée par la R. M. Marie Hieronyme Chauſſe Religieuſe du même Monaſtère. *A Lyon Chen de Chavanne.* M D c x c i x. In-4. Mar. rouge, compart., tr. dor. Aux Armes de Claude de Sᵗ George, Archevêque Comte de Lyon, à qui l'ouvrage eſt dédié; et orné de ſon portrait.

3371. Les Grands Cordeliers de Lyon, ou l'Egliſe et le Couvent de Saint Bonaventure, depuis leur fondation juſqu'à nos jours, par l'abbé L. A. Pavy. *Lyon*, 1835. = Les Cor-

deliers de l'Obfervance à Lyon, ou l'Eglife et le Couvent
de ce nom, depuis leur fondation jufqu'à nos jours, par
l'abbé L. A. Pavy. *Lyon*, 1836. In-8. Mar. noir, filets d'or
et à froid, tr. dor.

3372. L'Eglife et le Couvent des Dominicains à Lyon (1218-
1789), par F. Z. Colombet. *Lyon*, 1843. In-8.

3373. La Chapelle des Pénitents de la Miféricorde, depuis fa
fondation jufqu'à fa démolition, par Léon Boitel. *Lyon,
imprᵉ de L. Boitel*, 1837. In-8. Dem. rel. de veau bleu.
Non rogné.

3374. Plan, pourtrait et defcription de la ville de Lyon, au
XVIᵉ fiècle, par Antoine Du Pinet, de nouveau mis en lu-
miere, par P. M. Gonon. *Lyon, imprᵉ de L. Boitel*, 1844.
In-8.

3375. Lyon Ancien et Moderne, par les Collaborateurs de
la *Revue du Lyonnais*, fous la direction de Léon Boitel. *Lyon,
L. Boitel*, 1838-43. 2 vol. in-8. Papier vélin, figures fur
papier de Chine.

3376. Lyon Souterrain, ou obfervations archéologiques et
géologiques faites dans cette ville depuis 1794 jufqu'en
1836. par J. F. Artaud. *Lyon*, 1846. Petit in-8.

3377. Lyon antique reftauré d'après les Recherches et Docu-
ments de F. M. Artaud, ancien Directeur du Mufée et Con-
fervateur des Monuments Antiques de la Ville de Lyon, par
A. M. Chenavard, Architecte, profeffeur à l'Ecole des
Beaux-Arts (de Lyon). *Lyon, imprᵉ de Léon Boitel*, 1850.
Grand in-fol. cart. Non rogné.

3378. Procès-Verbal de l'inauguration de la ftatue équeftre de
Louis XIV à Lyon.—Ancienne ftatue équeftre de Louis XIV
à Lyon, par F. Artaud, 1826.—Nouvelle ftatue équeftre de
Louis XIV à Lyon, par le même. *Lyon*, 1826. In-8.

3379. Album du Lyonnais, Villes, Bourgs, Villages, Eglifes
et Châteaux du Département du Rhône, illuftrés par H.
Leymarie. *Lyon, imprᵉ de Boitel*, 1843 et 1844. 2 vol. in-4.
Papier vélin. Figures.

3380. Notice hiftorique et topographique fur la ville de la

Guillotière, par Chriftophe Crépet. *Lyon*, 1845. On y a réuni les pièces fuivantes : — Notice fur l'hofpice des vieillards de la Guillotière, avec fes règlements. *Lyon*, 1833.— Nouvelle notice fur l'hofpice des vieillards de la Guillotière. *Lyon*, 1841. — Demande des propriétaires du quartier des Broteaux, Commune de la Guillotière, pour obtenir que ce quartier foit érigé en Commune. *Lyon*, 1845. — Mémoire pour la Commune de la Guillotière, fur la queftion de la réunion des Broteaux à la ville de Lyon. *Lyon*, 1832. In-4. cart. Non rogné.

3381. Recherches fur les Aqueducs de Lyon, conftruits par les Romains; par Delorme. *A Lyon, chez Aimé De La Roche*, 1760. In-12. Dem. rel. de veau antiqué.

3382. Recherches fur l'architecture, la fculpture, la peinture, la menuiferie, la ferronerie, &c., dans les maifons du Moyen-Age et de la Renaiffance à Lyon. par P. Martin. In-4. Demi-reliure de maroquin rouge, non rogné, tête dorée.

3383. Archives hiftoriques et ftatiftiques du Département du Rhône. — Nouvelles Archives. *Lyon*, 1825 à 1832. 16 tom. en 8 vol. in-8. bas. filets, tranches marbrées.

3384. Notes et Documents pour fervir à l'hiftoire de Lyon depuis l'origine de cette ville jufqu'à l'année 1643, par A. Pericaud. *Lyon*, 1838 à 1846. In-8.

3385. Mélanges fur l'hiftoire de Lyon. Gabriel Symeoni. Pierre l'Abbé. Jacques Pernetti. Pièces relatives à l'infcription de Gaete. Bachet de Méziriac. *Lyon*, 1846. Petit in-8.

3386. Etudes fur les Hiftoriens du Lyonnais, par F. Z. Collombet. *Lyon, impe de Boitel*, 1839. In-8.

3387. Mélanges Biographiques et Littéraires, pour fervir à l'hiftoire de Lyon. — Nouveaux Mélanges Biographiques et Littéraires, pour fervir à l'hiftoire de Lyon, par M. C. Breghot du Lut. *Lyon*. 1828, 1829-1831. 2 vol. in-8. Dem. rel. de veau.

3388. Biographie Lyonnaife, Catalogue des Lyonnais dignes de Mémoire, rédigé par MM. Breghot du Lut et Péricaud aîné. *Lyon, impr^e de L. Boitel*, 1839. In-8. Grand papier vélin. Dem. rel. de mar. rouge. Non rogné.

3389. Hiſtoire de l'Académie Royale des Sciences, Belles-Lettres et Arts de Lyon, par J. B. Dumas. *Lyon*, 1839. 2 vol. in-8. Mar. bleu, filets. Non rognés.

3390. The laſt Will and Teſtament of the Major general Cl. Martin. Dernière volonté et Teſtament du Major general Cl. Martin. *Lyon, impr^e de Ballanche*, 1803. In-4. Veau fauve, tr. dor.

Son legs a été employé pour la fondation à Lyon de l'Ecole La Martinière.

3391. Lanterne magique Lyonnaiſe, ou les petits ridicules d'une grande ville de Province. *Lyon*, 1814. In-12. Dem. rel. Non rogné.

———

3392. Mémoires pour ſervir à l'hiſtoire de Lyon, pendant la Révolution, par l'abbé Guillon. *Paris*, 1824. 3 vol. in-8. Dem. rel. de veau rouge.

3393. Lyon en 1793. Procès-verbaux authentiques et inédits du Comité de ſurveillance de la Section des Droits de l'Homme, contenant, jour par jour, le récit des calamités ſupportées par les Lyonnais..... pendant le ſiége déſaſtreux (publié par Gonon). *Lyon*, 1847. In-8. Triples figures. Dem. rel. de mar. rouge. Non rogné.

3394. Hiſtoire politique et militaire du Peuple de Lyon pendant la Révolution françaiſe, par Alphonſe Balleydier. *Paris, Curmer*, 1845. Figures. 39 livraiſons in-4.

3395. Les crimes des Jacobins à Lyon depuis 1792 juſqu'au 9 Thermidor an 2. par le cit. Maurille de Lyon. *Lyon*, 1801. In-12. Portraits ajoutés.

3396. Liſte Générale des Dénonciateurs et des Dénoncés, tant de la Ville de Lyon que des Communes voiſines et de celles de divers Départements. *Lauſanne*, 1795. In-4.

3397. Campagnes de Lyon en 1814 et 1815, ou Mémoires fur les principaux événements militaires et politiques qui fe font paffés dans cette ville et dans quelques contrées de l'Eft et du Midi de la France, à l'occafion de la Reftauration de la Monarchie Françaife. Par J. Guerre, avocat. *Lyon*, 1816. In-8. Portraits ajoutés. Dem. rel de veau noir.

3398. Hiftoire des Infurrections de Lyon en 1831 et 1834, d'après des documents authentiques..... par J. B. Mont-falcon. *Lyon, imprimerie de Louis Perrin*, 1834. In-8. Dem. reliure.

3399. La vérité fur les événements de Lyon au mois d'Avril 1834 (par P. Allut). *Paris, Dentu*, 1838. In-8.

Un des deux exemplaires tirés fur papier vélin.

3400. Compte-Rendu des événements qui ont eu lieu dans la ville de Lyon au mois de Novembre, 1831, par Bouvier Dumolard. *Paris*, 1832. = Les trois jours de Lyon, ou réfumé des événements qui ont enfanglanté notre ville pen-dant les journées des 20, 21 et 23 novembre 1831, par un témoin oculaire. *Paris*, 1831. = Événements de Lyon, ou les journées de 1831..... par J. F. R. M. *Lyon et Paris*, 1831. accompagné de pièces intercalées. Religion Saint-Simonienne. Événements de Lyon. La leçon de Juftice, de Prudence, Briftol! Lyon! *Paris*, 1831. Communication du Gouvernement au fujet des événements de Lyon, préfentée à la Chambre des Députés le 17 Décembre 1831. Mémoire aux Chambres à l'occafion des événements de Lyon, par Théodore Benazet. *Paris*, Décembre 1831. Réunis en un vol. in-8. Dem. rel.

3401. Séjour à Lyon de S. A. R. Madame, Ducheffe de Berry, pendant les journées des 20 au 23 Octobre 1829. *Lyon*, 1829. In-12. = Relation du paffage, du retour et du féjour à Lyon de S. A. R. Madame, Ducheffe de Berry. *Lyon*, 1829. In-8. En un vol. cart. Non rogné.

3402. Tableau hiftorique des événemens qui fe font paffés à Lyon depuis le retour de Bonaparte jufqu'au rétabliffement de Louis XVIII..... *Lyon*, 1815. = Obfervations critiques fur un écrit intitulé : Tableau hiftorique des événemens qui fe font paffés à Lyon depuis le retour de Bonaparte jufqu'au rétabliffement de Louis XVIII. *Paris,* 1815. = Pièces authentiques et notes effentielles pour fervir à l'hiftoire de Lyon pendant l'année 1815, fous l'adminiftration du Comte de Fargues, Maire de Lyon. = Tableau hiftorique des événemens qui fe font paffés à Lyon depuis le retour de Bonaparte jufqu'au rétabliffement de Louis XVIII. Seconde édition, revue, corrigée et augmentée. *Lyon,* 1815. In-8. Dem. rel. Non rogné.

3403. Procès d'Avril 1834 devant la Cour des Pairs. *Lyon,* 1835. 2 vol. in-8. Portraits. Dem. rel.

3404. Recueil de procès criminels. Renobet Collot. A. B. Dupuis. — Cour d'Affifes du Rhône. Marcellange. — Cour d'Affifes du Rhône. S. B. Peytel. — Cour d'Affifes de Bourg. Poncet. — Cour d'Affifes du Rhône.

3405. Procès complet de Poncet, Collet et Gervais devant la Cour d'Affifes du Rhône. = Enlèvement de Vincent Million. *Lyon,* 1841. Obfervations préfentées à la Cour de Caffation à l'appui du pourvoi de Poncet, Collet et Gervais. In-8. Dem. rel. de veau fauve. Non rogné.

3406. Lyon en 1817. Recueil factice de pièces publiées en 1817 et 1819. 4 vol. in-8. Dem. rel.

3407. Documents pour fervir à l'hiftoire de Lyon, tirés des Archives de cette ville, pendant les années 1834 à 1837. *Lyon,* 1839. In-8.

3408. Voyages dans les Départements de la France (Département du Rhône). par F. Lavallée et Louis Biron père et fils. *Paris,* an IV. In-8. Figures. Dem. rel.

SAVOYE, BRESSE, BUGEY, FOREZ

3409. Chroniqve de Savoye, Reueue et nouvellement augmentee, par M. Guillaume Paradin, Doyen de Beaujeu.
Avec les figures de toutes les Alliances des mariages qui
fe font faicts en la maifon de Savoye, depuis le commencement iufqu'à l'heure prefente. *A Lyon Par Ian De Tournes.*
MDLxi. In-fol. Mar. rouge, fil. tr. dor. Aux Armes du
Louvre.

3410. Chroniqve de Savoye, Reueüe, & nouuellement augmentee, par M. Guillaume Paradin, Doyen de Beaujeu.
Auec les Figures de toutes les Alliances des mariages qui fe
font faicts en la maifon de Sauoye, depuis le commencement iufqu'à l'heure prefente. *A Lyon Par Ian De Tovrnes.*
MDLi.

Au verfo du dernier feuillet :

De l'Imprimerie de Ian de Tournes à Lyon, rue Raizin, à l'enfeigne des deux Vipères.

Dans le même volume :

Jnclytorvm Saxoniae Sabavdieq. Principvm Arbor Gentilitia,
Philiberto Pingonio authore. *Avgvfae Tavrinorvm, apvd haeredes Nicolai Beuilquae,* MDLxxxi. In-fol. Mar. jaune,
aux Armes de De Thou.

A la fin de la Chronique de Savoye, il y a une longue note de la main de De Sainte-
Marthe. Dans le fecond ouvrage on remarque auffi, de la même main, des notes &
des corrections du texte.

3411. Souvenirs du Règne d'Amédée VIII, Premier Duc de
Savoie, par le Mis Cofta de Bauregard. *Chambéry,* 1859.
In-8.

3412. L'hiftoire de la conqvefte des Pays de Breffe et de
Savoye, par le Roy très-Chreftien. A Monfeigneur de Rofny.
par le Sr de La Popelliniere. *A Paris, par Claude de Montro'eil,
et Jean Richer,* 1601. In-8. Maroquin rouge, fil. tr. dor.
(Niedrée).

3413. Hiſtoire de la réunion à la France des provinces de Breſſe, Bugey, et Gex par Charles-Emmanuel Iᵉʳ, par Jules Baux. *Bourg en Breſſe*, 1852. In-8. Papier de Hollande.

3414. Hiſtoire de Breſſe et de Bvgey. Contenant ce qvi s'y eſt paſſé de memorable ſous les Romains, Roys de Bourgogne & d'Arles, Empereurs, Sires de Baugé, Comtes & Ducs de Sauoye, & Roys tres chreſtiens, iuſques à l'eſchange du Marquiſat de Saluces. Avec les fondations des Abbayes Prievrés, Chartreuſes & Egliſes Collegiales, Origines des Villes, Caſteaux, Seigneuries, & principaux Fiefs & Genealogies de toutes les Familles Nobles..... par Samvel Gvichenon, Aduocat au Preſidial de Bourg en Breſſe, Conſeiller & Hiſtoriographe du Roy. *A Lyon, cheɀ Jean Antoine Hvgvetan, & Marc Ant. Ravavd.* MDCL. In-fol. Très-bel exempl. en mar. rouge, filets à compart., tr. dor.

3415. Recherches ſur le livre anonyme, ouvrage inédit de Samuel Guichenon, par le Marquis Coſta de Beauregard. *Chambéry*, 1862. In-8.

3416. Les Fiefs du Forez d'après le Manuſcrit inédit de M. Songer dv Lac, premier avocat du Roy au Siége domanial de Montbriſon, reſſort et comté de Forez en 1788, avec Notes, Carte et une Table raiſonnée des noms de Lieux et de perſonnes jointes au dit Recueil par M. D'Aſſier de Valenches. *Lyon, imprimerie de Louis Perrin*, 1858. Grand in-4.

Tiré à petit nombre, & non mis en vente.

3417. Notice ſur quelques jetons du Forez par le Cᵗᵉ de Soultrait. (*Imprimerie Impériale*) 1863. In-8. br.

3418. Notice ſur quelques jetons du Forez par le Cᵗᵉ de Soultrait. *Lyon*, 1863. In-8. br.

3419. Dictionnaire topographique du Département de La Nièvre comprenant les noms de lieu anciens et modernes, rédigé ſous les auſpices de la Société Nivernaiſe des Lettres, Sciences et Arts par Georges de Soultrait. *Paris, Imprimerie Impériale*, 1865. In-4. br.

3420. Memorial de Dombes en tout ce qui concerne cette

ancienne Souveraineté. Son hiſtoire, ſes Princes, ſon Parlement et ſes membres, avec liſte nominative, un armorial et pièces juſtificatives, 1523-1771, par M. D'Aſſier de Valenches. *Lyon, imprimerie de Louis Perrin*, 1854. Grand in-8. Papier vélin.

3421. Eſſai ſur l'hiſtoire de Marguerite d'Autriche et ſur le monaſtère de Brou, avec quelques particularités ſur la ville de Bourg en Breſſe, tiré d'un ancien manuſcrit qui était dans la bibliothèque du couvent, dédié à la Reine, par P. F. Cuſſinet, Mᵉ ès-arts, demeurant à Bauregard en Dombes, 1748. *Lyon*, 1837. In-8.

3422. Matériaux pour ſervir à l'hiſtoire de Marguerite d'Autriche Ducheſſe de Savoie, Régente des Pays-Bas, par le Cᵗᵉ E. de Quinſonnas. *Lyon, Imprimerie de Louis Perrin*, 1860. 3 vol. in-8.

<small>Exemplaire ſur papier vert, imprimé en rouge.</small>

3423. Recherches hiſtoriques et archéologiques ſur l'Egliſe de Brou, par J. Baux, Archiviſte du département de l'Ain. *Bourg* (1844.) In-8. Papier vélin. Dem. rel., dos et coins de mar. rouge, non rogné. Tête dorée.

3424. Hiſtoire et Deſcription de l'Egliſe Royale de Brou, élevée à Bourg en Breſſe, ſous les ordres de Marguerite d'Autriche, entre les années 1511 et 1536, par le P. Pacifique Rouſſelet. *Paris et Bourg*, 1767. In-12. Mar. rouge, fil. tr. dor.

3425. Procès-verbal de la viſite et reconnaiſſance des travaux faits dans l'Egliſe de Brou pour la réinhumation, dans le caveau ducal reſtauré, des reſtes mortels de Philibert-le-Beau, Duc de Savoye, de Marguerite d'Autriche et de Marguerite de Bourbon, Ducheſſe de Savoye. *Bourg*, 1856. In-4. br.

3426. Notice deſcriptive et hiſtorique ſur l'Egliſe collegiale et paroiſſiale de Notre-Dame de Bourg. par Jules Baux. *Bourg en Breſſe*, 1849. Petit in-8.

3427. Recherches contenant principalement l'Ordre de la Nobleſſe ſur l'Aſſemblée Bailliagere de la Province de Forez convoquée à Montbriſon, en Mars 1789 pour l'élection des

Députés aux Etats-Généraux du Royaume..... par l'Editeur des Fiefs du Forez (D'Assier de Valenches). *Lyon, imprimerie de Louis Perrin.* MDcccLx. Petit in-fol. cart. Non rogné.

3428. Portraits d'auteurs Foresiens, par Gui de La Grye (R. de Chantelauze). *Lyon,* 1862. In-8.

Un des deux exempl. sur papier vergé glacé jaune.
Plus, un des huit exempl. sur papier vergé glacé blanc.

BOURGOGNE ET FRANCHE-COMTÉ

3429. Triomphe dv Corbeav Contenant des propriétés, perfections, raretés & vertus sommaires auec les significations, des mysteres releués de nostre foy, & le triomphe du Monarque Lorrain remettant par favorable presage le Sceptre de Judee en l'Auguste maison de ses Deuanciers. par Ant. Uzier. *A Nancy, En l'Hostel de Ville, par Jacob Garnich Imprimeur Iuré ord. de Son Alt.,* 1619. In-8. Veau brun.

3430. Extrait du Mémoire de la Duché de Bourgogne, des Païs de Bresse, Gex & Bugey, dressé par l'ordre de Mḡr le Duc de Bourgogne, par M. Ferrand Intendant, en l'année 1697. Fin de l'Extrait du Duché de Bourgogne. 1706. 246 pp. — Extrait du Mémoire de la Province de Franche-Comté ou Comté de Bourgogne, dressé par l'ordre de Mḡr le Duc de Bourgogne, par Mr d'Harouïs Intendt en 1697. Fin de la Franche-Comté. 1706. 98 pp. — Extrait du Mémoire touchant les Duchés de Lorrain & de Bar. dressé par Mr de..... Intendant, par l'ordre de Monseigneur le Duc de Bourgogne, en 1697. Fin des Duchés de Lorraine & de Bar. 1705. 81 pp.

Manuscrit. In-fol. Veau brun.

3431. De l'origine des Bovrgongnons, et Antiqvite des Estats de Bovrgongne, deux Livres. plus Des Antiquitez d'Autun, livre 1. de Chalon 2. de Mascon 3. de l'Abbaye & ville de

Tournes 1. par Pierre de Sainct Jvlien, de la maifon de Balleure, Doyen de Chalon. *A Paris, chez Nicolas Chefnav,* MDLxxxi. *achevé d'imprimer à Paris par Henry Thierry*..... le 10ᵉ iour de Juin, 1581. In-fol. Veau fauve, filets et fleurons, tr. dor.

Exemplaire à grandes marges, dans fa première reliure, ayant au dos le monogramme de Meneftrier. On lit fur la garde :

R. P. Claudius Francifcus Meneftrier Societatis Jefu Bibliothecum Collegii Lugdunenfis S. S. Trinitatis pio hoc munere locupletavit.

3432. Hiftoire générale et particulière de Bourgogne, avec des notes, des diſſertations et les preuves juſtificatives..... par Dom Planchet. *Dijon,* 1739-81. 4 vol. in-fol. Dem. rel. de mar. rouge. Non rognés.

3433. Defcription générale et particulière du Duché de Bourgogne, précédé de l'abrégé hiftorique de cette Province, par Courtépée. 2ᵉ édition. *Dijon,* 1847. 2 vol. in-8. Grand papier.

3434. Brevis ac Dilvcida Burgondie Superioris, qve Comitatus nomine cenfetur, defcriptio, par Gibertū Cognatum Nozerenum. *Item,* Breuis admodum totius Gallie defcriptio, per eundem. Quibus acceſſerunt cùm alia quaedam eius opufcula, tum

 erò Poematis aliquot, lectu digniſſima. Locuple quoq3 rerum & uerborum in his memorabilium Index. *Bafileae. Per Ioannem Oporinum.* MDLii. Menfe Januario. 2 parties en un vol. in-12. Veau fauve, filets. Entre la 1ʳᵉ et la 2ᵉ partie, 3 feuillets d'armoiries.

3435. Annales de Bovrgogne, par Guillaume Paradin de Cuyfaulx, Auec une table de chofes memorables contenues en ce prefent liure. *A Lyon, par Antoine Gryphius,* 1566. In-fol. vélin, tr. dor. Aux Armes de De Thou.

3436. Sommaire explication des articles de la Covſtvme dv Pays et Dvche de Bourgongne, par Claude de Rubys. *A Lyon, par Benoift Rigavd.* MDLxxxviii. In-8.

3437. Les Ducs de Bourgogne, Etudes fur les Lettres, les arts et l'induſtrie pendant le xvᵉ fiècle, et plus particulièrement dans les Pays-Bas et le Duché de Bourgogne, par le Comte de La Borde. Seconde partie. Preuves. *Paris*, 1849. 2 vol. in-8. Dem. rel. de mar. rouge, non rognés. Tête dorée.

Un des 25 exemplaires tirés fur papier de Hollande. N° 18, tiré pour ma bibliothèque.

3438. Effai d'un catalogue des artiftes originaires des Pays-Bas ou employés à la Cour des Ducs de Bourgogne aux 14ᵉ et 15ᵉ fiècles, par le Comte de La Borde. *Paris*, 1849. In-8.

3439. Hiftoire de l'Abbaye Royale de la Ville de Tovrnvs, avec les prevves, enrichies de plufieurs pièces d'hiftoire tresrares : et les tables néceffaires pour en faciliter l'vfage, par le P. Pierre François Chifflet. *A Dijon, chez la Vefue de Philibert Chavanne.* MDCLXIV. In-4. Cuir de Ruffie, compartim. à froid et filets d'or, tr. dor. (*Ginain*).

On y trouve jointe une lettre autographe, de deux pages, du P. Chifflet au Baron de Saffre.

3440. Mémoires contenans ce qu'il y a de plus remarquable dans Villefranche, capitale du Beavjollois. *A Villefranche, chez Antoine Baudrand,* 1671. Pet. in-4. 4 figures.

3441. Io. Fuftaillerivs. De Vrbe et Antiqvitatibus Matifconenfibvs Liber, ex codice avtographo ervtvs a J. Bavx, nunc primum editum cura et fumptibus N. Yemeniz. *Lvgdvni, Lvdovichvs Perrin, typographus,* 1846.

— De la Ville et des Antiqvités de Macon, par J. Fuftaillier, traduit en François par J. Baux, pvblié par les foins et aux frais de N. Yemeniz. *Lyon, Lovis Perrin, Imprimeur,* 1846. 2 parties en un vol. in-8. Maroquin rouge, tr. dor. (*Trautz Bauzonnet*).

Tiré à petit nombre, & non mis en vente.

3442. Annales de l'Académie de Macon, rédigées et mifes en ordre par Léonce Lenormand. *Macon*, 1853 et 1857. 3 vol. in-8.

3443. Cartulaire de Saint-Vincent de Macon connu fous le nom de Livre enchaîné, publié fous les aufpices et aux frais de l'Académie de Macon, par M. C. Ragut. *Macon*, 1864. In-4. br.

3444. Géographie de nos villages, ou Dictionnaire Maconnais, par Puthod. *Macon*, an 8. In-12.

3445. L'illuftre Orbandale, ov l'hiftoire ancienne & moderne de la ville et cité de Chalon fur Saône. *Imprimé à Lyon, et fe vend à Chalon fur Saône, chez Pierre Cvffet.* MDCLXII. 2 vol. in-4. Veau fauve.

3446. Album de la Société d'hiftoire et d'archéologie de Chalon fur Saône, années 1844 à 1846.

17 feuilles in-4.

3447. Hiftoire de Chalon fur Saône, depuis les temps les plus reculés jufqu'à nos jours, par Victor Fouque, avec un plan de Chalon. *Chalon fur Saône*, 1844. In-8. Grand papier de Hollande. Dem. rel., dos et coins de mar. rouge. Non rogné. Tête dorée.

3448. Hiftoire de la Prife d'Auxerre par les Huguenots, et de la Delivrance de la meme ville les années 1567 et 1568. Avec un récit de ce qui a précédé et de ce qui a fuivi ces deux fameux événemens; & des ravages commis à la Charité, Gien, Cône, Donzi, Entrains, Chevan, Iranci, Colonges-les-Vineufes, & autres lieux du Diocèfe d'Auxerre. Le tout précédé d'une ample Préface fur les Antiquitez d'Auxerre, & enrichi de notes hiftoriques fur les Villes, Bourgs & Villages, & fur les Perfonnes principales qui font nommées dans cette Hiftoire. Par un Chanoine de la Cathedrale d'Auxerre (L'ABBÉ LEBEUF). *Auxerre*, 1723. Avec le fupplément de 4 feuillets, des Pièces juftificatives. In-8. Veau brun.

3449. Defcription des faintes grottes de l'églife de l'abbaye royale de Saint Germain d'Auxerre, contenant l'abrégé de la vie des faints dont les Corps y repofent. Par un Religieux Bénédictin de l'abbaye de Saint Germain (D. FOURNIER). *A Auxerre, chez Jean-Baptifte Troche* (1714). Suivi du :

Proceffus verbalis de referatione Sanctorum in Bafilica Sancti Germani Sepultorum. In-12. Veau brun.

3450. Cluny au onzième fiècle, fon influence religieufe, intellectuelle et politique, par l'abbé F. Cucherat. *Macon*, 1851. In-8. Papier de Hollande.

3451. Le réveil de Chyndonax, Prince des Vacies, Druydes Celtiques Diionnois, Aec la fainteté, religion et diverfité des cérémonies obfervées aux anciennes fépultures, par J. G. D. M. D. *A Diion, de l'imprimerie de Claude Guyot,* 1621. In-4. Mar. rouge, fil. tr. dor. (*Bozerian*).

3452. Obfervations fur le paffage de M. Millin à Dijon, avec des recherches hiftoriques fur les antiquités de cette ville et de fes environs. *Dijon*, 1808. In-8.

3453. Joan. Jac. Chiffetii Patricie, Confvlaris, et Archiatri Vefontini Verontio civitas imperialis libera, Seqvanorvm metropolis, plurimis, nec vvlgaribvs Sacrae, Prophana'q3 hiftoriae Monumentis illuftrata, & in duas partes diftincta. *Lvgdvni, apvd Clavdivm Cayne,* MDCXVIII. In-4. Vélin.

3454. Hiftoire des Sequanois et de la Province Sequanoife, des Bourguignons et du Premier Royaume de Bourgogne, de l'Eglife de Befançon jufques dans le fixième fiècle, et des Abbayes nobles du Comté de Bourgogne... par J. F. Dunod. *A Dijon*, 1735. 3 vol. in-4. Veau jafpé.

3455. Hiftoire de l'Eglife, ville et Diocèfe de Befançon..... par Dunod. *Befançon*, 1750. 2 vol. in-4.

AUVERGNE, NIVERNOIS, NORMANDIE

3456. Le fententione imprefe, et Dialogo di Symeone, con la verificatione del fito di Gergolia, la geographia d'Overnia, la figura et tempio d'Apolline in Velay : et il fuo hieroglyphico monumento, natività, vita et Epitaffio. Al Sereniffimo Duca di Savoia. *in Lyone, appreffo Gulielmo Roviglio*, 1560. 2 parties, avec chiffres et regiftres diftincts, en un vol. in-4.

3457. Defcription de la Limagne d'Avvergne en forme de dialogve, Auec plufieurs Medailles, Statues, Oracles, Epitaphes, Sentences, & autres chofes memorables, & non moins plaifantes que proufitables aux amateurs de l'Antiquité. Traduit du livre Italien de Gabriel Symeon en langue Françoyfe par Antoine Chappuys du Dauphiné. *A Lyon, par Gvillavme Roville*, 1561. In-4. Fig. f. bois, avec la carte de la Limagne. Dem. rel. de veau fauve. (*Koehler*).

Grandes marges.

3458. Difcovrs hiftoriqves de la tres-ancienne deuotion a n. Dame dv Pvy. et de plufieurs belles remarques concernantes particulierement l'hiftoire des Euefques de Velay, et autres chofes tant Ecclefiaftiques que Seculieres : par le P. Odo De Giffey de la Compagnie de Jefvs. *A Lyon, chez Lovys Mvgvet*. MDCXX. In-8. Veau fauve. Anc. reliure.

3459. La Velleyade, ov Delicievfes merveilles de l'Eglife noftre Dame du Puy, & païs de Velay. Par Noble Hvgves Davignon, Seigneur de Monteilz. *A Lyon, Chez Lovys Mvgvet*, MDCXXX. In-8. Avec la figure de l'Image de Noftre Dame du Puy. Veau fauve filets à compartiments, tr. dor. (*Simier*).

3460. Hiftoire de l'Eglife Angelique de Noftre-Dame du Puy (par frère Theodore.....) *Au Puy, chez Antoine Delagarde*, 1693. In-8. Veau fauve, fil. tr. dor. (*Simier*).

3461. L'hiftoire de la fainte Chapelle de Noftre Dame de Vaffiviere près du Mont-d'Or en Auvergne, célèbre par

les miracles que Dieu y fait continuëllement par l'intercef-
fion de Sa tres-pure et glorieufe Mere. compofée par un
Religieux Bénédiƈtin de la Congrégation de Saint-Maur. *A
Clermont, par Damien Boujou*, 1688. Petit in-12. Vélin.

3462. Statiftique monumentale du département de la Nièvre,
par G. de Soultrait. *Nevers*, 1848. In-12.

Tiré à 80 exemplaires; un des 20 fur papier de Hollande.

3463. Effai fur la numifmatique Nivernaife par le Cte George
de Soultrait. *Paris*, 1854. In-8. Papier de Hollande.

3464. Abrégé de la ftatiftique archéologique de l'arrondiffe-
ment de Moulins, par le Cte de Soultrait.   1860.
Petit in-8.

3465. Effai fur la numifmatique Bourbonnaife par le Cte
George de Soultrait. *Paris*, 1848. In-8.

Un des cinq exemplaires fur papier de Hollande.

3466. Hiftoire de Saint-Martin Du Tilleul, par un habitant
de cette Commune (Auguste Le Prévost), membre de
l'Académie des Infcriptions et de la Société des Bibliophiles
Français. *Paris, Imprimerie de Crapelet*, 1848. In-8.

Grand papier de Hollande. Tiré fur ce papier pour chacun des membres de la
Société des Bibliophiles Français.

3467. Hiftoire pittorefque du Mont Saint-Michel, et de Tom-
belene, par Maximilien Raoul; fuivie d'un fragment inédit
fur Tomblene, extrait du Roman du Brut. Traduit et annoté par Le Roux de Lincy. *Paris*, 1833. In-8. Papier vélin,
figures. Dem. rel., dos et coins de veau fauve, non rogné.
Tête dorée.

3468. Defcription hiftorique de l'Eglife de Saint-Oüen, de
Rouen, anciennement Eglife de l'Abbaye Royale de ce
nom, Ordre de Saint-Benoît; par A. P. M. Gilbert. *A
Rouen, chez J. Frère*, 1822. In-8. Grand papier, figures.
Dem. rel., dos et coins de mar. rouge. Non rogné.

3469. Defcription hiftorique des maifons de Rouen, les plus
remarquables par leur décoration extérieure et par leur
ancienneté, par E. H. Langlois. *Paris, imprimerie de Firmin
Didot*, 1821. In-8. Dem. rel. de veau rouge.

3470. Recherches fur la Tapifferie repréfentant la Conquête de l'Angleterre par les Normands, et appartenant à l'Eglife Cathédrale de Bayeux; par M. l'Abbé De La Rue. *Caen, impr. de F. Poiffon*, 1824. In-4. Dem. rel. de veau antiqué. Non rogné.

3471. Hiftoire générale de Normandie, contenant les chofes memorables aduenües depuis les premieres courfes des Normands Payens, tant en France qu'aux autres pays, de ceux qui s'emparerent du pays de Neuftrie fous Charles le Simple, Auec l'hiftoire de leurs Ducs, leur Genealogie, et leurs conqueftes, tant en France, Italie, Angleterre, qu'en Orient, iufques a la reünion de la Normandie à la Couronne de France. Par M. Gabriel dv Movlin, Curé de Maneual. *A Rouen, chez Jean Ofmont.* MDcxxxi. In-fol. Dem. rel. de veau fauve. Non rogné.

BÉARN, FOIX, NAVARRE,

LANGUEDOC, PROVENCE, DAUPHINÉ

3472. Hiftoire de Foix, Béarn, et Navarre, diligemment recveillie, tant des précédens hiftoriens, que des Archives des dites maifons. En la quelle eft exactement monftree l'origine, accroiffemens, alliances, genealogies, droicts, et fucceffions d'icelles, iufques à Henry IIII, Roy de France et de Nauarre, Seigneur Souzerain de Béarn, et Comte de Foix, à préfent regnant. Par M. Pierre Olhagaray, hiftoriographe du Roy. *A Paris, chez David Dovc'evr,* MDcxix. In-4. Veau fauve armorié.

3473. Hiftoire de Béarn, contenant l'origine des Rois de Navarre, des Ducs de Gafcogne, Marquis de Gothie, Princes de Béarn, Comtes de Carcaffonne, de Foix, et de Bigorre, par Me Pierre de Marca. *A Paris, chez la Veuue Jean Camvfat.* MDcxl. In-fol. Veau fauve, filets.

3474. Les geftes des tholofaïs et daultres nations de l'enuiron Premierement efcriptz en langaige Latin par difcret et lettre homme maiftre Nicole Bertrandi aduocat tresfacond en parlement a tholofe | et apres tranflates en francoys. Item les ordonnances Royaulx du pays de lãguedoc femblablemēt en langaige francoys. Cy acheuent les ordonnances..... enregiftrees en la court de parlemēt de tholofe le xxviij iour dauril Lan Mccccxci. *Imprimees a Lyon par Oliuier Arnollet* Lan Mcccccxcvij. le xxv iour de Juing. In-4. goth. à longues lignes. Fig. fur bois. Sans chiffres ni réclames. A de 2 ff. b-t par 4. Maroquin rouge, filets à compartiments, tr. dor. (*Bauҙonnet*).

3475. Hiftoire de l'Eglife Cathédrale de Vaifon, avec une chronologie de tous les Evêques qui l'ont gouvernée et une chorographie, ou defcription en vers latins et françois des villes, bourgs, villages, parroiffes, et chapelles qui compofent ce diocèfe. Par le R. P. Louis Anfelme Boyer, de Sainte-Marte de Tarafcon. *A Avignon, imprᵉ de Marc Chave,* 1731. In-4.

3476. Hiftoire Générale du Languedoc, avec des notes et les pièces juftificatives, compofée fur les auteurs et les titres originaux, et enrichie de divers monuments, par deux Religieux Benédictins de la Congrégation de S. Maur. *Paris, Jacques Vincent,* 1730-45. 5 vol. in-fol. Dem. rel. de mar. grenat. Non rognés.

3477. Effai hiftorique fur l'abbaye de S. Barnard, et fur la ville de Romans, première partie accompagnée de pièces juftificatives inédites, entre autres du Cartulaire de Romans annoté par M. Giraud. *Lyon, imprᵉ de Louis Perrin,* 1856. 2 vol. in-8.

3478. Hiftoire de la ville d'Orange et de fes antiquités, par M. de Gafparin. *Orange,* 1815. In-12. Figures.

3479. Difcovrs hiftorial de l'antiqve et illvftre cité de Nifmes, en la Gaule Narbonnoife, auec les portraitz des plus antiques et infignes baftimens du dit lieu, réduitz à leur vraye mefure et proportion, enfemble de l'antique et moderne ville, par Jean Poldo d'Albenas. *A Lyon, par Gvillavme Roville,* 1559. In-fol. Fig. f. bois. Dem. rel., dos et coins de cuir de Ruffie.

3480. Eclaircissements des antiquités de la Ville de Nismes, par Monsieur (Chaumette), avocat de la même ville. *Tarascon, impr^e de Joseph Fuzier*, 1746. Figures. = Sonnets sur les antiquités de la ville de Nismes, avec des remarques historiques, par l'abbé Valette, prieur de Bernis ; 3me édition, augmentée d'une histoire de la Ville de Nismes, 1750. Figures. = Abrégé de l'histoire de la Ville de Nismes, avec une description très exacte des ouvrages anciens et modernes de sa fontaine, par de La Ferrière. *Nismes*, 1753. In-12. Veau fauve.

3481. Mémoires sur diverses Antiquités du Département de la Drôme, et sur differens peuples qui l'habitaient avant la Conquête des Romains. Ouvrage posthume de l'Abbé Chalieu. *A Valence, chez Marc-Aurel*. In-4. Dem. rel. de veau antiqué. Non rogné.

3482. Histoire et chroniqve de Provence de Caesar de Nostradamus Gentilhomme Prouencal, où passent de temps en temps et en bel ordre les anciens poetes personnages et familles illustres qui ont fleuri depuis vc ans, ovltre plusieurs races de France, d'Jtalie, Hespagne, Langvedoc, Dauphine, et Piemont y remontrees, auec celles qui depuis se font diversement annoblies, comme aussi les plus signales combats et remarquables faictz d'Armes qui s'y sont passez de temps en temps iusques à la paix de Vervins. *Imprime à Lyon, chez Simond Rigaud, pour la societé Caldoriene*, 1614. In-fol. Veau brun, filets. Armes sur les plats.

3483. La Chorographie, ou Description de Provence, et l'histoire chronologique de mesme pays, par Honoré Bouche. *A Aix, par Charles Dunod*, M·DCLXIV. 2 vol. in-fol. Veau brun.

3484. Essai sur l'histoire de Provence, suivi d'une notice des Provençaux célebres (par Bouche). *Marseille*, 1785. 2 vol.

in-4. Grand papier. Dem. rel. de maroquin fauve. Non rognés.

3485. Voyage de Provence contenant tout ce qui peut donner une idée de l'état ancien et moderne des Villes, les curiofités qu'elles renferment, la pofition des anciens peuples, des anecdotes littéraires... par l'abbé Papon. *A Paris, chez Moutard*, 1787. 2 vol. in-12. Veau marbré.

3486. Traité de la nobleffe fuivant les préiugez rendus par les Commiffaires deputés pour la vérification des titres de Nobleffe en Provence. *A Touloufe, chez Jean Dominique Camufat*, 1688. In-12.

3487. Hiftoire d'Aiguefmortes par F. Em. D. Pietro. *Paris*, 1849. In-8.

3488. La royale couronne des Roys d'Arles, enrichie de l'hiftoire des Empereurs Romains, des Roys des Gots, et des Roys de France, qui ont refidé dans fon enclos..... par M. J. Bovis, preftre. *en Avignon, de l'impr^e de Jaques Brumereau*. MDCXLI. In-4. Veau.

Exemplaire de Soubife; & aux Armes de Caumartin.

3489. Hiftoire de la ville d'Aix, capitale de la Provence. contenant tout ce qui s'eft paffé de plus mémorable dans fon eftat politique, depuis fa fondation iufques en l'année Mil fix cens foixante-cinq..... par Jean Scholaftique Pitton. *A` Aix, chez Charles David*, MDCLXVI. In-fol. Veau brun.

3490. Hiftoire de la ville de Marfeille, contenant tout ce qui s'y eft paffé de plus mémorable depuis fa fondation, durant le temps qu'elle a été République et fous la domination des Romains, Bourguignons, Vigots, Oftrogots, Rois de Bourgogne, Vicomtes de Marfeille, Comtes de Provence et de nos Rois très-Chrêtiens. Recueillie de plufieurs auteurs Grecs, Latins, François, Italiens et Efpagnols, et des Titres tirés des Archives de l'Hôtel de Ville, des Chapitres, Abaïes et Maifons Religieufes de Marfeille, et de divers lieux de Provence, par feu M. Antoine De Ruffi. Seconde édition, reveüe, corrigée et enrichie de quantité d'infcriptions, Sceaux, Monnoïes, tombeaux et autres pièces d'Antiquité, par le dit Sieur de Ruffi et par M. Louis Antoine De Ruffi, ſon fils. *A Marſeille, par Henri Martel*, 1696. 2 vol. in-fol. Mar. rouge, fil. tr. dor. Aux Armes de la ville de Marſeille.

3491. Diſſertation ſur la fondation de la Ville de Marſeille, ſur l'hiſtoire des Rois du Boſphore Cimmérien et ſur les Bonax, philoſophe de Mytilène (par Félix Cary). *A Paris, cheȝ Jacques Barrois*, 1744. In-12.

3492. Notice ſur quelques lieux de l'arrondiſſement de Die, extraite des Recherches ſur les Antiquités Romaines du pays des Vocontiers, par M. J. D. Long (PAR LUDOCIC VALENTIN). *Die*, 1851. In-8.

Ouvrage tiré à 25 exemplaires.

3493. Hiſtoire Genérale de Davphiné, par Nicolas Chorier. *Grenoble*, 1661, *et Lyon*, 1672. 2 vol. in-fol. Veau brun. A la fin du ſecond volume ſe trouve l'Hiſtoire Généalogique de la Maiſon de Saſſenage. 86 pp.

Le premier volume de cet exemplaire a appartenu au Duc de Montremart, dont il porte le nom ſur le titre. Le ſecond porte :

Ex libris Monaſterii Beatae Mariae Albo-Mantellorum Ordinis S. Benedicti Congregationis S. Mauri.

3494. Hiſtoire du Dauphiné, abrégée pour Monſeigneur le Dauphin (PAR N. CHORIER), *à Grenoble, cheȝ Philippes Chapuys*, MDCLXXIV. 2 vol. in-12. Dem. rel., dos et coins de mar. grenat. Non rognés.

3495. L'eſtat politique de la Province de Dauphiné, par Nicolas Chorier. *A Grenoble, cheȝ R. Philippes*, MDCLXXI. 3 vol.

= Supplément à l'eſtat politique du pays de Dauphiné, par Nicolas Chorier, par le quel pluſieurs choſes importántes ſont rectifiées, adjoûtees, retranchées, par luy-meſme. *A Grenoble, cheȝ R. Philippes*, MDCLXXII. 1 vol. Enſemble

4 vol. in-12. Dem. rel., dos et coins de maroquin grenat. Non rognés.

3496. Hiftoire du Dauphiné et des Princes qui ont porté le nom de Dauphins (par de Valbonays). *Geneve*, 1722. 2 vol. in-fol. Figures.

3497. Hiftoire genéalogique et chronologique des Dauphins de Viennois. depvis Gvigves I. ivfqves à Louis V fils du Roy Louïs le Grand. Embellie d'arbres généalogiques et de blafons, par le sʳ de Gaya. *A Paris, chez Eſtienne Michallet*, MDCLXXXIII. In-12. Mar. bleu, tr. dor.

3498. Les Recherches du fieur Chorier fur les antiquités de la ville de Vienne, Métropole des Allobroges, Capitale de l'Empire Romain dans les Gaules, des deux Royaumes de Bourgongne, et préfentement du Dauphiné. Première partie, de la topographie hiftorique des principales villes du Dau-phiné. *Lyon*, 1659. In-12. Veau fauve, fil. tr. dor. (*Simier*).

3499. Recherches fur les Antiquités de la ville de Vienne, par Nᵃˢ Chorier. Nouvelle édition conforme à celle de 1659, Revue, et confidérablement augmentée des Infcriptions et Antiques trouvés jufqu'à ce jour (par Cochard). *Lyon*, 1828. In-8. Figures, cart. Non rogné.

3500. Hiftoire de la Sainte Eglife de Vienne, contenant la vie et les actions remarquables des cent dix Archevêques qui en ont tenu le fiége depuis l'an 62 de Jéfus-Chrift, qu'elle fut fondée par Saint Crefcent, difciple de S. Paul, jufqu'à la préfente année 1708. Compofée fur diverfes pièces authentiques et originales, tirées des Archives de l'Arche-vêché et du Chapitre de cette Eglife, par M. de Maupertuy. *A Lyon, chez Jean Certe*, 1708. In-4.

3501. Hiftoire de la Sainte Eglife de Vienne, par Charvet, Archidiacre de cette Eglife. *A Lyon, chez C. Ciferon*, 1761. In-4. Figures. Veau marbré.

3502. Hiftoire de la Sainte Eglife de Vienne depuis les pre-miers temps du Chriftianifme jufqu'à la fuppreffion du Siége en 1801, par F. Z. Colombet. *Lyon*, 1847. 3 vol. in-8.

3503. Hiftoire de l'Antiquité et Saincteté de la Cité de Vienne

en la Gavle Celtiqve. Par Meffire Jean Le Lievre, Bachelier
en Theologie, Chanoine, Sacriftain, & Abbé de S. Ferreol
en la grande Eglife dudit Vienne. *A Vienne, Par Jean Poyet*,
1623. In-8. Vélin.

3504. Dictionnaire hiftorique, chronologique, géographique,
héraldique, juridique, politique et botanographique du Dauphiné, de Guy Allard. Publié pour la première fois et d'a-
près le manufcrit original, par H. Garriel. *Grenoble*, 1864.
2 vol. in-8. Papier de Hollande teinté.

Ces deux volumes font les tomes 2 & 3 de la Bibliothèque hiftorique & littéraire
du Dauphiné, par ledit Garriel.

3505. Catalogue des Dauphinois dignes de mémoire, rédigé
par M. Colomb de Batines. *Grenoble*, 1840. 1re partie, A-S.
la feule publiée. In-8. Exemplaire fur papier rofe, de format
in-4.

3506. Delphiniana. Publié par H. Gariel, bibliothécaire de
la Ville de Grenoble. *Grenoble*, 1852.   In-8. Papier
de Hollande.

3507. Le Guide des Etrangers à Vienne, ou Aperçu fur fes
monuments anciens et modernes, des établiffements publics
et Manufactures, par M. Rey. *Lyon*, 1819. In-8.

3508. Numifmatique féodale du Dauphiné, Archevêques de
Vienne, Evêques de Grenoble, Dauphins de Viennois, par
M. Morin. *Paris, Impre de Ch. Lahure*, 1854. Grand in-4.
Dem. rel., dos et coins de maroquin bleu, non rogné. Tête
dorée.

ANCIENNES PROVINCES ET TOPOGRAPHIE

3509. ſEnſuyt Lordonnance des Royaulmes, Duchez, Marq'ſatz, Pricipautes, Contez, ℔c. apptenãs a la M. Jmperiale Charles | touſiours Auguſte. Roy catholiq̄ Deſpaigne.

Ce titre eſt au bas du portrait de Charles-Quint, gravé ſur bois. Le tout encadré de vignettes. Ce portrait ſe trouve au bas du verſo de l'avant-dernier feuillet.

Petit in-4. goth: de 12 ff. dans toutes ſes marges, avec des témoins. Veau orange, filets.

3510. La legéde dez Flamẽs artiſiens et hainuyers. Ou autremẽt leur cronique abregee. En laquelle ſont contenues pluſieurs hyſtoires de frãce, Angleterre ꝛ Allemaigne. Auecq̄s les genealogies et deſcentes des roys de Nãples et Sicille qui y ont regne en quatre nations iuſques a preſent. Aſcauoir Normans | Francois ꝛ Arragõnoys. Meſmement des Viſcõtes, princes ꝛ Ducz de Myllan qui y ont regne iuſques a preſent. Et le droiɕt et tiltre que les treſchreſtiens roys de France ont | tant au Royaulme et courõne de Naples ꝛ Sicile que au duche et eſtat de Millan. *Ilʒ ſe vendent a Paris en la rue ſainɕt Jacques a lenſeigne ſainɕt Claude pres les ℳathurins.* Cy fine ce preſent traiɕte intitule la legende des flamens *nouuellement imprime a Paris | et a eſte acheue* le xxe iour de Lan mil cinq cens xxii. In-4. Fig. ſur bois. Mar. rouge, tr. dor. (*Koehler*).

3511. La legende des flamens. Croniqve abregee, en laquelle eſt faiɕt ſuccinɕt recueil de l'origine des peuples & eſtatz de Flandres, Artois, Haynault & Bourgongne, & des guerres par eulx faiɕtes à leurs Princes, & à leurs voiſins..... Semblablement y ſont traiɕtées les deſcentes & genealogies des roys de Naples & de Sicille, & des Princes & ducz de Milan. *On les vend à Paris... en la boutique de Galliot du Pré*, 1558. In-8. Veau fauve. Aux Armes du comte d'Hoym.

3512. Le premier volume des illuſtrations de la Gaule belgique | antiquitez du pays de Haynau et de la grãd cite de Belges : a preſent diɕte Bauay | dont procedent les chauſfees de Brunehault. Et de plufieurs prínces q̃ ont regne 2 fonde plufieurs villes et citez audit pays | et aultres chofes fingulieres | et dignes de memoire | aduenues durāt leurs regnes | iufques au duc Philippes de Bourgogne dernier decede. *On les vend a Paris | en la grand rue faincˆt Jacques | en la boutique de françois regnault | marchant libraire de luni-uerfite de Paris | deuant les Mathurins | a lenfeigne de lelephant.* M. d. xxvi. *Galliot dv Pre.* Cy fine le prefent volume des Chroniques... extraicˆt des liures de maiftre Jaque de guisér. (Suit un feuillet blanc, portant au verfo la marque de François Regnaut). — Le fecond volume des Croniques..... *On les vend a Paris en la grant falle du Palais... en la boutique de Gallyot du pre....* Cy fine la feconde partie..... extraicˆte des liures de maiftre Jacques de guife. — Le tiers volume des croniques annalles de haynau. Mil cinq cens xxxii. (Au verfo du dernier feuillet, la marque de Galliot du Pre). In-fol. goth. Mar. vert, filets. Anc. rel.

3513. Breuis admodvm totius Galliae defcriptio, par Gilbertum Cognatum Nozerenum. Galliae populorum, urbium, fluuiorum & montuum, que nomine & olim & hodie dicuntur, locupletiffimus Index latinogallicus, ordine alphabetico digeftus, eiufdem Gilberti Nezeroni diligentia pro fua erga Gallias amore elucubratus. *Bafileae.* (à la fin) *Ex Officina Ioannis Oporini,* Anno falutis humanae. MDLII. Petit in-8. Portrait de l'auteur, gravé fur bois, au verfo du feuillet k 2. Mar. rouge, tr. dor. (*Duru*).

3514. Tableau des Provinces de France, dans le quel font reprefentées les Armes de chaque Province en taille douce, auec leurs Blazons, Titres, Qualitez, Erecˆtion en Duché, et tout ce que l'hiftoire repréfente de plus curieux; Auec la defcription très exacˆte des Villes Capitales, et de tout ce qu'elles ont de plus ancien, et de plus remarquable, par le Sieur de Saint Mavrice. *A Paris, Cheʒ Jean-Baptifte Loyfon,* 1644. 2 vol. in-12. Veau brun.

3515. Plans et Profilz de toutes les principales villes et lieux confidérables de France. Enfemble les Cartes generalles de chafcune Province et les particulieres de chacque gouvernement dicelles faicˆtes par le sʳ Taffin Géographe ordinaire de Sa Majefté. Sans lieu ni date. Privilége daté de 1631.

2 vol. in-4. oblong. Veau fauve, filets. Aux Armes de De Blaify, Préfident au Parlement de Bourgogne.

3516. Le Rhin et fes bords, depuis les fources du Rhin jufqu'à Mayence. Collection de vues pittorefques par J. Rohbock, Louis & Jules Langé : gravées fur acier par les premiers graveurs d'Allemagne, et accompagnées d'un texte hiftorique et topographique par J. W. Appel. traduit de l'allemand. *Darmftadt, et Paris,* 1854 et fuiv. 2 vol. in-8. Mar. vert, tr. dor.

MÉLANGES ET EXTRAITS HISTORIQUES,
ET PARALIPOMÈNES HISTORIQUES

3517. Prodromus Bibliothecae Graecae, Continens Claudii Aeliani variam hiftoriam. Heraclidis Pontici, Nicolai Damafceni qua fuperfunt. Graece, edente D. Coray. *Parifiis, E typographia Firmini Didot,* 1805. In-8.

Exemplaire unique fur vélin.

Mar. rouge, compartiments, d. de moere, dentelle, mors de mar. tr. dor. Agraphes en argent. Riche reliure de *Simier l'ancien.* Dans un étui de mar. rouge.

3518. Prodromus Bibliothecae graecae. Même ouvrage que le précédent. Exemplaire en grand papier. Dem. rel. de maroquin rouge, non rogné.

3519. Hiftoires diverfes d'Elien, trad. du Grec avec des remarques (par Dacier). *Paris,* 1772. In-8. Veau racine, dent. tr. dor.

3520. Valerii Maximi dictorum factorumque memorabilium libri IX. *Amſtelodami, typis Danieli Elʒevirii*, 1671. In-12. Non rogné.

3521. Valere le grant en francoys (titre en une ſeule ligne, refait à la main) Par laide de dieu..... eſt la tranſlation de Valere le grant terminee. Laquelle cōmena treſreuerend maiſtre | maiſtre Symon de herdin... qui pourſuyuit iuſque au VII liure ou chapitre des ſtratagemes z la laiſſa. Deſla en auant iuſques en la fin du liure Je nicolas de gōneſſe | ... ay pourſuyuy la dicte tranſlacion... *Et a ere imprime a Lyon ſvr le roſne par maiſtre Mathieu huſʒ imprimeur de liures de-mourāt en la dicte ville de Lyon.* Lan mil quatre cens quatre vingtz et neuf la vigile de ſainct iehan baptiſte. In-fol. Fig. ſur bois. Veau fauve, dent. tr. dor.

3522. Le premier volume (et le ſecond) de la toiſon dor com-poſe par reuerend pere en Dieu Guillaume (Fillaſtre) par la permiſſion diuine iadis eueſque de Tournay | abbe de ſainct bertin et cancellier de lordre de la Toiſon dor du bon duc Philippe de bourgongne Auquel ſoubz les Vertus de mag-nanimite et iuſtice appartenans a leſtat de nobleſſe ſont contenus les haulx vertueux et magnanimes faictz tant des treſchreſtiennes maiſons de France | bourgongne et flandres que daultres roys et princes de lancien et nouueau teſta-ment *nouellement imprime a Paris. Ilʒ ſe vendent a Paris en la rue Sainct Jaques a lenſeigne Sainct Claude.* Cy fine le ſecond volume de la Thoiſon dor. *Imprime a Paris* Lan mil cinq cés z XVI le xxviiᵉ iour de mars *Pour Francois regnault marchant libraire demourant en ladicte ville en la rue Sainct Jaques a len-ſeigne Sainct Claude aupres de Sainct Yues.* In-fol. goth. à 2 col. Fig. ſur bois. Maroquin rouge, compartiments, tr. dor. (*Capé*). Le volume commence par la ſignature b.

1ᵉʳ vol. b de 8 ff. c-z par 6.

Cy fine le premier volume de lathoïſon dor.

2ᵉ vol. A de 8 ff. B-E par 6.

xxx ff. au chiffre. Les trois premiers feuillets, titre compris, ne ſont pas chiffrés. Le quatrième feuillet eſt chiffré III. 2 ff. chiffrés tous deux V. En tout, 40 feuillets, quoique le ſixième E ſoit ſigné xxx. Vient enſuite un feuillet F non chiffré, enſuite 6 autres ff. ſignés F, ſuivis d'un autre, ſigné FI & chiffré XLIII. Les chiffres ſuivent par xxxvI en tête du premier feuillet GI. G-x. AA-QQ par 6 ff. RR de 8.

3523. Le premier volume de la Thoiſon Dor. Compoſe par

reuerend pere en dieu Guillaume (filaftre) par la permiffion diuine iadis euefque de Tournay | abbe de fainct Bertin et chancellier de lordre de la Thoifon dor Du bon duc Philippe de Bourgongne. Auquel foubz les vertus de magnanimite et iuftice appartenans a leftat de nobleffe font contenus les haulz | vertueux et magnanimes faictz | tant de trefchreftiénes maifons de France | Bourgōgne et Flandres que Dautres royes et princes De lancien et nouueau teftament Nouuellement imprime. *On les vend a Paris en la rue faincl Jaques a lenfeigne du Loup Deuant les Mathurins par Poncet le pieux.* Cy fine le fecōd volume de la thoifon dor *Imprimee a Troyes par Nicolas le rouge Imprimeur et libraire.* Lan Mil cinq centz et trente Le vingt et vnziefme iour Dapuril. In-fol. goth. Fig. fur bois. Veau fauve, anc. rel. Témoins aux marges latérales.

La fin de la table de la feconde partie eft fuivie d'un feuillet blanc. Un feuillet blanc précède auffi le titre.

3524. Sette libri de cataloghi à varie cofe appartenenti, non folo antiche, ma anche moderne, opera vtile molto alla hiftoria, et da cvi prender fi po materia di favellare d'ogni propofito che fi accorra (da Ortenfio Lando) *in Vinegia appreffo Gabriel Giolito de' Ferrari, e fratelli.* MDLII. In-8. Témoins en queue. Une foule de feuillets non ouverts en gouttières.

3525. Les Illuftres Obfervations Antiques dv Seignevr Gabriel Symeon Florentin. Et fon dernier voyage d'Italie l'an 1557. *A Lyon Par Jan De Tournes.* MDLVIII. In-4. Fig. fur bois, et la Carte de la Limagne d'Auvergne. Cuir de Ruffie, dent. tr. dor.

3526. Jnterpretation Greque, Latine, Tofcane et Francoife, du Monftre, ou Enigme d'Jtalie. *A Lyon, Par Antoyne Voulant libraire en rue Merciere.* MDLV. *Imprimé à Lyon, par Ian Brotot.* In-8. Fig. fur bois. Maroquin grenat, fil. tr. dor. *(Koehler).*

3527. Hiftoires Prodigievfes, extraictes de plufievrs famevx Authevrs, Grecs et Latins, facrez & prophanes : mifes en noftre langue par R. Boaiftuau, furnōmé Launay, natif de Bretaigne : auec les pourtraictz & figures. *A Paris, Chez*

Hierofme de Marnef, & Guillaume Cauellat, à l'enfeigne du Pelican au mont S. Hilaire, 1564. In-8. Fig. fur bois. Mar. raifin de Corinthe, dent. tr. dor. (*Thompfon*).

BIOGRAPHIE GÉNÉRALE, ANCIENNE ET MODERNE.

ET HISTOIRE GÉNÉALOGIQUE

3528. Diogenis Laertii, de vitis, dogmatis & apophtegmatis eorum qui in philofophia claruerfunt, libri x..... (GRAECE) Cum annotationibus Henr. Stephani. Pythag. Philofophorum fragmenta. Cum Latina interpretatione. Anno MDLxx. *Excudebat Henricus Stephanus.* In-8. Veau fauve, fil. tr. dor.

3529. Diogenis Laertii de Vitis, Dogmatibus et Apophtegmatibus Clarorum Philofophorum Libri x. Graece et Latine ad fidem optimorum librorum quam correctiffime recenfiti et nunc primum in capitae eaque in numeros diftributi, Infertis xxvi Philofophorum figuris aeri incifis et additis indicibus ante vulgatis longe locupletioribus a Paullo Daniele Longolio. *Curiae Regnitianae*, 1739. 2 vol. in-8. Mar. citron, dent. tr. dor.

3530. Diogenis Laertii de Vitis, Dogmatibus et Apophtegmatibus Clarorum philofophorum Libri decem. Graece et Latine. *Lipfiae*, 1759. In-8. Dem. rel. de mar. rouge. Non rogné.

3531. Les vies des plus illuftres Philofophes de l'Antiquité, Avec leurs Dogmes, leurs Syftèmes, leur Morale, & leurs fentences les plus remarquables ; Traduites du Grec de Diogène Laerce. Aux quelles on a ajouté la Vie de l'Auteur, celles d'Epictète, de Confucius, et leur Morale, & un abrégé hiftorique de la vie des Femmes Philofophes de l'Antiquité. *Amfterdam*, 1758. 3 vol. in-8. Portraits. Dem. rel. de mar. rouge.

3532. Iohannis Bocacii de Certaldis Hiftoriographi Prologus in Libros de Cafibus Virorum Illvftrivm incipit. Finit liber nonus & vltimus Iohannis Boccacii de certaldo. de cafibus virorum illuftrium. (Suivent 3 ff. de table). Sans lieu ni date, fans chiffres, réclames ni fignatures. Lettres rondes, à longues lignes, de 35 à la page. Veau antiqué, compartiments à froid. (*Moreau*).

Dans toutes fes marges, prefque non rogné. Les lettres, titres de chapitres, font remplies à la main en encre rouge.

3533. Hiftoire des Princes illuftres, qui par leur piété et leurs belles actions, ont mérité le furnom de Grand. Par G. de Bezanfon. *A Paris, chez Michel David*, 1698. In-12. réglé. Mar. bleu, filets, tr. dor. (*Duffeuil*).

3534. La Gallerie des Femmes Fortes, Par le P. Pierre Le Moyne de la Compagnie de Jefus. *A Leiden, Chez Jean Elfevier, et A Paris, Chez Charles Angot, rue St Jacques.* MDCLX. In-12. Mar. bleu, compart., tr. dor. (*Thouvenin*). Portrait de Le Moyne, gravé par Jngouf, ajouté.

3535. Le Brillant de la Royne, ov les Vies Illuftres du nom de Medicis, Contenant plufieurs Exemples, Accidents, Difcours, & Sentences remarquables en faict d'Ambition & de diuifions Civiles, & de la variete de Fortune, & de l'inquietude de l'Eftat populaire & Ariftocratique; Auec une memorable fuite, continuation & Felicite des Seigneurs, & Princes genereux, & fignalez en toutes vertus en une feule famille. Par Pierre De Boiffat, Seigneur de Licieu, Confeiller du Roy, & Vibaillif de Vienne. *A Lyon, Par Pierre Bernard, en rüe Merciere, au Dauphin ancré*, MDCXIII. *De l'Imprimerie de Clavde Cayne.* In-8. Maroquin bleu, tr. dor. (*Duru*). Dans toutes fes marges. Témoins.

3536. Le Vite delli piv Celebri et Antichi Primi Poeti Provenzali, che fiorirno nel tempo delli Rè di Napoli, & Conti di Provenza..... Raccolte..... in lingua Francefe da Gio : di Noftra Dama pofte : & da Gio : Giudici in Italiana tradotte. *in Lione, Appreffo d'Aleffandro Marfilij.* L'anno MDLxxv. In-8. Caract. italiques.

3537. Les Vies des plus célèbres et anciens poetes Provenfeaux qvi ont fleury du temps des Contes de Provence.

Recueillies des Oeuures de diuers Autheurs nommez en la page suyuante, qui les ont escrites, et redigees premierement en langue Prouensale, et depuis mises en langue Françoyse, par Jehan de nostre Dame Procureur en la Cour de Parlement de Provence. *A Lyon, pour Alexandre Marsilij.* MDLXXXV. In-8. Mar. rouge, dent. tr. dor.

<small>Sur le titre est la signature de Ballisdins.</small>

3538. Vies des plus célèbres Peintres, Sculpteurs et Architectes, par Giorgio Vasari, traduites et annotées par Jeanson et Léopold Leclanché. *Paris,* 1839-1842. 10 vol. in-8. Portraits.

3539. Les véritables éloges, ou contr'Images de Theodore de Beze, contenant les vies des remarquables Calvinistes, ou précurseurs de l'Anti-Christ....... Par C. P. V. L. 1624. A la fin, une Epître de l'Auteur à Messeigneurs les Doyen, Comtes, Seigneurs, et Chapitre de l'Eglise de Lyon. In-12.

<small>Sur le titre, la signature de Chardon de La Rochette.</small>

3540. Histoire des plvs illvstres favoris Anciens et Modernes recueillie par feu Monsieur P. D. P. Auec un Journal de ce qui s'est passé à la mort du Mar*e*schal D'Ancre. *A Paris, sur l'imprimé à Leyde, chez Jean Elsevier imprimeur de l'Académie,* 1659. In-12. Veau olive, fil. tr. dor. (*Koehler*).

3541. Histoire de l'Académie Françoise, avec un abrégé des Vies du Cardinal de Richelieu, Vaugelas, Corneille, Ablancourt, Mezerai, Voiture, Patru, Lafontaine, Boileau, Racine, et autres illustres Académiciens qui la composent. Dernière Edition corrigée & augmentée de divers ouvrages du même Auteur, & de la réception de quelques nouveaux Académiciens. *A La Haye,* 1668. In-12. Vélin.

3542. Biographie universelle Ancienne et Moderne, par une Société de Gens de Lettres et de Savants. *A Paris, chez Michaud frères,* 1811-1828. 52 vol. Dem. rel. de veau brun. Mythologie, 1832, 1833, 3 vol. Supplément, 1834-1847, 25 vol. br., total, 80 vol. in-8.

3543. Examen critique et complément des dictionnaires historiques les plus répandus, depuis le Dictionnaire de Moréri, jufqu'à la Biographie univerfelle inclufivement, par Barbier. *Paris*, 1820. In-8. Veau fauve, filets.

Tome 1er, A-J. Le fecond & dernier n'a pas paru.

3544. Dictionnaire hiftorique de tous les Miniftres, depuis la Révolution jufqu'en 1827. Publié par Léonard Gallois. *Paris*, 1828.

On y a joint une foule de pièces originales officielles, fignées.

In-8. Dem. rel. de veau rouge. Non rogné.

3545. Difcours fur la vie et la mort, le caractere et les moeurs de M. D'Aguefleau, Confeiller d'Etat, par M. D'Aguefleau, Chancelier de France, fon fils. *Au chafteau de Frefne*, 1720. In-8. Papier de Hollande. Dem. rel., dos et coins de mar. rouge. Non rogné.

Ouvrage deftiné à des préfents, & non mis dans le commerce.

3546. An account of the life of the reverend Jonathan Swift. Traduction interlinéaire à la quelle eft ajoutée une traduction Françaife très-exacte, placée en forme de notes. Witf the dealz of Mrs Johnfon Stella, taken from the works of Swift, with letters from the fame, und fome letter of Pope taken from his own works. traduits de même, et imprimées par Montmorency, Albert-Luynes, 1800. Grand in-8. Veau marbré.

3547. Notice fur la vie et les travaux de Gerard Audran, Graveur ordinaire du Roi, par Georges Dupleffis. *Lyon, impre de Louis Perrin*, 1858. In-8.

3548. Notice fur le Prince Dmitri Galitzin, 1770-1840. troifième édition. (PAR LE PRINCE AUGUSTIN GALITZIN). *Lyon, impre de Louis Perrin*, 1860. In-8.

3549. Madame Swetchine, fa vie et fes oeuvres, publiées par le Cte de Falloux, *Paris*, 1860. 2 vol. in-8.

3550. Hiſtoire Généalogique de la royale maiſon de Savoie, juſtifiée par titres, fondations de monaſtères, manuſcrits, anciens monumens, hiſtoires, et autres preuves authentiques, par Samuel Guichenon, enrichie de pluſieurs portraits, ſeaux, monnoies, ſépultures, et armoiries. Nouvelle édition, avec des ſupplémens juſqu'à nos jours, ſuivie d'une diſſertation contenant des remarques et additions pour ſervir d'éclairciſſement à cette hiſtoire. *A Turin*, 1770-80. 5 vol. in-fol. vélin.

Le 5ᵐᵉ volume comprend la *Bibliotheca Sebuſiana*, trois feuillets préliminaires, & 147 pages.

3551. Vie de tres havlte, tres pviſſante, et tres illvſtre Dame Madame Loyſe de Savoye, Religieuſe au couuent de Madame Saincte-Claire d'Orbe, eſcripte en 1507 par vne Religieuſe, précédée d'une notice & ſuivie de documents & de notes hiſtoriques par l'Abbé A. M. Joanneret. *A Geneve, imprimé et édité par Jules Guillaume Pick (avec les caractères de Louis Perrin, de Lyon)*, 1860. In-8. Papier teinté.

3552. Hiſtoire Généalogique de la Maiſon de Saſſenage, Branche des anciens Comtes de Lion et de Foreſts, par Nicolas Chorier, Aduocat au Parlement de Dauphiné. *Grenoble*, 1669. In-12. Mar. vert, fil. tr. dor.

Notes manuſcrites. :

3553. Hiſtoire généalogique de la Maiſon de Sainte Colombe, & autres maiſons alliées, par C. L. L. A. P. de l'Iſl. B. (CLAUDE LE LABOUREUR). *A Lyon, chez Clavde Galbit*, MDCLXXIII. In-8. Blaſons.

. Le feuillet des pp. 23 & 24 eſt double, avec des différences.

3554. Notice hiſtorique et généalogique ſur la famille de Bourgoing en Nivernais et à Paris (par le Cᵗᵉ George de Soultrait). *Lyon, imprimerie Louis Perrin*, 1855. In-8.

Tiré à très-petit nombre pour les membres de la famille.

ICONOGRAPHIE DE PERSONNES ILLUSTRES

3555. Epitome thefavri Antiqvitatum. Hoc eft, Impp. Rom. Orientalivm et Occidentalivm Iconum, ex antiquis Numifmatibus quàm fideliffime delineatarum. Ex Mufaeo Jacobi de Strada Mantuani Aniquarij. *Tigvri apud Andreám Gernervm.* Anno MDLviii. In-8. Ancienne reliure en veau, tranches dorées et cifelées, médaillons gravés fur bois par Pierre Fluetner. La marque d'André Gefner fur le titre.

Dans toutes fes marges. Belle confervation intérieure & extérieure.

3556. Romanorvm Principũ effigies. cũ hiftoriarum annotatione, olim ab Jo. Hutichio confecta : nunc uero alicubi aucta et longè caftigatiofa opera Jo. Sambuci Tirnauienfis Pannonij. *Argentorati apvd Vuolphiano Cephaleum.* Anno 15511 (*sic*). In-8. Veau. Anc. rel.

3557. Icones id eft Verae Imagines Virorvm Doctrina Simvl et Pietate Illuftrium, quorum praecipuè minifterio partim bonarum literarum ftudia funt reftituta, partim vero Religio in variis orbis Chriftiani regionibus, noftra patrúmque memoria fuit inftaurata : additis eorundem vitae & operae defcriptionibus; quibus adiecta funt nonnullae picturae quas Emblemata vocunt. Theodoro Beza Auctore. (*Genevae*) *Apud Joannum Lannivm.* MDLxxx. In-4. Fig. f. bois. Veau fauve, dent. tr. dor. Bel exemplaire.

Sur la feuille de garde, il y des notes de l'abbé Sepher, de l'abbé Rive, qui vante la beauté de l'exemplaire, & de Ch. Nodier.

3558. Icones five Imagines Virorvm Literis Illvftrivm Qvorvm fide et doctrinà religionis & bonarum litterarum ftudia, noftrâ patrúmque memoriâ, in Germaniâ praefertim, in integrum funt reftituta. Additis eorundem elogiis diverforum auctorum. Recenfente Nicolao Revfnero Ic. curante Bernardo Iobino. *Argentorati* CIƆIƆXIIIC (1587). In-8. Portraits gravés fur bois. Veau fauve. Exemplaire de De Thou.

On lit fur la feuille de garde la note fuivante, au crayon, qui eft très-probablement de De Thou, puifqu'il parle de *fon autre Recueil* :

« La préfente édition de Strasbourg, 1587, eft la première.

« Celle de Bafle de 1590 lui eft conforme, à l'exception de
« quelques tranfpofitions d'articles, & d'une feule fuppref-
« fion, qui eft celle du Portrait de Jean Vandernoot, placé
« ici au revers de la feuille P iii. le quel Vandernoot, marqué
« côme natif d'Anvers (Du moins, j'entends ainfi les mots
« Patr. Antver.) ne fe trouve point dans la Biblioth. Belgique
« de Valère andré, ni dans celle de Toopens. (Voy. ma notte
« fur mon exemplaire de Bafle 1590). J'ai un autre Recueil
« de Reufner, auffi intitulé ICONES &c. BASILEAE TYPIS VALDKIERS
« 1589, avec un fupplemᵗ; le quel eft un tout autre ouvrage,
« ne contenant prefque que des Auteurs Italiens, tandis qu'au
« prefent Recueil de 1587, ainfi qu'en fa reimpreffion de Bafle
« 1590, ce font prefque tous des Allemands. »

3559. Infignium aliquot virorum icones. *Lugduni, apud Ioan. Tornaefium, 1559.* In-8. 145 portraits gravés fur bois. Mar. rouge, fil. tr. dor. (*Niedrée*).

3560. Illvftriv̄. Ymagines. Francoys Jvfte. *Impreſſvm Lvgdvni in oedibus Antonii Blanchardi calcographi. Impenſis honeſtorum uirorū Johannis Moſnier & Franciſci Juſte.* Anno a uirginis partu MDxxiiii. Die ii mēſis Septēb. Très-petit in-8. Médaillons et encadrements, gr. f. bois. Velour cramoifi.

3561. La Profographie ou defcription des perfonnes infignes enrichie de plufieurs effigies, et reduite en quatre livres, par Antoine du Verdier. *A Lyon, par Antoine Gryphius,* MDLxxiii. In-4. Portraits gravés fur bois.

3562. Effigies Des. Erafmi Roterodami..... & Gilberti Cognati Nozereni, eius amanuenfis : unà cum eorum Symbolis, & Nozeretho Cognato patria. Acceffer   et doctorum aliquot virorum in D. Erafmi & Gilberti Cognati laudem, carmina. *Baſileae, per Joannem Oporinum.* MDLiii. Petit in-4. de 13 feuillets, fig. f. bois. Dans toutes fes marges, prefque non rogné.

Deux charmantes vignettes fur bois repréfentent, l'une, l'intérieur de la chambre d'Erafme, l'autre, la ville de Nozereth, dans la haute Bourgogne, patrie de Gilbert Coufin, fecrétaire d'Erafme. Plufieurs autres gravures fur bois repréfentent le portrait d'Erafme, celui de Gilbert Coufin, & le fymbole de l'un & de l'autre.

3563. Hadriani Barlandi Hollandiae Comitvm Hiftoria et Icones : cum felectis fcholijs ad lectoris lucem eiufdem Barlundi Caroli Bvrgundiae Ducis vita. Item Vltraiectefivm

Epifcoporvm Catalogus Gerardo Noviomago auctore. *Fran-cofvrti Apud Jo. Wechelum, impenfis Sigis. Feyerabend.* MDLxxxv. In-8. Fig. fur bois. Mar. grenat, compartim., tr. dor. (*Simier*).

3564. Auftrafiae Reges et Dvces Epigrammatis per Nicolaum Clementem Trellaeum Mozellanum defcripti. *Coloniae,* MDxci. In-4. Portraits gravés f. bois. Veau fauve, fil. tr. dor. (*Niedrée*).

3565. Die Cronycke van Hollant, Zeelant ende Vriefland. *Dordrecht,* 1591. 3 tomes en un vol. in-fol. Veau brun. Portraits gravés fur bois.

On a ajouté, à cet exemplaire, la collection des portraits par Meyfens, avec le titre : Les portraits des Souverains Princes et Comtes de Hollande, nouvellement reproduits par fon fils Cornille Meyffens, l'an 1662. On y remarque les portraits de Marguerite d'Autriche & d'Emmanuel Philibert.

MÉLANGES BIOGRAPHIQUES ET HISTORIQUES

3566. Hiftoire admirable par deffvs tovtes les autres des fiecles paffez et prefent. Par la lecture de la quelle il appert euidemment, celuy que la Seigneurie de Venife a detenu captif l'efpace de deux ans et vingt-deux iours, eftre le propre et vray Roy de Portugal, Dom Sebaftien qui perdit la bataille qu'il eut entre les infideles en Afrique l'an 1578. En outre, comme il fut mis en liberté le 15 Decembre dernier paffé ; et fortant de Venife, s'en veint à Florence. Le tout traduit de Caftillan en François, reueu et augmenté de plufieurs chofes, et de l'admirable natiuité du dict Roy Dom Sebaftien, expofée l'an MDc par l'incomparable Aftrologue et Mathematicien, Carlo Lavro, nouuellement apportée de Rome, et mife en François pour le contentement des plus curieux. MDci. Sans lieu. = Suyte d'vn Difcovrs intitvlé adventure admirable, &c., tovchant Dom Sebaftien Roy de

Portugal : auec un narré de ſon ſuccez, et de ſes peregrinations depuis qu'il ſe perdit en Afrique, combattant contre
les infideles, l'an MDLxxviii iuſques auiourd'huy Mil ſix
cents deux. MDcii. Sans lieu. In-8. Mar. rouge, filets à
compart., tr. dor. (*Koehler*).

3567. Hiſtoire de René D'Anjou, Roi de Naples, Duc de
Lorraine et Cᵗᵉ de Provence, par le Vicomte de Villeneuve
Bargemont. *Paris*, 1825. 3 vol. in-8. Figures. Dem. rel.
de veau antiqué.

3568. Hiſtoire de la vie de Charles de Creqvy de Blanchefort,
Dvc de Leſdigvieres (PAR CHORIER). *Grenoble*, MDCLXXXIII.
In-12, Dem. rel. Non rogné.

3569. Notice hiſtorique et bibliographique ſur la vie et les
ouvrages de Laurent Joubert, Chancelier en l'uniuerſité de
médecine de Montpellier, au xviᵉ ſiècle, par P. J. Amo-
reux. *A Montpellier, de l'imprimerie de J. G. Tournel*, 1814.
In-8.

Exemplaire à l'uſage de l'auteur, avec des additions & corrections.

3570. Hiſtoire de Boſſuet, par De Bauſſet. *Verſailles*, 1814.
4 vol. in-8. Dem. rel. de veau vert.

3571. Hiſtoire de Fénélon, par M. le Cardinal De Bauſſet.
Verſailles, 1817. 4 vol. in-8. Dem. rel. de veau antiqué.

3572. La Vie du Tres-Révérend Pere D. Auguſtin Calmet
Abbé de Senones, avec un Catalogue raiſonné de tous ſes
Ouvrages, tant imprimés que manuſcrits, au quel on a joint
pluſieurs Pièces, qui ont rapport à cette Vie. *Senones*, 1762.
In-8.

3573. Hiſtoire d'Urbain Grandier, condamné comme Magi-
cien, & comme Auteur de la poſſeſſion des Religieuſes
Urſulines de Loudun. *Amſterdam*, 1735. In-12. Dem. rel.
de veau fauve. Non rogné.

3574. La Vie de Meſſire Gaſpard de Coligny Seigneur de
Caſtillon, Admiral de France, à la qvelle ſont adiovſté ſes
Mémoires ſur ce qui ſe paſſa au ſiége de S. Quentin. *A Leyde,
chez Bonnaventure & Abraham Elzevier*. Anno CIƆIƆCXLIII.
In-12. Mar. rouge, fil. tr. dor. (*Lebrun*).

3575. La Vie de François de Lorraine Duc de Guise. *A Paris, Chez Sebastien Mabre-Cramoisy*. MDCLXXXI. In-12. Veau brun.

3576. Les Vies de Francois de Bavmont, Baron des Adrets, de Charles Dvpvy, Seigneur de Montbrun et de Soffrey de Calignon Cancelier de Navarre. Par M. Guy Allard, Conseiller du Roy... *A Grenoble, Chez Jean Nicolas*. MDCLXXV. In-12. Dem. rel. de veau fauve. Non rogné.

3577. Recherche cvrievse de la vie de Raphael Sansio d'Vrbin, de ses oeuvres, peintures et stampes, qui ont été gravées en taille-douce par Marc-Antoine Bolognois, et autres graveurs..... décrite par George Vasary. Et un petit Recueil des plus beaux tableaux tant antiques que modernes, architectures, sculptures et figures qui se voyent dans plusieurs Eglises, rues et places publiques de Lyon. le tout recueilly par J. De Bombovrg Lyonnois. *A Lyon, chez André Olyer*. 1675. Petit in-12, veau fauve, fil. tr. dor.

3578. Histoire de la Vie et des Ouvrages de Raphael, par M. Quatremere de Quincy. *Paris*, 1824. = La Vierge au Poisson de Raphael, Explication nouvelle de ce Tableau, par P. V. Belloc. *Paris*, 1833. In-8. Papier vélin. Veau fauve, fil. tr. dor. (*Simier*).

3579. Histoire de la Vie et des Ouvrages de J. De La Fontaine, par Walckenaer. = Nouvelles OEuvres diverses de J. La Fontaine, et Poésies de F. De Maucroix, accompagnées d'une Vie de F. De Maucroix, de notes, et d'éclaircissements, par Walckenaer. *Paris, Nepveu, impre de Didot l'ainé*, 1820. 2 vol. in-8. Dem. rel. de veau fauve.

3580. Histoire de la Vie et des Poésies d'Horace, par le Baron Walckenaer. *Paris*, 1840. 2 vol. in-8. Veau fauve, filets.

3581. Histoire de Dante Alighieri, par le Chevalier Artaud De Montor. *Paris*, 1841. In-8. Papier Vélin. Veau fauve, fil. tr. dor.

3582. Marc-Aurèle, ou Histoire philosophique de l'Empereur Marc-Antoine (par Ripault). *Paris*, 1820. 4 vol. in-8. Dem rel. de veau antiqué.

3583. Mémoires fur la vie de Mademoifelle de Lenclos, par
M. B. (Bret). *Amfterdam*, 1758. 3 parties en un vol. in-12.
Veau marbré.

3584. Mémoires hiftoriques fur Raoul de Coucy. On y a
joint le Recueil de fes chanfons en vieux langage avec la
Traduction de l'ancienne mufique. *A Paris, de l'imprimerie
de Ph. D. Pierres*, 1781. 2 tomes en un vol. in-18, tiré
fur papier de Hollande. In-8. Figures. Moere cerife, dent.
d. de moere, dent. Dans un étui de mar. rouge.

3585. Relation des principaux événements de la vie de Sal-
vaing de Boiffieu, premier préfident de la Chambre des
Comptes de Dauphiné; fuivie d'une critique de fa généa-
logie et précédée d'une notice hiftorique, par Alfred de
Terrebaffe. *Lyon, imprimerie de Louis Perrin.* 1850. In-8.

3586. Hiftoire de Foulques Fitz-Warin, publiée d'après un
Manufcrit du Mufée Britannique par Francifque Michel.
Paris, 1840. In-8. Papier vélin fort.

3587.   Recueil d'Eloges & Notices.
Eloge du Chevalier Bayard, par l'A. Bonnevie. — Difcours
prononcé aux obfèques du Prince de Condé, par l'A. Fraif-
finous. — Eloge de J. Chenier, avec un catalogue raifonné
de tous fes ouvrages. — Hommage à la Mémoire de Jn Js
de Boiffieu. — Notice fur E. Vincent de Margnolas, par
Montaigne de Poncin. — Eloge de Mayeuvre de Champ-
vieux, par Revoil. — Notice fur J. F. A. Riolz, fur Proft de
Royer, et fur Merlin de Douay. — Notice fur Terraffe,
Comte de Teffonet. — Notice fur la vie et les ouvrages de
Delandine, par Dumas. — Compte-rendu des Travaux de
l'Académie de Lyon pendant le 2e fémeftre de 1818.
In-8. Dem. rel. de mar. rouge.

3588. Hiftoire d'un braconnier, ou Mémoires fur la vie de L.
Labruyère, auteur des rufes du braconnage (publiés par
Jérome Pichon). *Paris*, 1844. In-8.

3589. Aymar Du Rivail et fa famille. Notes extraites tant de
fes écrits que de fon teftament et de diverfes pièces inédites, par M. Giraud. *Lyon, imprimerie de Louis Perrin.*
1849. In-8.

3590. Notice bio-bibliographique sur La Boëtie, l'ami de Montaigne, par J. P. Payen. *Paris*, 1853. In-8.

3591. Particularités inconnues sur quelques personnages des XVIII et XIXᵉ siècles, par Auguste Ducoin. I. trois mois de la vie de Jean-Jacques Rousseau, Juillet-Septembre 1768, épisode postérieure aux Confessions; publié pour la première fois, et accompagné de lettres et de notes inédites de J.-J. Rousseau. *Paris*, 1852. In-8. Papier de Hollande. Broché.

3592. Histoire de Madame Henriette d'Angleterre, première Femme de Philippe de France, Duc d'Orléans, par Madame la Comtesse La Fayette, publiée par A. Bazin. *Paris, imprᵉ de Lahure*, 1853. In-18. Papier de Hollande.

3593. Vie de la Princesse de Poix née Beauveau, par Mᵐᵉ la Comtesse de Noailles. *Paris, imprimerie de Lahure*, 1855. In-8.

3594. Jeanne de Matel (fondatrice de l'Ordre du Verbe Incarné) 1596-1670, par le Prince Augustin Galitzin. *Paris*, 1864. In-8. br.

Tiré à petit nombre.

3595. Mémoires posthumes, Lettres et Pièces authentiques touchant la vie et la mort de Charles François Duc de Rivière, Chevalier des Ordres du Roi, Lieutenant-Général, Pair de France, Gouverneur de S. A. R. Mᵍʳ le Duc de Bordeaux. *Paris*, 1829. In-8.

Exemplaire imprimé sur vélin, pour le Roi Charles X. Riche reliure en mar. bleu, compartiments à froid, dent., tr. dor., d. de mar. bleu à riches compartiments, dentelle, gardes de moere rose à filets fleurdelysés, au Chiffre du Roi sur les plats & au dos, & les Armes de France sur les plats intérieurs.

3596. La vie et les œuvres de Jean-Baptiste Pigalle, sculpteur. P. Tarbé. *Paris*, 1859. In-8. Grand papier, br.

3597. Vie de Joseph Balsamo, connu sous le nom de Comte Cagliostro, extraite de la procédure instruite contre lui à Rome, en 1790. traduite d'après l'original italien, imprimé à la Chambre Apostolique ; enrichie de notes curieuses, et ornée de son portrait. *Paris,* 1791. In-8.

3598. La Vie de Nivet, dit Fanfaron. Qui contient les vols et les meurtres qu'il a fait depuis son enfance jusqu'au jour qu'il a été rompu vif en Place de Gréve avec Beauvoir son Maître d'Ecole, Baramont et Maucion ses complices. 1735. == Histoire de la Vie et du Procez du fameux Louis-Dominique Cartouche, et de plusieurs de ses complices. *A Amsterdam, Chez Pierre Marteau,* 1736.
Deux opuscules, reliés sur brochures, en un vol. in-12. Veau fauve, fil. tr. dor. (*Koehler*).

3599. Recit veritable de l'Execution faite du Capitaine Carrfour General des voleurs de France. Rompu tout vif à Dijon par arrest du Parlement de Bourgongne le 12 iour de Decembre 1622. Avec un sommaire de son extraction, vols, assassinats, & des plus signalees actions qu'il a fait durant sa vie. *A Paris, Chez Jean Martin,* MDCXXIII. In-12. Mar. pistache, tr. dor. (*Vogel*).

3600. Histoire de Louis Mandrin, depuis sa naissance jusqu'à sa mort : Avec un détail de ses cruautés, de ses brigandages, & de son supplice (par Terrier de Cléron). *A Chambery, Chez Gorrin,* 1755. — Dialogue entre Cartouche et Mandrin, où l'on voit Proserpine se promener en cabriolet dans les enfers. *A La Barre, chez La Roue,* 1755. — Testament politique de Louis Mandrin, écrit par lui-même dans sa prison (par Gondar). *A Geneve,* 1756. — Oraison funebre de Messire Louis Mandrin. In-12. Dans toutes ses marges. Mar. noir, fil. tr. dor.

3601. Vies et exploits des voleurs de grand chemin, pirates et brigands Anglais, par M. C. Whitehead, traduit par Defauconpret. *Paris,* 1834. 2 vol. in-8. Vignettes.

3602. Histoire des avanturiers flibustiés qui se sont signalez dans les Indes. contenant ce qu'ils ont fait de remarquable depuis vingt années. avec la vie, les moeurs & les coutumes des Boucaniers et des habitans de S. Domingue et de la Tortue..... par Alexandre Olivier Oexmelin. *A Paris, chez Jacques Le Febvre.* MDCXCIX. 3 vol. in-12. Cartes et figures.

3603. Hiftoire de Socivizca, fameux brigand de la nation des Morluques appellés Monténégrins. Qui s'eft rendu formidable de nos jours aux Turcs des frontières du Comté de Zara. Aujourdhui Arambaffa des Pandoures en Autriche. Traduit de l'Italien par Marc Chapuis Fr.   ..... *Berne,* 1777. In-8. Dem. rel., dos et coins de veau acajou. Non rogné.

3604. Proces du tres mefchant et deteftable parricide fr. Ravaillac, natif d'Angoulefme, publié pour la premiere fois fur des manufcrits du temps par P. D. *Imprimerie d'A. Heriffey, à Evreux,* 1858. In-12. Portrait.

Ajouté un double portrait fur papier Chine.

DIPLOMATIQUE ET PALÉOGRAPHIE

3605. Nouveau Traité de Diplomatique, où l'on examine les fondemens de cet art : on établit des regles fur le difcernement des Titres, & l'on expofe hiftoriquement les caractères des Bulles Pontificales et des Diplomes donnés en chaque fiècle : avec des éclairciffemens fur un nombre confidérable de points d'Hiftoire, de Chronologie, de Critique et de Difcipline; & la réfutation de diverfes accufations inventées contre beaucoup d'Archives célèbres, & fur tout contre celles des anciennes Eglifes. Par deux Religieux Bénédictins de la Congrégation de S. Maur (D. Touftain et D. Taffin). *A Paris, chez Guillaume Defprez,* 1750 à 1765. 6 vol. in-4. Grand papier. Veau fauve, fil. tr. dor. Anc. rel.

3606. Dictionnaire raifonné de Diplomatique, Contenant les

regles principales et effentielles pour fervir à déchiffrer les
anciens Titres, Diplomes & Monuments, ainfi à juftifier de
leur date & de leur authenticité. Par Don De Vaines, Religieux Bénédictin de la Congrégation de S. Maur. *Paris,
Lacombe*, 1774. 2 vol. in-8. Veau marbré.

3607. Diplomatique pratique ou Traité de l'arrangement des
Archives et tréfors des Chartes, par Le Moine. *A Merʒ,
cheʒ Jofeph Antoine*, 1765. In-4. Grand papier. Veau
marbré.

3608. Dictionnaire de Diplomatique, ou Etymologies des
termes de la Baffe Latinité, pour fervir à l'intelligence des
Archives, Chartes, &c. Par M. l'Abbé Montignot. *Paris*,
1789. In-8.

3609. Dictionnaire des abbréviations latines et françaifes,
ufitées dans les infcriptions lapidaires et métalliques, les
manufcrits et les chartes du moyen-âge, précédé d'une
explication de la méthode brachyographique employée par
les graveurs en lettres, les fcribes et les copiftes du ve au
xvie fiècle, par L. Alph. Chaffant. *Evreux*, 1846. In-12.

3610. Elémens de Paléographie, par M. Natalis de Wailly.
Paris, Imprimerie Royale, 1838. 2 vol. in-4. Grand papier
vélin. Riche reliure de maroquin rouge à compartiments,
d. de tabis, tr. dor.

3611. Paléographie des Chartes et des Manufcrits du xie au
xviie fiècle, par L. Alph. Chaffant. 4e édition. *Paris*, 1854.
In-12.

3612. Recherches fur l'origine et le premier ufage des Regiftres, des Signatures, des Reclames, et des Chiffres des
pages dans les Livres imprimés (par de Marolles). *Paris,
Barrois*, 1783. 4 et 51 pp. in-8.

BIBLIOGRAPHIE ET TYPOGRAPHIE SPÉCIALES

3613. Catalogue Chronologique des Libraires et des Libraires Imprimeurs de Paris, depuis l'an 1470 jufqu'à nos jours. *Paris, Chez J. R. Lottin De S. Germain,* 1789. 2 vol. in-8. Veau fauve.

3614. Annales de l'Imprimerie des Alde, ou Hiftoire des trois Manuce et de leurs Éditions, par Ant. Aug. Renouard. *A Paris, Chez Jules Renouard,* 1834. In-8. Dem. rel., dos et coins de mar. rouge. Non rogné.

3615. Annales de l'Imprimerie des Eftienne, ou Hiftoire de la famille des Eftienne et de fes Editions. Par Ant. Aug. Renouard. *A Paris, Chez Jules Renouard,* 1837-38. 2 parties en un vol. in-8. Dem. rel., dos et coins de maroquin rouge. Non rogné.

3616. Henrici Stephani epiftola, qua ad multas multorum amicorum refpondet, de fuae typographiae ftato, nominatimque de fuo Thefavro Linguae Graecae. In pofteriore autem eius parto, quàm mifera fit hoc tépore veterum fcriptorum conditio, in quorundam typographiam prela incidentium, expofit. Index Librorum qui ex officina eiufdem Henrici Stephani haétenus prodierunt. Anno MDLxix. *Excudebat Henricus Stephanus.* In-8. de 64 et de 32 pp. Mar. rouge, tr. dor. (*Duru*).

3617. Libri ex officina Roberti Stephani typographi Regii, partim nati, partim reftituti & excufi. Petit in-8. de 8 ff. Dem. rel.

Curieux, à caufe de la cote des prix des Livres.

3618. Effai bibliographique fur les Editions des Elzevirs les plus précieufes et les plus recherchées, précédé d'une notice fur ces imprimeurs célèbres (par Berard). *Paris, Impr^e de Firmin Didot.* 1822. In-8. Dem. rel. de veau vert. Non rogné.

3619. Annales de l'Imprimerie Elzevirienne, ou hiftoire de la famille des Elſeviers et de ſes éditions, par Charles Piƈters. *Gand*, 1851. In-8.

3620. Catalogus Librorum qui in Bibliopolio Danielis Elſevirii venales extant. *Amſtelodami, ex Officinâ Elſevirianna.* MↀↁↀcLXXIV. In-12. Vélin.

3621. Catalogus Librorum Officinae Danielis Elſevirii, Deſignans Libros, qui ejus typis et impenſis prodierunt, aut quorum aliàs copia ipſi ſuppetit, et quorum auƈtio habebitur. *Amſtelodami.* ↀↁↀcLXXXI. Petit in-12. Dem. rel., dos et coins de mar. rouge. Non rogné.

Chef-d'œuvre de typographie ſorti des preſſes de M. Firmin Didot, en 1823. Avec vignettes gravées ſur bois, par Thompſon. C'eſt le fac-ſimile du ſeul exemplaire que l'on connût alors.
N° 29 des 80 exemplaires tirés ſur papier fin de Hollande.

3622. Catalogue complet des Républiques imprimées en Hollande in-16 avec des Remarques sur les diverses éditions, par de La Faye. *Paris, imprᵉ de Panckoucke*, 1842. In-12. Dem. rel., dos et coins de mar. bleu. Non rogné.

L'un des 4 exemplaires tirés ſur papier fin de Hollande.

3623. Recherches ſur l'Etabliſſement et l'Exercice de l'Imprimerie à Troyes, contenant la nomenclature des Imprimeurs de cette ville, depuis la fin du 15ᵉ ſiècle jusqu'à 1789, et des notices ſur leurs produƈtions les plus remarquables, par M. Corrard de Breban. *Troyes*, 1839. avec une lettre autographe d'envoi, de l'auteur. = Le même, avec fac-ſimile. 2ᵉ édition. *Paris et Troyes*, 1851. Réunis en un vol. in-8.

3624. Diſſertation ſur l'Origine et les Progrès de l'Imprimerie en Franche-Comté, pendant le quinzième ſiècle (par le Père Luice). *Dole*, 1785. In-8.

3625. Eſſai philologique ſur les commencements de la typographie à Metz, et ſur les Imprimeurs de cette ville; puiſé dans les matériaux d'une hiſtoire littéraire, biographique et bibliographique de Metz et de ſa province (par Teiſſier). *Metz*, 1828. In-8.

3626. Bibliographie Douaiſienne, ou Catalogue hiſtorique et raiſonné des Livres imprimés à Douai, depuis l'année 1565

jufqu'à nos jours, avec des notes bibliographiques et littéraires; par H. R. Duthilleul. *Douai,* 1843. In-8.

3627. Notice fur Colard Manfion, libraire et imprimeur de
la ville de Bruges en Flandre dans le quinzième fiècle (par
Van Praet). *Paris, Debure,* 1829. In-8.

3628. Recherches fur Louis De Bruges, Seigneur de La Gru-
thuyre; fuivies de la notice des manufcrits qui lui ont appartenu, et dont la plus grande partie se conferve à la Bibliothèque du Roi (par Van Praet). *Paris, De Bure frères,* 1831.
In-8.

3629. Bibliographie Lyonnaise du quinzième fiècle. 1473-
1500. Par Antoine Pericaud aîné. *Lyon,* 1840. = Nouvelles
Recherches sur les Editions Lyonnaises du xvᵉ fiècle. Par
le même. *Lyon,* 1841. = Bibliographie Lyonnaife du xvᵉ
fiècle. Par le même. *Lyon, imprᵉ de Louis Perrin,* 1855. —
Deuxième partie, *Lyon, imprᵉ de Chanoine,* 1852. Réunis en
un vol. in-8.

3630. Bibliothèque hiftorique de la France, par Jacques Lelong. Nouvelle édition, revue, corrigée et augmentée par
Fevret de Fontelte. *Paris,* 1778. 5 vol. in-fol. Dem. rel. de
mar. rouge. Non rognés.

3631. Profpectus d'un ouvrage propofé par foufcription par
M. l'Abbé Rive. (*Paris, Didot l'aîné,* 1782). In-18. Papier fin.
Non rogné.

3632. Bibliographia dei Romanzi e Poemi Cavalerefchi Ita-
liani. *Milano, Paolo Antonio Tofi. ftampato da felice Bufconi,*
1838. Grand in-8. cart. Non rogné.

Deuxième édition de l'ouvrage de M. le Comte Melzi, augmenté par M. Tozi.
Cet exemplaire eft un des 25 tirés fur très-grand papier vélin. On y trouve les
marques de 70 imprimeurs des xvᵉ & xvıᵉ fiècles.

3633. Notizie bibliographiche intorno a due rariffime edizioni
del fecolo xv. di Angelo Pezzana. *Parma, co'tipi Bodoniani,*
1808. In-8. Dem. rel. de mar. rouge. Non rogné.

BIBLIOGRAPHES GÉNÉRAUX

ET DE DÉPOTS PUBLICS ET PARTICULIERS

3634. Manuel du Libraire et de l'Amateur de Livres, par Jacques-Charles Brunet. *Paris, chez Silveſtre*, 1842-44. 10 tomes en 5 vol. in-8. Papier de Hollande. Dem. rel., dos et coins de mar. rouge. Non rognés.

3635. Le même, cinquième édition originale entièrement refondue et augmentée d'un tiers par l'Auteur. *Paris, Firmin Didot frères*, 1860-1865. 6 vol. in-8. Demi-reliure de mar. bleu, non rognés.

3636. Dictionnaire des Ouvrages anonymes et Pſeudonymes, compoſés, traduits ou publiés en Français et en Latin..... accompagné de notes hiſtoriques et critiques, par Barbier. *Paris*, 1823-27. 4 vol. in-8. cart. Non rognés.

3637. Nouveau dictionnaire des ouvrages anonymes et pſeu-donymes la plupart contemporains avec les noms des au-teurs ou éditeurs accompagné de notes hiſtoriques et cri-tiques, par E. De Manne. Nouvelle édition, revue, corrigée et augmentée. *Lyon*, 1862. In-8. br.

3638. Bibliographie Jnſtructive : ou Traité de la Connoiſ-ſance des Livres rares et ſinguliers. Par Guill. Franç. De Bure le jeune. *Paris, De Bure*, 1763-68. 7 vol. —Supplé-ment à la Bibliographie Jnſtructive, ou Catalogue des livres du Cabinet de L. J. Gaignat, par le même, 1769. 2 vol. —Table des Anonymes. *Paris, Née De La Rochelle*, 1772. 1 vol.   10 vol. in-8. Veau marbré, filets.

3639. La Chaſſe aux Bibliographes ou Antiquaires mal-aviſés, par un des Eleves de M. l'Abbé Rive (L'ABBÉ RIVE LUI-MÊME). *Londres (Paris)*, 1782. 2 vol. in-8. Veau jaſpé, filets.

3640. Bibliographie inſtructive, ou notice de quelques livres ſinguliers avec des notes hiſtoriques, par François De Los-

Rios, libraire à Lyon. *Lyon*, 177 . In-8. Demi-reliure.
Non rogné.

<small>A chaque ouvrage fe trouve le prix pour lequel il était à vendre, ce qui permet
de voir le chemin que les amateurs ont fait faire à certains livres depuis moins d'un
fiècle.</small>

3641. Dictionnaire bibliographique choifi du quinzième fiècle,
ou defcription par ordre alphabètique des éditions les plus
rares et les plus recherchées du quinzième fiècle. précédé
d'un effai hiftorique fur l'origine de l'imprimerie, ainfi que
fur l'hiftoire de fon établiffement dans les villes, bourgs,
monaftères et autres endroits de l'Europe, avec la notice
des imprimeurs qui y ont exercé cet art jufqu'à l'an 1500.
Par de La Serna, Santander. *Bruxelles*, 1805-1807. 3 vol.
in-8. Dem. rel., dos et coins de cuir de Ruffie. Non rognés,
tête dorée.

3642. Bibliothèque curieufe, hiftorique et critique, ou Catalogue raifonné de livres difficiles à trouver, par David Clément. *Gottingue*, 1750. 9 vol. in-4. Demi-reliure. Non
rognés.

3643. Notitia hiftorico-litteraria de Libris ab artis typogra-
phicae inventione vfqve ad annum M cccc L xxviiii (et ab
anno M cccc L xxx vfqve ad annvm MD) impenfis : in bibliotheca Monafterii ad S S. Vldaricvm et Afrum Avgvftae
extanctibvs (aut. Ph. Braun). *Avgvftae*, 1788 et 1789.
2 parties en un vol. in-4. Veau fauve, filets.

3644. Répertoire de Littérature Ancienne, ou Choix d'Auteurs claffiques Grecs et Latins, d'Ouvrages de Critique,
d'Archéologie, d'Antiquités, de Mythologie, d'Hiftoire et
de Géographie Ancienne, imprimés en France et en Allemagne..... par Fréd. Schoell. *Paris*, 1808. 2 vol. in-8.
Papier vélin. Cuir de Ruffie, filets.

3645. A Bibliographical Antiquariam and Picturefque Tour
in France and Germany. by the Rev. Tho. Frognall Dibdin.
London, 1821. 3 vol. grand in-8. Figures. Veau olive, fil.
tr. dor.

3646. Voyage Bibliographique, Archéologique et Pittorefque
en France, par le Rév. Th. Frognall Dibdin. traduit de
l'Anglais, avec des notes, par Théod. Clicquet. *Paris*,

Crapelet, 1815. 4 vol. in-8. Veau fauve, dent. et compart. à froid.

3647. The bibliographical Decameron, or ten days pleafant difcourfe upon illuminated manufcripts and fubjects conneeted with early engraving, typography and bibliography, by the rev. T. F. Dibdin. *London*, 1817. 3 vol. grand in-8. Papier vélin. Figures. Maroquin vert, filets. Non rognés, tête dorée.

3648. The Fr. Dibdin bibliotheca Spenceriana. *London*, 1814-1815. 4 vol. — Aedes Althorpianae. *London*, 1822. 2 vol. — A defcriptive catalogue of the book of the duke di Cafano-Serra. *London*, 1823. 1 vol. Enfemble 7 vol. grand in-8. Figures. Dem. rel., dos et coins de mar. rouge. Non rognés, tête dorée.

3649. An Inquiry in tothe Nature and Form of the Books of the Ancients : with a Hiftory of the Art of Book binding, From the times of the Greeks and Romans to the prefent day, By John Arnett. *London*, 1837. In-12. Figures. Dem. rel. de percaline. Non rogné.

3650. Effai du Catalogue des Livres imprimés fur vélin, de la Bibliothèque Impériale (par Van Praet). *Paris*, 1805. In-fol. Dem. rel., dos et coins de cuir de Ruffie.

Un des deux exemplaires fur vélin. L'un a été légué par l'Auteur à la Bibliothèque Impériale. Celui-ci avait été donné à M. J. de Bure. Ce premier effai contient 21 pages et finit par le Catholicon de 1460. A la page 63, fe trouve la foufcription figurée du Pfeautier de 1457.

3651. Catalogue des livres imprimés fur vélin, avec date, depuis 1457 jufqu'en 1472 (par J. B. B. Van Praet). 1re partie, 1457-1470. *Paris, de Bure frères, imprimerie de Crapelet*, 1813. Grand in-fol. Dem. rel. de veau antiqué. Non rogné. Exemplaire de Marie Jacques de Bure.

Toute l'édition de cet ouvrage, qui renferme des renfeignements très-étendus fur les premiers monuments typographiques, a été détruite par l'Auteur. Il n'en a été conservé que fept exemplaires fur ce papier. M. Brunet donne, dans le MANUEL IV, 567, les noms des poffeffeurs de ces fept exemplaires.

3652. Inventaire ou Catalogue des livres de l'ancienne biblio-thèque du Louvre, fait en l'année 1373, par Gillet Mallet, précédé de la differtation de Boivin le jeune fur la même bibliothèque, fous les roix Charles V, Charles VI et Charles VII, avec des notes hiftoriques et critiques (par Van Praet). *Paris, De Bure frères*, 1836. In-8. Papier vélin.

3653. Catalogue d'une partie des livres compofant la biblio-thèque des Ducs de Bourgogne de la dernière race d'après des inventaires de leurs meubles au XVe fiècle, précédé d'une lettre à M. Amanton, fur le goût que ces Princes ont toujours manifefté pour les Lettres. *Paris, Renouard*, 1830. In-8. Dem. rel.   Non rogné.

Exemplaire en papier vélin, de la 1re édition tirée à 100 exemplaires.

3654. La librairie de Jean Duc de Berry au château de Mehun-fur-Yevre. 1416. Publiée pour la première fois d'après les inventaires et avec des notes, par Hiver de Beauvoir. *Paris, Aubry*, 1860. Imprimé à Evreux. Petit in-8. Papier vergé.

3655. Les Manufcrits François de la Bibliothèque du Roi, leur hiftoire et celle des Textes Allemands, Anglois, Hollandois, Italiens, Efpagnols de la même collection. Par M. Paulin Paris. *Paris*, 1836-42. 5 vol. in-8. Dem. rel., dos et coins de mar. rouge. Non rognés, tête dorée.

3656. Catalogue des livres imprimés fur vélin de la Biblio-thèque du Roi. *Paris, De Bure frères, impr. de Crapelet*, 1822-28.   6 tom. en 5 vol. = Catalogue des livres imprimés fur vélin, qui fe trouvent dans les bibliothèques tant publiques que particulières, pour fervir de fuite au Catalogue des livres imprimés fur vélin de la Bibliothèque du Roi. *Paris, ibidem*, 1824-28. 4 vol. Enfemble 9 vol. in-8. Dem. rel., dos et coins de mar. rouge. Non rognés, tête dorée.

3657. Voyage d'un Iconophile, Revue des principaux cabi-nets d'eftampes, bibliothèques et mufées d'Allemagne, de Hollande et d'Angleterre, par Duchefne aîné. *Paris*, 1834. In-8. Papier vélin.

3658. Analectabiblion, ou Extraits critiques de divers livres rares, oubliés ou peu connus, tirés du cabinet du Marquis D. R. (Du Roure). *Paris*, 1826. 2 vol. in-8. Dem. rel. de veau fauve.

3659. Catalogue raifonné des principaux manufcrits du cabinet de M. J. E. D. De Cambis, Marquis de Velleyron. *Avignon*, 1770. In-4. de 766 pages. Bas. marbrée.

3660. Notice de la bibliothèque d'Aix, dite de Méjanes, précédée d'un effai fur l'hiftoire littéraire de cette ville, de fes anciennes bibliothèques publiques, fur fes monuments, &c. Par E. Rouard. *Paris et Aix*, 1831. In-8. Papier vélin.

3661. Notice d'un manufcrit appartenant à la bibliothèque publique de Marfeille, fuivie d'un aperçu fur les épopées provençales du moyen-âge, relatives à la chevalerie de la Table Ronde. Par M. L. J. Hubaud. *Marfeille*, 1853. In-8.

3662. Mélanges tirés d'une petite bibliothèque, ou Variétés littéraires et philologiques, par Charles Nodier. *Paris*, 1829. In-8. Grand papier vélin. Dem. rel. de maroquin rouge. Non rogné.

3663. Catalogue des Livres imprimés, Manufcrits, Eftampes, Deffins et Cartes à jouer, compofant la bibliothèque de M. C. Leber : avec des notes, par le Collecteur. *Paris*, 1839 et 1852. 4 vol. in-8. Grand papier. Fig. fur bois. Cartonnés à la Bradel. Non rognés.

BIBLIOTHÈQUES PARTICULIÈRES,

ANCIENNES ET MODERNES

3664. Bibliotheca Heinfiana five Catalogues librorum, quos, magno ftudio, et Jumtù, dùm viveret, collegit Nicolaus Heinfius. *Lugd. Batav. apud Iohannem de Vive.* MDCLXXXI. 2 parties en un vol. in-12. Vélin. Prix.

3665. Catalogue de la Bibliothèque de M. Boucot, Garde-Rolle des Offices de France. compofée de plus de dix-huit mille volumes imprimez, de plus de soixante-dix mille eftampes, dont dix-fept mille portraits, d'un très-grand nombre de livres d'Arts, et de Manufcrits en vélin, ornés de mignatures. *Paris,* 1699. In-12. Vélin. Prix.

3666. Catalogue de la Bibliothèque de M. Boucot..... *Paris,* 1699. = Bibliotheca Thevenotiana, five Catalogus impreffforum et manufcriptorum librorum bibliothecae Melchifedecis Thevenot. *Lutetiae Parifiorum, apud Florentinum et Petrum Delaulne,* MDCXCIV. In-12. Veau brun.

3667. Index librorum ab inventa Typographia ad annum 1500. hunc difpofuit Franc. Xav. Laire. *Senonnis,* 1791. 2 vol. in-8. Dem. rel. Non rognés.

Exemplaire de l'abbé Campion de Terfan, avec les prix, les noms des acquéreurs & des notes de fa main.

3668. Catalogue des livres de la Bibliothèque du Duc de La Vallière, par Guill. De Bure. *Paris, De Bure,* 1783. 3 vol. Veau marbré. In-8. Prix, à la main, à chaque article.

3669. Bibliotheca Graeca et Latina, Complectens Auctores fere omnes Graeciae et Latii veteris, quorum opera, vel fragmenta aetatem tulerunt, exceptis tantam afceticis, et thologicis Patrum nuncupatorum fcriptis; cum delecta editionum tam primarium, principum, et rariffimarum, quam etiam optimarum, fplendidiffimarum, atque nitidiffima-

´rum, quas urſui méo paravi Periergus Deltophilus. *Berolini.* 1784.

Le faux titre qui précède les pièces liminaires eſt ainſi conçu : Catalogue de mes livres (COMTE REVICZKY). Première partie, contenant les Auteurs Claſſiques, Grecs & Latins, avec des Remarques tirées de différents ouvrages bibliographiques, ſouvent éclaircies, quelquefois redreſſées.

In-8. Veau fauve, fil. tr. dor.

Edition originale, qui n'a pas été miſe en vente, avec le ſupplément dans le volume.

3670. Bibliotheca Colbertina. *Pariſiis,* 1727. 2 vol. in-12. Veau fauve.

3671. Bibliotheca Fayana, ſive Catalogus librorum bibliothe- cae Hieronymi De Ciſternay Du Fay. digeſtus et deſcriptus à Gabriele Martin. *Pariſiis.* 1725. In-8. Veau brun. Prix.

3672. Catalogus Librorum Bibliothecae Car. Henr. Comitis De Hoym, à Gabriele Martin. *Pariſiis, apud Gabr. & Cl. Martin,* 1738. In-8. Veau jaſpé. Prix.

On a ajouté à la fin la liſte manuſcrite des Variorum, vendus en bloc pour 1,000 fr., & une Table manuſcrite des Anonymes.

3673. Catalogue des livres de l'Abbé d'Orléans De Rothelin, par G. Martin. *Paris,* 1746. In-8. Veau écaillé, fil. tr. dor. Prix.

3674. Catalogue des livres du Cabinet de M. De Boze. *Paris, chez G. Martin, et Guérin & Delatour,* 1753. In-8. Portrait de De Boze. Mar. rouge, fil. tr. dor. Exemplaire de famille.

On lit en tête du volume la note ſuivante :

« Les prix que l'on trouve à la fin de chaque article de ce
« Catalogue ſont de M. Gabriel Martin, libraire à Paris, lorſ-
« qu'il fit l'eſtimation de toute la bibliothèque de M. Claude
« Gros de Boze par l'ordre de M. Claude-Céſar Teyſſier de
« Lyon ſon neveu et ſon héritier, qui ſur la dite eſtimation
« montant à la ſomme de 123,072 fr. vendit en gros toute
« la dite bibliothèque à MM. Jules-François de Cotte Préſident
« au Parlement de Paris, et Charles-Robert Boutin maître des
« Requêtes la ſomme de quatre-vingt-trois mille livres. Les
« ſeconds prix mis à la fin de pluſieurs articles ſont ceux de
« M. de Bure libraire à Paris, qui fit l'eſtimation avec M. Martin,
« & la porta à 640 fr. de plus. MM. Cotte et Boutin firent

« vendre une partie des dits livres au plus offrant et dernier
« enchériffeur. On publia féparément un catalogue de ceux
« qui devoient être expofés en vente, parmi les quels il s'en
« trouve plufieurs qui ne viennent pas du cabinet de M. de
« Boze. On a ajouté au préfent catalogue en marge le prix
« des livres qui ont été vendus au plus offrant. L'exemplaire
« du préfent catalogue a été acheté à l'encan du dit Sr Teyffier
« après fon décès à Lyon. »

3675. Catalogue des Livres du cabinet de M. De Boze. 1745.
In-fol. Avec les Prix. Veau fauve, fil. tr. dor.

Ce catalogue, imprimé du vivant de M. De Boze, à l'Imprimerie Royale, & tiré à
un petit nombre d'exemplaires, à 50, d'après Debure & Fournier, à 25, d'après
Bauer, à 36, d'après d'autres, avait été deftiné à quelques amis. Les premiers prix
font ceux de la vente qui fut faite en 1756. Les prix qui font au-deffous font ceux
auxquels les mêmes livres ont été revendus en 1769 à la vente du cabinet de Gaignat. La difficulté que les curieux éprouvaient dans le temps de fe procurer cette
édition magnifiquement exécutée, fit qu'un exemplaire fut une fois vendu près de 240
livres. (V. De Bure, bibliographie inftruċtive, n° 6074.)

3676. Catalogue des livres rares et finguliers du cabinet de
M. Filheul, précédé de quelques éclairciffements fur les Articles importans ou peu connus, & fuivi d'une Table alphabétique des Auteurs. *A Paris, chez Deffain jeune*, 1779.
In-8. Papier de Hollande. Veau racine, fil. tr. dor.

3677. Catalogue des livres du Cabinet de feu M. Bonnemet.
A Paris, chez Mérigot l'aîné, 1782. In-8. Avec les noms
des Auteurs Anonymes. Veau fauve, filets. Non rogné. Prix.

On lit la note fuivante fur un feuillet en tête du volume :

« Mr le Duc de La Valliere qui a acquis cette bibliotheque
« defirant favoir le prix qu'il pouvait en offrir en fit faire l'ef-
« timation que l'on trouve ici à côté de chaque volume pour
« déterminer le prix qu'il en offrirait. Il pria en même temps
« le Connaiffeur qu'il chargea de cette opération de mettre
« les prix à leur plus jufte valeur. Note trouvée manufcrite
« dans l'exemplaire du Catalogue de M. Bonnemet apparte-
« nant à Mr le Duc de La Valliere. »

3678. Catalogue des livres de la bibliothèque de Denis Guyon,
Seigneur de Sardierre. *Paris, Barrois*, 1789. In-8. Intercalé
de papier blanc. Veau fauve, filets.

Bibliothèque achetée en totalité par le Duc de La Vallière.

3679. Catalogue des livres de la Bibliothèque de Patu De Mello. *Paris, Tilliard,* 1800. In-8. Dem. rel. de veau olive. Prix.

3680. Catalogue des livres de la Bibliothèque de De La Serna Santander, rédigé et mis en ordre par lui-même, avec des notes bibliographiques et littéraires. *Bruxelles,* 1803. Avec le fupplément. 4 vol. in-8. Bas. marbrée.

Cette bibliothèque, achetée en bloc par M. Renouard, a été mife en vente en 1809. La lifte imprimée des prix eft à la fin du quatrième volume.

3681. Catalogue des livres précieux, finguliers et rares, tant imprimés que manufcrits, de la bibliothèque de M...(Méon). *Paris, Bleuet,* 1803. In-8. Dem. rel., dos et coins de mar. rouge. Non rogné, tête dorée. Prix.

3682. Catalogue des livres rares et précieux et des Manufcrits compofant la bibliothèque de M.....(De Cotte). *Paris, De Bure,*   In-8. Dem. rel. de mar. rouge. Non rogné. Prix.

3683. Catalogue des livres de la bibliothèque de D'Anffe De Villoifon. *Paris, De Bure,* 1806. In-8. Dem. rel. de veau fauve. Prix.

3684. Catalogue des livres rares et précieux de la bibliothèque de M. Bern. Caillard. *Paris, De Bure,* 1810. In-8. Veau écaillé, filets. Prix.

3685. Catalogue des livres rares et précieux du Cabinet de M..... (Le Comte Léon D'Ourches). *Paris, Brunet,* 1811. In-8. Dem. rel. de mar. rouge. Prix.

3686. Bibliotheca Bofchiana five Catalogus librorum qui ftudiis infervierunt viri celeberriffimi Hieronymi De Bofch. *Amftelodami,* 1812. In-8. Veau écaillé, filets. Prix.

3687. Catalogue des livres rares et précieux de la bibliothèque de Pierre Henri Larcher. *Paris, De Bure,* 1813. In-8. Grand papier. Dem. rel. de mar. rouge, non rogné. Prix.

3688. Catalogue des livres de la bibliothèque de De La Porte Du Theil. *Paris, De Bure,* 1816. In-8. Veau écaillé, filets. Prix.

3689. Catalogue des livres de la bibliothèque de Clavier. *Paris, De Bure,* 1818. In-8. Veau écaillé, filets. Prix.

3690. Catalogue de la bibliothèque d'un Amateur (A. A. Renouard). avec notes bibliographiques, critiques et littéraires. *Paris, Ant. Aug. Renouard,* 1819. 4 vol. in-8. Papier vélin. Demi-reliure, dos et coins de cuir de Ruffie. Non rognés.

3691. Catalogue des livres de la bibliothèque de C. C. Fr. Hériffon. *Paris,* 1811. In-8. cart. à la Bradel. Prix.

3692. Catalogue des livres rares et précieux du Cabinet de M. Firmin Didot. *Paris, De Bure,* 1810. In-8. Grand papier vélin. Dem. rel. de mar. rouge. Non rogné. Prix.

3693. Catalogue des livres de la bibliothèque de J. B. G. Haillet De Couronne. *Paris, Tilliard,* 1811. In-8. Dem. rel. de mar. rouge. Non rogné. Prix.

3694. Catalogue des livres de la bibliothèque de M. J. De Chénier. *Paris, Bleuet,* 1811. In-8. Papier vélin. Dem. rel. de mar. rouge. Non rogné. Prix.

3695. Catalogue des livres précieux de M... (Schérer). *Paris, De Bure,* 1812. In-8. Grand papier. Dem. rel. de mar. rouge. Non rogné. Prix.

3696. Catalogue des livres rares et précieux de la bibliothèque de M. le Comte de Mac-Carthy Reagh. *Paris, De Bure frères,* 1815. Avec les prix imprimés, et le Catalogue des livres retirés, avec les prix fixés pour leur vente. 2 vol. in-8. Grand papier de Hollande. Dem. rel. de mar. rouge. Non rognés.

3697. Catalogue d'une partie des livres rares et précieux de M. Ch. Nodier. *Paris,* 1827. Prix. = Catalogue de livres anciens de M. Revoil. *Paris,* 1834. Prix. Réunis en un vol. in-8. Dem. rel. de cuir de Ruffie. Non rogné.

3698. Catalogue des livres curieux, rares et précieux, composant la bibliothèque de M. Ch. Nodier. *Paris, Merlin,* 1829. In-8.   Papier vélin. Dem. rel. de veau rouge. Non rogné.

3699. Defcription raifonnée d'une jolie collection de livres (Nouveaux Mélanges tirés d'une petite bibliothèque) par Charles Nodier, précédée d'une introduction par M. G. Dupleffis, de la vie de M. Ch. Nodier par M. Francis Wey et d'une notice bibliographique de fes ouvrages. *Paris*, 1814. In-8. Dem. rel., dos et coins de mar. rouge. Non rogné, tête dorée. Prix.

3700. Bibliothèque de M. le Baron Silveftre de Sacy. *Paris*, *Imprimerie Royale*, 1842-47. 3 vol. in-8. Dem. rel. de veau fauve. Prix.

3701. Catalogue des livres faifant partie du fonds de librairie ancienne et moderne de M. J. J. et M. S. De Bure frères. *Paris*, 1834-40. 7 parties en 2 vol. in-8. Dem. rel. de veau antiqué. Prix.

3702. Catalogue d'une précieufe collection de livres anciens et rares, provenant du cabinet de M. A. A. (Ad. Audenet). *Paris*, 1839. In-12. Papier de Hollande. Dem. rel., dos et coins de mar. rouge.

3703. Catalogue de la précieufe bibliothèque de M. André L. Colin. *Paris*, 1845. (Prix). = Catalogue d'une précieufe collection de livres de M. Ch. B. de V. (Bertin De Vaux). *Paris*, 1849. (Prix). = Catalogue d'une collection de livres et d'eftampes provenant du cabinet de M. L. R. de L. (Le Roux de Lincy). *Paris*, 1855. (Prix). Réunis en un vol. in-8. Dem. rel. de veau fauve.

3704. Catalogue des livres compofant la bibliothèque de feu M. Fr. Noel, Ancien Confeiller de l'Univerfité. *Paris*, 1841. In-8.

La police a empêché la vente des n⁰ˢ 798 à 855.

3705. Catalogue de la riche bibliothèque de Rofny. *Paris*, 1837. In-8. Prix. cart. Au chiffre couronné de Madame la Ducheffe de Berry.

3706. Collection de Madame la Ducheffe de B... (de Berry) Manufcrits très-précieux. Vente faite à Paris le 22 Mars 1864. In-8. br. Prix et noms des acquéreurs. Produit de la vente, 98,075 fr.

3707. Catalogue des livres compoſant la bibliothèque de M. G. D. (Grattet Dupleſſis). *Paris*, 1843. (Prix). = Catalogue des livres compoſant la bibliothèque de feu M. G. Dupleſſis. *Paris*, 1856. (Prix). Réunis en un vol. in-8. Dem. rel. de veau fauve.

3708. Catalogue de la bibliothèque de M. J. G. (Gallois). *Paris*, 1844. (Prix). = Catalogue des livres rares et précieux compoſant la bibliothèque de feu M. P. Wolters. *Paris*, 1844. (Prix). Réunis en un vol. in-8. Dem. rel. de veau fauve.

3709. Catalogue de la bibliothèque du Cardinal Zondadari. *Paris*, 1844. (Prix). = Catalogue de la bibliothèque du Docteur Gratiano. *Paris*, 1844. (Prix). = Catalogue de livres rares et précieux, manuſcrits et imprimés compoſant la bibliothèque de M. C. R. (Rivera), de Milan. *Paris*, 1856. (Prix). Réunis en un vol. in-8. Dem. rel. de veau fauve.

3710. Catalogue des Eſtampes anciennes formant la collection de M. Delbecq, de Gand. *Paris*, 1845. 3 parties. (Prix). = Catalogue de la magnifique et précieuſe collection de livres, manuſcrits, deſſins et eſtampes formant le cabinet de Mʳ R. Brifart, de Gand. Vente en Décembre 1849 (Prix). Réunis en un vol. in-8. Dem. rel. de veau fauve.

3711. Catalogue de livres rares et précieux provenant de la bibliothèque de M. Le P. D'E. (le Prince d'Eſting). *Paris, Techener*, 1847. In-8. (Prix).

On y a joint le même catalogue, publié en 1845, chez Sylveſtre, à la ſuite duquel la vente a été différée juſqu'en 1847, Techener ayant acheté alors tous les livres en maſſe.

3712. Catalogue de la bibliothèque de M. L. (Libri). *Paris*, 1847. In-8. Dem. rel. de veau fauve. (Prix).

3713. Catalogue de la bibliothèque de M. Victor de Saint-M. (de Saint-Mauris). *Paris*, 1848. In-8. Dem. rel. de veau fauve. (Prix).

3714. Catalogue des livres rares et précieux compoſant la bibliothèque de M. L. M. D. R. (Du Roure). *Paris*, 1848. Dem. rel. de veau fauve. (Prix).

3715. Catalogue de la bibliothèque de feu M. Jérome Bignon. *Paris*, 1848. In-8. (Prix).

3716. Catalogue des livres compoſant le fonds de librairie de feu M. Crozet, publié avec des notes littéraires et bibliographiques de MM. Charles Nodier, G. Dupleſſis et Le Roux De Lincy. *Paris*, 1841. In-8. Papier de Hollande. cart. Non rogné. (Prix).

3717. Catalogue des livres de la bibliothèque de feu M. Marie-Jacques De Bure. *Paris*, 1848. L'un des ſix exemplaires en papier de Hollande. (Prix). = Catalogue des livres manuſcrits et imprimés, de la bibliothèque de feu M. J. J. De Bure. *Paris*, 1853. (Prix). = Catalogue de lettres autographes provenant du cabinet de feu M. J. J. De Bure. *Paris*, 1853. (Prix). Réunis en un vol. in-8. Dem. rel. de veau fauve.

3718. Catalogue raiſonné d'une collection de livres, pièces et documents, manuſcrits et autographes, relatifs aux arts de peinture, ſculpture et architecture, réunis par M. Jules Goddé, peintre, avec des notes du Collecteur. *Paris*, 1850. In-8. Dem. rel. de veau fauve. (Prix).

3719. Catalogue des livres rares et précieux de la bibliothèque de M. E. B. (Baudeloque). *Paris*, 1850. In-8. Dem. rel. de veau fauve. (Prix).

3720. Catalogue de livres imprimés et manuſcrits faiſant partie de la bibliothèque de M. De Monmerqué. *Paris*, 1851. In-8. Dem. rel. de veau fauve. (Prix).

3721. Catalogue des livres et Cartes géographiques de la bibliothèque de feu M. le Baron Walckenaer. *Paris*, 1853. In-8. Dem. rel. de veau fauve. (Prix).

3722. Catalogue de la bibliothèque Lyonnaiſe de M. Coſte, rédigée et miſe en ordre par Aimé Vingtrinier. *Lyon, imprimerie de Louis Perrin*, 1853. In-8. Grand papier vélin. Dem. rel. de mar. rouge. Non rogné, tête dorée.

Cette collection a été acquiſe par la ville de Lyon.

3723. Catalogue des livres rares et précieux de la bibliothèque de feu M. J. L. A. Coſte. *Paris*, 1854. In-8. Dem. rel. de veau fauve. (Prix).

3724. Catalogue d'une précieuse collection de livres, manuscrits, autographes, dessins et gravures composant la bibliothèque de feu M. Ant. Aug. Renouard. *Paris*, 1854. In-8. Dem. rel. de veau fauve. Table des prix imprimée.

3725. Catalogue des livres, estampes et dessins composant la bibliothèque et le cabinet de feu M. Armand Bertin. *Paris*, 1854. In-8. Dem. rel. de veau fauve. (Prix).

3726. Catalogue de livres provenant de la bibliothèque de M. Libri Carucci. *Paris*, 1855. In-8. (Prix).

3727. Catalogue des livres rares et précieux composant la bibliothèque de M. Ch. G. (Giraud). *Paris*, 1855. In-8. Dem. rel. de veau fauve. Table des prix imprimée.

3728. Catalogue des livres de la bibliothèque de feu M. Parifon. *Paris*, 1856. In-8. Demi-reliure de veau fauve. (Prix).

3729. Catalogue des livres rares et précieux de M. (Veinant). *Paris*, 1855. (Prix). = Catalogue d'une collection de livres rares et précieux de M. (Chenet). *Paris*, 1853. (Prix). = Bibliothèque de M. Aimé Martin, composée de livres anciens et rares. *Paris*, 1847. (Prix). Réunis en un vol. in-8. Dem. rel. de veau olive.

3730. Catalogue des livres composant la bibliothèque de feu M. le Marquis de Martainville, sur l'art héraldique et l'histoire généalogique de la Noblesse. *Paris*, 1859. In-8. (Prix).

3731. Catalogue de beaux livres anciens, manuscrits et autographes provenant du cabinet de M. J. L. B. (Bourdillon). *Paris, Tilliard*, 1847. In-8. (Prix). On y a joint le Catalogue du même Cabinet. *Paris, Merlin*, 1830.

3732. Catalogue de livres rares et précieux de M. Pont La Ville. *Paris*, 1850. = De M. R. T. L. *Paris*, 1850. = De M. T. S. *Paris*, 1851. = De (de La Bédoyere, de Lurde, Heduin, &c.). *Paris*, 1852. = De Lond N... *Paris*, 1853. = De feu M. Maftrella. *Paris*, 1853. = du Comte P. de M... *Paris*, 1856. Réunis pour former un vol. in-8. Tous avec les prix.

3733. Catalogue de livres rares et précieux compofant la bibliothèque de M. l'abbé J. B. de Bearzi, Protonotaire Apoftolique. *Paris,* 1855. In-8. (Prix).

3734. Catalogue de la bibliothèque de Mr L. C. (Léon Cailhava), de Lyon. *Paris,* 1845. In-8. (Prix).

3735. Catalogue de livres anciens rares et curieux compofant la bibliothèque de M. Bergeret. 1re partie. *Paris,* 1858. In-8. (Prix). — 2e et 3e parties. *Paris,* 1859. In-8. Sans prix.

3736. Catalogue de livres rares et précieux provenant du cabinet de feu M. W. W. Hope. *Paris,* 1855. In-8. (Prix).

3737. Catalogue d'une précieufe collection de livres anciens et rares provenant de la bibliothèque de feu M. Clicquot, de Reims. *Paris,* 1843. In-12. (Prix). = Catalogue de deffins anciens et modernes, de tableaux, eftampes, &c., et de livres, provenant du cabinet de feu M. le Baron Roger. *Paris,* 1841. In-12. (Prix). = Catalogue des livres de la bibliothèque de M. A. R. Courbonne. *Paris,* 1841. In-8. (Prix). = Catalogue de livres, eftampes, objets d'art et de curiofité, de feu M. Defaugiers aîné. *Paris,* 1841. In-8. (Prix). = Bibliotheca Balteriana. *London,* 1840. In-8. (Prix). Réunis pour former un volume.

3738. Catalogue des livres rares et précieux de la bibliothèque de M. M... (Maréchal de Nancy et autres). *Paris,* 1850. In-8. (Prix).

3739. Catalogue de la bibliothèque de M. le Ch... (Le Chevalier). livres rares et précieux, et une belle collection d'ouvrages relatifs à la Normandie. *Paris,* 1857. In-8. — Catalogue d'une vente faite à Londres, *Leigs Sotheby et co,* 1849. In-8. — Catalogue d'une collection d'Elzevirs et d'autres livres compofant le cabinet de feu M. le Bon de Montaran. *Paris,* 1849. In-12. — Catalogue des livres rares et précieux de M. le Marquis de C... (Coiflin). *Paris,* 1847. In-8. — Catalogue des objets d'art qui compofent la collection Debruge-Duménil. *Paris,* 1849. In-8. Tous avec les prix, réunis pour former un volume.

3740. Catalogue de livres du feu Roi Louis-Philippe, bibliothèques du Palais-Royal et de Neuilly. Première partie. *Paris*, 1852. In-8. (Prix). Seconde partie, *Paris*, 1852, et Château d'Eu, 1853. Sans prix.

3741. Catalogue des livres rares et précieux de feu M. Auguste Veinant. *Paris*, 1860. In-8. (Prix).

3742. Catalogue de livres rares et précieux provenant de la collection de M. G. B... de Br... (Gancia, de Brigton). *Paris*, 1860. In-8. (Prix).

3743. Catalogue de la plus belle partie de la magnifique bibliothèque formée par M. Guillaume Libri... précédé d'une introduction. *Londres*, 1859. Grand in-8. (Prix).

3744. Catalogue des livres, deffins et eftampes de la bibliothèque de M. J. B. Huzard. *Paris*. 1842. 3 vol. in-8.

3745. Catalogue des livres, manufcrits, deffins et eftampes du cabinet de M. Borluut de Noortdonck. *Gand*, 1858. 2 vol. in-8.

3746. Catalogue de documents hiftoriques et de lettres autographes relatifs au règne de Louis XIII. Portefeuilles de la correfpondance du Cardinal Quirini. *Paris*, 1847. In-8.

3747. Catalogue d'une collection de lettres autographes. *Paris, Charon*, 1846. — Catalogue d'une collection de lettres autographes. *Paris, Charavay*, 1847. Avec un Examen critique d'un catalogue de lettres autographes, par Al. Corby. — Catalogue de la collection de lettres autographes du cabinet de M. le Baron De L. L. (Laroche Lacarelle). *Paris*, 1846. — Catalogue d'autographes du cabinet de... (Libri). *Paris*, 1841. — Autographes et Manufcrits de M. G. de Pixérecourt. *Paris*, 1840. Tous avec les prix, et réunis pour former un volume.

3748. Catalogue raifonné de la précieufe collection de deffins et d'eftampes au nombre de près de 30,000, formant le cabinet de M. Ch. Van Hulthem. *Gand*, 1846. In-8.

3749. Objets rares recueillis et publiés par Joan. D'Huywertter gravés fur cuivre par Ch. Ophena, de Gand. *Gand*, 1829. 12 feuillets d'objets gravés. — Defcription des antiquités et objets d'art du cabinet de M. Joan. D'Huywertter à Gand. *Gand*, 1851. — Cadres et panneaux sculptés par le célèbre Laurent Van Der Meulen, ayant appartenu à M. De Rudder, de Gand. *Gand*, 1851. Réunis pour former un volume.

3750. Catalogue de la collection d'objets d'art formée à Lyon par M. Didier Petit, précédé d'une notice sur le Crucifix et sur les émaux de Limoges. *Lyon*, 1843. In-8.

3751. Catalogue de la collection des Manuscrits de Guillaume Libri, avec une introduction. *Londres*, 1859. Grand in-8.

3752. Catalogue des Livres et Manuscrits formant la bibliothèque de feu M. J. B. De Jonghe. *Bruxelles*, 1860 et 1861. 3 vol. in-8.

3753. Catalogue des Livres manuscrits et imprimés composant la bibliothèque de M. Armand Cigongne, membre de la Société des bibliophiles, précédé d'une notice bibliographique par M. Leroux de Lincy, Secrétaire de la Société. *Paris*, 1861. In-8. Papier de Hollande.

Cette importante bibliothèque a été acquise par Mgr le Duc d'Aumale, pour la somme de 375,000 fr.

3754. Catalague des Livres manuscrits et imprimés composant la bibliothèque de M. Charles Sauvageot. *Paris*, 1860. In-8. Prix, et les noms des acquéreurs des principaux articles.

3755. Catalogue des livres rares et précieux de la bibliothèque de M. le Comte H. de Ch... (Henry de Chaponay). *Paris, Potier*, 1863. In-8. Papier de Hollande. Prix et les noms des acquéreurs des principaux articles, br.

3756. Catalogue des livres rares et curieux provenant de la bibliothèque de M. Léopold Double. *Paris, Techener*, 1862. In-8. Prix et noms des acquéreurs.

3757. Catalogue des Livres rares et précieux, dessins et vignettes, composant la bibliothèque de feu M. le Comte De La Bedoyère. *Paris*, 1862. In-8. Papier de Hollande.

3758. Catalogue (fictif) des livres qui composent la bibliothèque de M. Mérard de St Just. *Paris, imprimerie de Didot l'aîné*, 1783. In-18. Papier vélin, cart. Non rogné.

3759. Catalogue d'une très-riche mais peu nombreuſe collection de livres provenant de la bibliothèque de feu M. le Comte J. N. A. De Fortſas, dont la vente ſe fera à Binche, le 10 août 1840... *Mons, typographie d'Em. Hoyois, libraire.*

Véritable chef-d'œuvre de myſtification bibliographique.

Le même Catalogue, réimprimé (par le *Journal de l'Amateur des Livres*) contient la note ſuivante : « Ce Catalogue fit beaucoup de bruit au moment de ſon apparition. Les bibliophiles les plus inſtruits & les plus ardents ſe mirent en campagne pour acquérir quelques-uns des livres uniques & juſqu'alors inconnus, réunis par l'amateur original dont la bibliothèque était en vente. M. le Baron de Reiffenberg avait découvert là pluſieurs livres dignes d'entrer dans la bibliothèque qu'il adminiſtrait avec tant de ſoin. Il adreſſait au Miniſtre des travaux publics du Royaume de Belgique la demande ſuivante :

« Bruxelles, le 17 juillet 1840. M. le Comte de Fortras vient de mourir à Binche,
« province de Hainaut, &, le 10 août prochain on y vendra ſa bibliothèque. Or
« cette bibliothèque eſt une choſe ſans ſeconde dans les annales de la bibliophilie.
« Elle ne ſe compoſe que de 52 volumes, mais tous ſont des exemplaires uniques,
« M. de Fortras détruiſant ſes livres auſſitôt qu'il connaiſſait qu'ils exiſtaient ailleurs
« qu'entre ſes mains. Ces livres ſont tous des joyaux de bibliothèque publique, qu'on
« ne peut les trouver que là : le 10 août paſſé, ils nous échapperont à jamais. Je
« viens donc vous demander l'autoriſation de me rendre à Binche & d'y faire les
« acquiſitions ſuivantes. » Suit la liſte. Nos 4, 7, 9, 11, 12, 15, 23, 31, 35, 36, 46.
48, 52, 55, 59, 64, 66, 69, 79, 83, 98, 109, 117, 127, 142, 149, 158, 167, 172,
197, 199, 208, 215, 222. M. le Miniſtre Gerlach approuva la demande & accorda les fonds demandés, mais non ſans reſtriſtions. Certains livres lui paraiſſaient trop *libres* pour entrer dans une bibliothèque publique; il effaça les nos 12, 35, 48, 55, 109, 167. D'autres amateurs s'acharnaient particulièrement ſur ces mêmes numéros. Mme la princeſſe de Ligne voulait à toute force & à tout prix acquérir le n° 48, ce monument des fredaines de ſon *poliſſon de grand-père*. Tout alla bien juſqu'au jour indiqué pour la vente. Alors ſeulement on reconnut que M. de Fortras, pas plus que ſa bibliothèque, n'avaient jamais exiſté que dans l'imagination de M. René Chalon, bibliophile érudit, autant que myſtificateur ingénieux.

Le Catalogue de Fortras avait été tiré à petit nombre. Il eſt rare depuis longtemps & ſe paie fort cher dans les ventes.

= Colleſtion de livres introuvables provenant du cabinet de feu M. Anne-Robert-Jacques Turgot, Baron De l'Aulne, Ancien Intendant de la Généralité de Limoges & Contrôleur Général des Finances du Roi Louis XVI, dont la vente ſe fera le premier Avril prochain. *Angoulême, 1856.*

Tiré à 100 exemplaires, avec deux poiſſons pour vignettes. Ce ſingulier document bibliographique eſt tout ſimplement le relevé des étiquettes inſcrites ſur le dos en baſanne de volumes ſimulés, que le célèbre Turgot, alors Intendant à Limoges (1761-74), avait fait appliquer ſur un panneau deſtiné à maſquer une porte ſecrète ouvrant dans ſon cabinet de travail. Ce panneau figure aſtuellement dans la bibliothèque adminiſtrative de la Préfeſture.

Deux articles réunis en un volume in-8.

3760. Catalogue des livres rares et précieux de M. Léopold Double. *Paris, 1863.* In-8. Prix et noms des acquéreurs.

3761. Catalogue des livres précieux, manuſcrits et imprimés compoſant la bibliothèque de M. Chedeau de Saumur. *Paris*, 1865. In-8. Prix.

3762. Catalogue des livres rares et précieux compoſant la bibliothèque de M. le Prince Sigiſmond Radziwil. *Paris*, 1865. In-8. Prix et noms des acquéreurs.

Un des 25 exemplaires tirés ſur grand papier.

3763. Recherches ſur Jean Grolier, ſur ſa vie et ſa bibliothèque, ſuivies d'un catalogue de livres qui lui ont appartenu, par M. Le Roux de Lincy, Secrétaire de la Société des Bibliophiles Français. *Paris*, 1866. In-8. br. accompagnées de Planches et de fac-ſimile, format in-fol., dans un cartable.

Dans cet ouvrage, M. Le Roux de Lincy ſignale douze Grolier que j'ai acquis, à différentes ventes, & qui forment partie de ma bibliothèque.

Parmi les planches, on remarque le fac-ſimile d'une quittance de la main de Grolier. Je poſſède l'original de cette quittance. Il eſt collé en tête du POLYDORI VERGILII DE RERUM INVENTORIBUS, n° 3074 de mon Catalogue.

FIN DU TOME TROISIÈME ET DERNIER.

TABLE DES DIVISIONS

HISTOIRE

HISTOIRE DES RELIGIONS

HISTOIRE ANCIENNE

HISTOIRE DE FRANCE

PROVINCES ET VILLES

www.ingramcontent.com/pod-product-compliance
Lightning Source LLC
Chambersburg PA
CBHW062219270326

41930CB00009B/1790